PRIVACY-
PRESERVING
COMPUTATION

隐私计算

零壹智库
- 著 -

柏亮 于百程
- 主编 -

数字经济
新基建

中国出版集团
中译出版社

图书在版编目（CIP）数据

隐私计算：数字经济新基建/零壹智库著；柏亮，于百程主编. -- 北京：中译出版社，2022.12
ISBN 978-7-5001-7242-0

Ⅰ.①隐… Ⅱ.①零… ②柏… ③于… Ⅲ.①数据共享－信息经济－研究 Ⅳ.① F49

中国版本图书馆 CIP 数据核字 (2022) 第 222574 号

隐私计算：数字经济新基建
YINSI JISUAN: SHUZI JINGJI XINJIJIAN

著　　　者：零壹智库
主　　　编：柏　亮　于百程
策划编辑：于　宇　李晟月
责任编辑：李晟月
营销编辑：马　萱　纪菁菁
出版发行：中译出版社
地　　　址：北京市西城区新街口外大街 28 号普天德胜大厦主楼 4 层
电　　　话：（010）68002494（编辑部）
邮　　　编：100088
电子邮箱：book@ctph.com.cn
网　　　址：http://www.ctph.com.cn

印　　　刷：北京中科印刷有限公司
经　　　销：新华书店
规　　　格：710 mm×1000 mm　1/16
印　　　张：20.25
字　　　数：242 千字
版　　　次：2022 年 12 月第 1 版
印　　　次：2022 年 12 月第 1 次印刷

ISBN 978-7-5001-7242-0　　　　定价：79.00 元

版权所有　侵权必究
中　译　出　版　社

编委会

主　　　编：柏　亮　于百程

编　　　委：柏　亮　曹晓东　陈　涛　陈晓华　胡雪晖
　　　　　　刘新海　施天艺　童　玲　温　泉　姚　明
　　　　　　于百程　张伟奇　郑　灏（按姓氏音序排列）

主　　　笔：温　泉

作者团队：温　泉　姚崇慧　刘霁雯　刘　翌　赵金龙
　　　　　　任万盛　陈丽姗

数据支持：赵金龙　杨　光

出品单位：零壹智库

学术支持：香港科技大学数字金融实验室
　　　　　　中国科技体制改革研究会数字经济发展研究小组

研究支持：蚂蚁集团　同盾科技　蓝象智联　洞见科技
　　　　　　富数科技　锘崴科技　同态科技

序

为数字经济进入下一程构建基石

脱离数据安全谈数字经济的发展是虚妄的,且不能高效流通数据的数字经济是僵死的。安全与流通,两者的平衡,仅仅通过制度规定还不足以实现。技术发展带来的问题,还是要靠技术来解决。

隐私计算应运而生。这个"运",伴随着互联网和数字经济的发展史。隐私计算的技术突破和产业发展,也正在改变、重塑互联网和数字经济的未来史。

一

计算机和互联网的发展,是过去 50 年社会经济发展的主要引擎之一。它带来了前所未有的效率,产生了新的生产要素——数据,同时也带来了新的问题——数据安全的保障问题。

于国家和政府、企业和组织与个人,数据风险成为最重要的日常威胁。如果没有数据安全的保障,计算机和互联网带来的空前繁荣的数字经济就会陷入瘫痪和停滞。

数据安全面临的威胁,简要而言,可分为来自民间的威胁和来自权力机构的威胁。

来自民间的威胁包括数据垄断、数据泄露、数据窃取和数据贩卖等问题。比如,在数据垄断方面,基于数据垄断优势进行"二选一""大数据杀熟"等,侵犯消费者权益的行为层出不穷。在数据泄露方面,除了媒体关注的一些典型案件,还存在大量的"暗泄露"。根据美国国防信息系统局的分析,绝大多数的安全泄露(96%)没有被报告,因此根本就没有被检测到。①

权力机构对数据安全的威胁,最典型的莫过于9·11之后美国情报部门的行为。美国在9·11事件后通过的一些法案,使情报部门在信息搜集和监控上的权力极度扩张。2011年1月,美国在犹他州建立了一个美其名曰"实现和保护国家的网络安全"的数据收集系统。这个设备的能力包括监控所有美国居民发出或收到的电话、电子邮件、短信、谷歌搜索或其他电子通讯(无论加密与否),所有这些通讯将会被永久储存用于数据挖掘。斯诺登曝光的棱镜计划和上游收集计划更是全面监控个人信息。斯诺登形容政府对个人的监控为"无所不嗅,无所不知,无所不收集,无所不处理,无所不利用,无所不合伙"。

数据安全问题的影响可谓无所不在,比如:对国际关系的影响,斯诺登事件中就包含了美国情报机构对其他国家信息的截取;对国家政局的影响,剑桥分析公司事件深刻影响美国和英国的大选;对商业运行的影响,数据泄露问题引发了大量的商业危机,以至于网络安全保险成为一个重要的险种;对于个人生活的影响,隐私被公开的问题成为个人生活中的最大隐患之一。

面对愈演愈烈的数据安全问题,全球主要国家都在加强立法和监管,比如:2018年5月25日,欧盟《一般数据保护条例》(General Data Protection Regulation,简称GDPR)通过,被称为"人类史上

---

① [美]雪莉·大卫杜夫(Sherri Davidoff)《数据大泄露:隐私保护危机与数据安全机遇》。

最严格的数据隐私法律";2020年1月1日,美国《加利福尼亚州消费者隐私法案》生效,在保护隐私的同时,强调"数据的自由流动"和"数字经济的发展";中国在2021年11月通过了《中华人民共和国个人信息保护法》,对违法行为的行政处罚尤为严格,情节严重的,最高可处5000万元或上一年度营业额5%的罚款,超过欧盟GDPR规定的4%。无论是为了满足法律和监管的要求,还是市场的需求,围绕数据安全,越来越庞大的技术产业链被发展出来。

隐私计算即其一。

二

总有人在思考技术发展的另一面,这是幸事。几乎与计算机和互联网的发展同步,隐私计算的发展也已经历了40多年。

隐私计算技术是在保护数据本身不对外泄露的前提下,多个参与方通过协同对自有数据处理、联合建模运算、分析输出结果、挖掘数据价值的一类信息技术。

1978年,密码学先驱Ron Rivest等人就提出了同态加密的想法,其愿景是使数据处理可以不经过解密,直接在密文上进行相应的计算,从而更好地保护数据全生命周期的安全。1982年,时任加利福尼亚大学伯克利分校计算机系教授的姚期智首次提出安全多方计算理论,后来他又提出了著名的混淆电路(又称"姚氏电路")算法,理论上可以解决所有安全多方计算问题。而联邦学习的原理最早可以追溯到1996年对分布式数据库的规则挖掘。可信执行环境的概念来源于2006年Open Mobile Terminal Platform (OMTP)工作组提出的保护智能终端的双系统解决办法。

经过几十年的同步探索,隐私计算在最近几年才逐步具备实用性。在互联网最需要它的时候，它便来了。

作为跨学科技术，隐私计算涉及密码学、机器学习、神经网络、信息科学，同时可与人工智能、云计算、区块链分布式网络等前沿技术融合应用，为数据保护和价值融合提供技术可行性。

目前，隐私计算已经形成了三大技术流派，即分为密码学、可信硬件和联邦学习三个流派。以密码学为核心技术的隐私计算以多方安全计算、同态加密为代表；可信硬件以可信执行环境(TEE)为主导；联邦学习类泛指国内外衍生出的联邦计算、共享学习、知识联邦等一系列名词，是指多个参与方联合数据源、共同建模、提升模型性能和输出结果准确性的分布式机器学习。

根据本书的统计，截至 2021 年 10 月 1 日，全球有 28 个国家和地区、3000 多家公司参与了隐私计算相关专利的申请，合计 1.72 万件。从专利申请的情况来看，目前中国隐私计算技术领先美日韩等其他国家，在全球 TOP50 企业中，有 23 家公司来自中国。

几乎所有的 BigTech 公司都进入了隐私计算相关研发和应用领域。隐私计算的创业公司也获得资本青睐，据零壹智库不完全统计，截至 2022 年一季度，隐私计算初创公司累计获得 72 笔股权融资，公开披露的融资总额达到 65.0 亿元（16 笔未透露金额）。

三

《隐私计算：数字经济新基建》呈现的就是隐私计算的早期画卷和探索历程。

第一，它已经并刚刚形成气候，从概念到落地应用，成为数据治理的主要工具之一。从行业应用情况来看，隐私计算技术正不断渗透各个行业和场景，除了在金融、医疗、政务等常见领域，一些公司还探索隐私计算技术在电网、审计、出行、酒店、民航、招聘等场景中的应用。

第二，它已是一个快速成长的产业，形成了几股势力，比如：

（1）几大流派的学术和技术团队都分别培育出了自己的创新企业团队，其中相当一部分企业获得了风险资本的投资，目前成长速度较快；

（2）BigTech凭借自己的技术、资金和场景优势，开展隐私计算的研发和业务，有的公司同时开展不同流派的隐私计算技术探索；

（3）"集成商"，将隐私技术与现有的软件、硬件、数据服务等嫁接或集成，植入到服务中。

第三，它还稚嫩。

（1）技术的成熟度、便利度还有待提高。中国目前有超过2000家公司参与隐私计算专利申请，但是成功推出相关产品的仅部分公司，产品落地的速度还比较慢。

（2）成本还比较高。目前大多数厂商目前还处于一对一地为客户提供解决方案的阶段，产品标准化程度大大提高，但是还没达到可以大批量复制的程度，所以隐私计算产品初期成本较高。随着产品标准化程度的提升，价格正在下降过程中，但是还没达到足够低的程度。

（3）渗透率还不高。金融业是目前采用隐私计算比较积极的行业，但从机构数量和业务覆盖来看，渗透率都还不高，其他行业则更低。鉴于效率、成本、成熟度等原因，许多机构对是否采购隐私计算产品仍处于观望状态。

（4）数据流通市场的发展还不充分。让数据安全地流通，是隐私计算存在的价值。分析隐私计算市场的发展，要看数据流通市场的发展。目前数据流通市场的发展尚未成熟，但进展很快。

（5）对于很多人来说，它甚至还难以轻松地理解。隐私计算产品要被市场接受，需要经历一个市场教育的过程。我们在调研中发现，不少金融机构的风控部门目前并没有意识到隐私计算能给业务带来多少提升。

（6）无论是作为大厂的业务板块，还是独立的创业公司，隐私计算业务或公司大多还在融资、亏钱，实现规模性盈利的不多。隐私计算公司的融资，也大多还在 B 轮或 B 轮以前的早期阶段。

（7）从业务普及度和政策定位来看，"新基建"的地位还没有得到足够认可。数据安全已经成为"国之重器"，隐私计算也在一些产业政策文件中屡被提及，但作为数字经济新型基础设施的地位，需要时间和空间来证明。

四

隐私计算，集思想实验、科学理论、软硬件工程、商业价值于一体，直面互联网和大数据发展中的新问题，并把对解决这个新问题的需求变成了一个广阔的市场，为数字经济的发展进入下一程构建基石。

我们通过这本书，把这个领域的拓荒者、创新者、建设者的努力和成果呈现出来，希望读者能从中看到它的未来。

柏亮

零壹智库 CEO

2022 年 12 月

目　录

第一章　隐私计算赛道崛起

　　一、需求的产生：明文数据盛宴结束 / 003

　　二、技术的演进：隐私计算技术达到基本可用 / 009

　　三、法律政策的推动：隐私计算成为持续的刚需 / 016

第二章　隐私计算对数字经济的影响

　　一、隐私计算对科技产业的影响 / 026

　　二、隐私计算对其他产业的影响 / 031

第三章　隐私计算的技术路径

　　一、隐私计算与相近技术的关系 / 039

　　二、隐私计算技术流派 / 042

　　三、隐私计算的技术标准 / 047

　　四、隐私计算技术专利分析 / 053

第四章　隐私计算市场模式与现状

一、隐私计算的 To B 市场与 To C 市场 / 067

二、隐私计算产业图谱 / 072

三、隐私计算公司商业模式与业务方向 / 075

第五章　隐私计算在金融领域的应用

一、隐私计算在金融领域应用的演进与现状 / 090

二、隐私计算在金融领域的场景应用 / 102

第六章　隐私计算在非金融领域的应用

一、隐私计算在医疗领域的应用 / 143

二、隐私计算在政务领域的应用 / 154

三、隐私计算在营销领域的应用 / 164

四、隐私计算在其他领域的应用 / 168

第七章　BigTech 的隐私计算布局

一、阿里巴巴 / 177

二、蚂蚁集团 / 182

三、微众银行 / 201

四、腾讯集团 / 215

五、百度集团 / 223

六、华为集团 / 229

七、京东集团 / 231

　　　　八、字节跳动 / 235

　　　　九、平安集团 / 240

第八章　创业公司与风险投资

　　　　一、隐私计算投融资分析 / 247

　　　　二、创业公司典型案例 / 253

第九章　隐私计算项目竞争力评价维度

　　　　一、技术与产品竞争力 / 293

　　　　二、市场能力 / 298

　　　　三、融资能力与调动资源的能力 / 300

第十章　隐私计算技术未来发展趋势

　　　　一、多种技术融合发展的趋势 / 303

　　　　二、互联互通的发展趋势 / 306

　　　　三、与信创产业相结合的趋势 / 307

　　　　致　谢 / 309

| 第一章 |

隐私计算赛道崛起

2021年，隐私计算成为资本市场大热的赛道。

在经历了2019年的技术普及和市场教育阶段，2020年的大规模概念验证和试点部署阶段之后，2021年隐私计算进入真正尝试规模化应用的阶段。

这个赛道的崛起，源于市场需求的拉动和技术的日益成熟，同时法律与政策环境的变化也成为利好因素。

一、需求的产生：明文数据盛宴结束

隐私计算市场的启动是由监管的实质性行动引发的。无论从中国自身的发展来看，还是从美国和欧盟的情况来看，都是出于这一原因。

（一）中国监管风暴启动隐私计算市场

2019年9月，中国金融科技领域迎来一场前所未有的整顿风暴。

这场监管风暴源自2019年1月公安部组织部署全国公安机关开展的"净网2019"专项行动。这次专项行动的目标是，依法严厉打击侵犯公民个人信息、黑客攻击破坏等网络违法犯罪活动。

"净网行动"始自2011年，是由公安部发起的网络犯罪专项打击行动。2011年首次"净网行动"的主要打击目标为网上涉枪涉爆违法犯罪活动。此后，随着互联网的发展，净网行动的内容根据实际情况而不断变化。

"净网2019"专项行动开始后，很快便聚焦于对"套路贷"及其生态的打击。根据公安部2019年11月14日在北京召开的通报全国公安机关开展"净网2019"专项行动工作情况及典型案例的新闻发布会上披露的信息：

2019年5月25日，黑龙江省七台河市接到居民报案，之后七台河市公安局成立专案组，从本地"套路贷"受害者和催收团伙入手，延伸打击触角、持续经营攻坚，侦获一条集实施"套路贷"犯罪团伙、催收团伙以及帮助"套路贷"犯罪的技术服务商、数据支撑服务商、支付服务商于一体的完整犯罪链条。

8月10日开始，上述专案组对"7·30"网络"套路贷"专案开展集中收网行动，打掉犯罪团伙9个，抓获犯罪嫌疑人80名，查封冻结涉案资产7亿元，提取各类涉案数据205T，涉及被催收人员7万余人。

在此过程中，公安部网络安全保卫局从这些案件线索出发，组织全国展开集群战役。9月1日至11月，各地网安会同刑侦部门收网打掉团伙147个，抓获嫌疑人1531名，采取刑事强制措施798名，铲除了一批帮助犯罪的技术服务商、数据支撑服务商、支付服务商，实现了对"套路贷"犯罪规模打击、生态打击。

在这场打击当中，金融科技领域受到波及。据财新报道，2019年6月，公安部门锁定"套路贷""714高炮"依赖导流获客和暴力催收这两大帮凶，利用爬虫等工具，为这些"套路贷"平台爬取通讯录等个人敏感信息，并引发命案。这些非法个人信息的主要提供者，不少来自大数据风控公司。

9月6日，位于杭州的大数据风控平台杭州魔蝎数据科技有限公司被警方控制，高管被带走，相关服务瘫痪。此后，不少第三方风控行业头部公司相继被调查或被波及，使得整个行业主要爬虫服务出于避险考虑基本暂停。对市场来说，这是监管层释放的强烈信号，即用爬虫爬取个人隐私数据（因为大数据风控当中不少数据涉及个人隐私）要付出巨大的代价。

这场整治使得隐私计算成为一种可考虑的替代方案，市场洞然而开。

整治之前，爬虫是大数据风控行业的灵魂——大多数大数据风控公司本身并没有那么多数据，因为数据是从业务当中来的，但是有大量数据源的机构实际上并不多，多数大数据风控公司的数据是靠爬虫爬取的。本来，用爬虫来爬取公开数据并不违法，但是与个人信息强相关的数据对网络贷款的风险控制才是更直接有效的，在利益的驱使下，爬虫爬取信息的范围逐渐扩大，很多公司都利用爬虫技术去抓取个人隐私数据或者政府机关、银行机构的数据。这些数据是有网络贷款业务的机构用来做风险控制的主要依据。

整治之后，大部分爬虫服务停止，市场不得不考虑替代方案。在这个过程中，数据的供需双方开始重新看待数据的合规使用问题：一方面，一些有数据源的机构只愿意与持牌金融机构合作；另一方面，持牌金融机构也要看合作方是否获得了合法的数据源授权。

也正是在这场整治之后，发展隐私计算业务的公司迎来了市场机会——这在零壹智库的调研中是有实例证明的。

（二）Meta[①] 和 Google 被罚启动隐私计算应用

在隐私计算的发展方面，中国与全球是几乎同步的。

在美国和欧盟，隐私计算技术的应用原因也如出一辙。这在互联网巨头 Meta 和 Google 身上体现得尤为突出。

从 2016 年开始，Meta 在对外的广告合作中特别关注隐私保护问题。Meta 广告的用户数据部门要与各类数据提供者展开密切合作，但同时又要确保数据不被泄露。

此前，Meta 曾遭遇过一场集体诉讼。

2015 年 4 月，来自美国伊利诺伊州的民众对 Meta 提起诉讼。这场诉讼的关键在于，Meta 在收集和存储用户的生物特征数据时，没有明确地告知用户。此外，这个"标签建议"功能在用户使用软件时是默认开启的。Meta 的这项功能违反了伊利诺伊州《生物特征信息隐私法》（*Illinois Biometric Information Privacy Act*，BIPA）。根据该法的规定，企业在收集用户的生物信息时，必须获得用户的明确同意，告知用户对数据的保留时间和相关用途。作为全美范围内拥有独立生物特征隐私法的三个州之一，伊利诺伊州拥有在用户生物信息隐私保护方面最全面的法律。经历了多年诉讼之后，Meta 最终选择了和解方案，罚金支付总额达到了 6.5 亿美元。

但是，2016 年前后，全世界开始将隐私计算技术应用到业务中的公司不到十家，而且在绝大多数公司，隐私计算的重要性还没有被提到非常核心的位置。

在全球范围内，大数据飞速增长引发的问题越来越严重。这在

[①] Meta 为原 Facebook（脸书）。

Meta 和 Google 身上也有明显的体现。

2018年3月，媒体曝光，Meta 5000万名用户的信息被泄露。据媒体报道，其超过5000万名用户的信息数据被一家名为"剑桥分析"（CambridgeAnalytica）的公司泄露，用于2016年美国总统大选时，针对目标受众推送广告，从而影响大选结果。这批数据泄露的渠道是 Meta 网站对第三方应用所提供的 Graph API。开发者可以基于这套 API 编写应用程序吸引用户使用，通过用户的授权，获取使用了该应用程序的用户的基本信息。在此基础上，该应用程序还可以基于每个用户的社交关系，进一步收集其好友的信息。最终，在这一事件中，数千万用户的行为数据在不知情的情况下被获取。

此事在世界范围内激起了轩然大波。彼时，Meta 向美国联邦贸易委员会（FTC）缴纳了50亿美元（约合人民币341亿元）的罚款，打破了类似罚款的金额纪录，被称为"史诗级"罚款。

2018年第四季度，Google 旗下社交网络服务 Google+ 被曝出安全漏洞，可能多达50万名用户的个人信息被泄露。这直接导致 Google+ 业务被关停，并将 Google 推上了法庭。

目前，Meta 正在隐私计算的应用方面采取实际行动。①

2021年9月1日，Meta 产品营销副总裁 Graham Mudd 在 Meta 官网主页上发布了一篇名为 *Privacy-Enhancing Technologies and Building for the Future*（《未来的隐私增强技术和建设》）的文章。文中提道："必须承认的是，数字广告势必要减少对个人第三方数据的依赖，这也是我们多年来一直投资建设一系列隐私增强技术，并与行业一同制订标准以支持下一时代的原因。"

目前，Meta 正在重建广告系统。Graham Mudd 表示："可以肯

---

① 《Meta 重建广告系统，个性化广告即将改朝换代》，2021年9月。

定的是，未来五年个性化广告的发展对行业意义重大，提前投资将使我们所有客户受益，并能帮助我们塑造未来广告生态。因为从广告定向到优化再到度量，数据与个性化几乎占据我们所有系统的核心位置。在接下来的两年内，Meta 上几乎所有系统都将重建，事实上这已经在进行中了。"

Google 也在采取行动。2017 年，Google 在《联合学习：协作机器学习没有集中训练数据》的博客文章中首次引入了"联邦学习"的概念。

2021 年 5 月，在 Google I/O 开发者大会发布 Android 12 的同时，宣布了隐私计算核心（Private Compute Core）。这是一项开源计划，提供了一个沙盒式的安全环境，将智能回复、实时播放和字幕等服务与操作系统和应用程序的其他部分隔离。其目的是让数据在用户自己的设备上保持私密，并以保护隐私的方式利用云。现在，Google 已经通过隐私计算核心服务（Private Compute Services）进一步加强了这一举措。

9 月 9 日，Android & Play 安全和隐私产品副总裁 Suzanne Frey 在一篇博文中说，新套件将"在隐私计算核心和云之间提供一个保护隐私的桥梁"。

Google 提到，很多 Android 功能利用机器学习来更新模型，为用户提供较好的体验。有了隐私计算核心服务，将确保这些更新通过私有路径进行，如智能回复和实时字幕等隐私计算核心功能不会直接进入网络。这将通过利用专门的开源 API 来实现，这些 API 通过删除个人身份信息（PII）来保护隐私，并使用联邦学习、联合分析和私人信息检索等技术。

二、技术的演进：隐私计算技术达到基本可用

在市场需求产生的同时，隐私计算领域的一些主流技术，包括多方安全计算、同态加密、联邦学习、可信执行环境等，也通过技术研究与攻关逐步达到基本可用的程度，并且目前正在实际业务场景的应用当中不断提高完善。

（一）隐私计算技术在全球的突破

1. 多方安全计算

1982年，时任加州大学伯克利分校计算机系教授的姚期智（姚期智先生后来回国，担任清华大学交叉信息研究院院长，并且当选为中国科学院院士）首次提出了安全多方计算理论，后续他又提出了著名的姚氏混淆电路（Garbled Circuits，GC）算法，理论上可以解决所有安全多方计算问题。但是受限于当时的算力水平，安全多方计算仅有理论上的可能性。这是因为，要完成相同的计算，安全多方计算要耗费的时间、存储都达到了明文计算的5—6个数量级，也就是几十万倍到几百万倍。这是当时无法实现应用的。

多年以来，各国密码学专家孜孜不倦不断地对GC进行研究，提出了point and permute、free XOR、half gates等方案，压缩GC的大小，提升GC的性能等。关键突破出现在SP2013上：加州大学的学者们提出了基于fixed key AES的GC算法，极大地提升了GC的计算速度，后续的GC技术无不采用了这一改进。以常用的GC开源库EMP-toolkit为例，其计算速度已经达到了每秒数千万个电路门，因此实际耗费的时间绝大部分由网络传输决定，计算本身的耗时已经可以忽略不计。

多方安全计算的另一条技术路线是基于秘密共享（Secret Sharing，SS），它是在20世纪80年代由三位世界级理论计算机科学家Goldreich、Micali、Wigderson提出，因此又被称为"GMW协议"，经过了多年的演变改进。这方面的重要突破出现在NDSS2015上，德国达姆斯特大学的学者们提出了ABY框架，可以根据应用需求，在多种SS状态和GC状态之间灵活地切换，以实现最佳性能；后续的SecureML（SP2017）、ABY3（CCS2018）等技术都是这一思想的延续。

得益于上述多种改进，以逻辑回归、简单神经网络等常用场景为例，在较好的网络带宽条件下，现在安全多方计算的性能和明文的差距已经可以拉近到2—3个量级以内了，可以说基本接近可用。[①]

2. 同态加密

Rivest等人在1978年最早提出了同态加密的思想，其愿景是使数据处理可以不经过解密，直接在密文上进行相应的计算，更好地保护数据全生命周期的安全。后续各国学者分别提出了乘法同态算法El Gamal、加法同态算法Paillier等，可以适用于特定的加密计算场景。

但首个真正支持全同态加密（FHE）的算法直到2008年才由Gentry提出。Gentry提出的第一代FHE算法是基于理想格的，其计算需要消耗的计算资源特别巨大，因此基本上仅停留在纸面上。后续各国学者又基于新的格密码技术，提出了BGV、BFV、TFHE等新一代FHE算法，其计算性能与第一代FHE算法相比已经有了很

---

① 以上都仅考虑了半诚实MPC模型，没有考虑恶意MPC模型（如基于SPDZ的系列方案）。因为笔者认为现在恶意MPC模型还没有达到基本可用。

大的进步。在 ASIACRYPT2017 上，韩国首尔大学的学者首次提出了近似 FHE 的算法 CKKS，以牺牲一定的计算准确率为代价，极大地提升了加密计算的速度。此后 CKKS 在各类应用中开始"屠榜"，例如 iDASH2018 冠军团队使用 CKKS 在分钟级内完成了数千行 * 数十万列数据的建模，远远胜出了使用其他 FHE 算法的队伍。

目前可以说，如果模型不太复杂，又允许适当的误差存在的话，全同态算法已经基本接近可用。

3. 联邦学习

联邦学习的原理最早可以追溯到 1996 年对分布式数据库的规则挖掘，其原理就是各个数据源在不分享个体数据的情况下可以联合分析。当时，不同数据库有不同的用户使用规则，如何能够在不分享每个数据库规则的同时，联合训练出一个满足所有人要求的规则，这是联邦学习技术最原始的应用场景和需求。

但是，联邦学习概念的兴起，一般认为其最大的影响力源头来自 Google。2016 年，Google 提出联邦学习用于解决安卓手机终端用户在本地更新模型的问题，其设计目标是在保障大数据交换时的信息安全、保护终端数据和个人数据隐私、保证合法合规的前提下，在多参与方或多计算结点之间开展高效率的机器学习。Google 也在其最受欢迎的开源机器学习框架 Tensor Flow 中专门为联邦学习推出了一个学习框架 Tensor Flow Federated（简称 TFF）。联邦学习并没有经历性能不足导致不可用的阶段，Google 的 FL 从一开始就是面向实际应用的。

4. 可信执行环境

可信执行环境的概念来源于 2006 年 Open Mobile Terminal Platform

（OMTP）工作组提出的保护智能终端的双系统解决办法。即在同一智能终端下、除了多媒体操作系统，再提供一个隔离的安全操作系统。随后，ARM 公司于同年提出硬件虚拟化技术 trustzone，并于 2011 年加入 Global Platform 为技术制订标准并开发落地的可信操作系统。2013 年，英特尔发布 SGX 指令集扩展，实现不同程序的隔离，在可信执行环境下执行的应用未经授权无法读取或操作其他应用的数据或代码。SGX 丰富的可编程性，再加上英特尔在 CPU 领域的影响力，业界开始真正地进入"机密计算"时代。

在 SGX 发布初期，其仅能支持 128MB 的机密内存，程序的功能和性能也受到很大的制约。但是在英特尔 2020 年底发布的新一代服务器 CPU ice lake 中这一问题得到了解决：机密内存的大小可以达到数 GB 乃至数十 GB 之多，很多大型计算任务完全可以在 SGX 中运行，标志着基于可信执行环境的隐私计算技术进入了可用阶段。

当前，可信执行环境（TEE）代表产品主要有 ARM 的 Trustzone 和英特尔的 SGX。

在主流的技术路线之外，从全球来看，隐私计算的软硬件结合，正在变成一个广受关注的领域，国际竞争在逐渐升温。

2021 年 3 月，美国国防高级研究计划局（Defense Advanced Research Projects Agency，DARPA）发布全同态硬件加速计划 DPRIVE（Data Protection in Virtual Environments，虚拟环境中的数据保护项目）。DPRIVE 寻求开发用于全同态计算的硬件加速器，与基于软件的全同态方法相比，它将大大减少计算运行时的开销，大大加快全同态计算的速度，从而使该技术更易用于敏感的国防应用以及商业用途。该计划，有包括英特尔在内的四个团队入选。

DARPA 是美国国防部属下的一个行政机构，负责研发用于军事用途的高新科技。有文章这样评价它的作用："DARPA 通过孵化突破性技术以持续推动经济的发展,是美国生产率增长的核心引擎。"远的有 GPS 和互联网的原型 ARPANET,近的有精确制导武器、隐形技术、无人机和脑机接口等,都是其推动发展的。

而在业界,2021 年末,英特尔开源了一个用 FPGA 加速全同态算法库的项目。欧洲也出现了一家名为 ZAMA 的公司,开始做硬件加速方面的工作。

(二)隐私计算技术在中国的进展

隐私计算技术在全球取得突破性进展之时,在中国工业界,也有不少公司对其进行研究,在全球隐私计算技术突破的基础上进行优化调整,将隐私计算技术带入了实际商业应用当中。

首先,看多方安全计算。

自 2014 年起,出于科研需求,清华大学交叉信息研究院助理院长徐葳带领清华大学"姚班"的学生,开始研究如何提升密文计算的效率,从而使得多方安全计算技术可以在实践当中真正被应用。为了实现技术突破,徐葳和团队对计算机科学分支领域中的包括密码学、安全协议、计算机系统、分布式计算、算法、数据库、编译和芯片等方面进行了全方位的整合与优化。这项研究从各个领域中挖掘潜力来提升密文计算的性能。

此外,也有其他产业实践者从不同角度对多方安全计算技术进行了优化。比如,2020 年 5 月,矩阵元发布了基于密码学的隐私开源框架——Rosetta。Rosetta 设计的初衷是解决密码学在应用中门槛太高的痛点。在实际当中,如果想要运用密码学解决问题,但是没有很高的数学基础或者没有学习过密码学,相关算法使用门槛便会很高。但是一些 AI 领域的专家、学者对于 AI 的应用、深度学习、机器学习的框架已经非常熟悉。所以,这两种具有不同专业技能的人之间有很深的沟壑。Rosetta 的发布降低了密码学技术的使用门槛。

其次，看同态加密。

2020 年 12 月，阿里安全的论文《Pegasus（飞马）：同态密码上的多项式与非多项式计算》入选世界信息安全领域四大顶级会议之首的 Oakland S&P，这是中国工业界首次在这一信息安全顶级会议上发表第一作者论文。"飞马"方案对全同态加密功能进行了重要扩展，扩展后的加密计算速度比当前最好的同态加密计算方法快 64 倍，密钥体积却小 2 个数量级。原本需要等待数小时的加密计算，现在几分钟就可以完成。

同时也有创业公司进入这一领域，比如同态科技。

再次，看联邦学习。

零壹智库在调研中了解到的对于联邦学习较早的研究，来自杭州锘崴科技创始人、董事长王爽。王爽教授于 2012 年开创性地提出"分布式隐私保护在线模型学习"（与"联邦学习"用词不同，但原理相通）框架并应用在国家级医疗健康网络，并于 2013 年发表在了专业 SCI 期刊上，论文题目是 *Expectation Propagation Logistic Regression (EXPLORER): Distributed Privacy-preserving Online Model Learning*。该论文创新性地提出了数据"可用不可见"的问题，在不需要分享原始个体数据的情况下，利用多个数据源进行带有隐私保护的联合建模。同年王爽带领的团队发表了开源联邦学习框架"WebGLORE: a Web Service for Grid Logistic Regression"，该底层技术服务于多个医疗网络数据的联邦建模需求。团队并于 2019 年前又发表了 50 余篇联邦学习隐私计算相关著作。

2018 年，微众银行首席人工智能官、香港科技大学教授杨强将"联邦学习"概念引入国内，提出了横向联邦学习、纵向联邦学习、迁移联邦学习的概念。随后，2019年初，微众银行正式开源全球首个工业级联邦学习框架FATE（Federated Learning Enabler），并开始尝试将联邦学习应用于金融业务中。FATE的开源，使得联邦学习在中国的应用门槛大幅降低。

最后看可信执行环境。

在中国国内，可信执行环境的商业化落地方案有百度集团MesaTEE、蚂蚁金服的Occlum和华为iTrustee等，创业公司当中冲量在线主打这一技术路线。

除了隐私计算的主流技术之外，硬件的算力加速对隐私计算进入更多的场景也功不可没，在这方面也有不少厂商进行尝试。例如，星云Clustar通过对联邦学习的不同应用分析，归纳总结出了11种影响计算效率的密码学计算算子，并创新式地将算子中的公共部分抽取出来，形成核心模幂引擎，研发出了针对联邦学习的首款FPGA加速卡。加速卡可以根据实时的任务需求将模幂引擎拼装成不同算子，给联邦学习应用带来全生命周期加速，进而带给联邦学习50—70倍的算力提升。未来通过软硬件的进一步优化，可使这个算力提升100倍以上。融数联智则致力于研究隐私保护芯片，使得隐私计算性能在FPGA的基础上进一步提升。

算力的爆发式提升意味着未来隐私计算将成为所有计算的默认配置，无感地融入人工智能等领域中，也意味着隐私计算技术可以进入越来越多的应用场景。

隐私计算运算速度与安全模型、算法类型、数据规模、数据特征、软硬件环境、服务器性能、网络带宽、硬件加速等多种因素相关，不能一概而论。一般在常见的环境中，隐私计算的计算速度与明文的差距在1—3个数量级不等。

这个数字，听上去仍是一个不小的差距，但是在很多场景中，已经可以接受,达到初步可用。

三、法律政策的推动:隐私计算成为持续的刚需

在市场需求产生,技术基本达到可用的情况下,法律和政策环境也在朝着保护个人隐私的方向推进。

近年来,通过立法加强数字经济下的数字安全及个人信息保护已经成为世界性的趋势。同时,数字经济下数据的战略地位凸显,相关支持政策频出。

(一)立法进展

1. 欧盟 GDPR 生效

欧洲议会于 2016 年 4 月通过的《欧盟一般数据保护条例》(*General Data Protection Regulation*,GDPR)经过两年的过渡期,于 2018 年 5 月 25 日在欧盟的 28 个成员国生效(2019 年 3 月 29 日英国脱欧,现已为 27 个成员国)。该条例适用于所有欧盟成员国的个人信息保护,任何收集、传输、保留或处理涉及欧盟成员国内的个人信息的机构组织均受该条例的约束。

GDPR 被认为是史上最严的数据保护法规,促进了全球更为严格的个人信息保护趋势。由于其约束力超越了欧盟这一地理范围,覆盖到在欧盟有相关业务的国际机构组织,GDPR 实际上重构了国际个人信息保护标准。咨询公司埃森哲在一份报告中认为 GDPR 是"近 20 年来数据隐私规则领域发生的最重要变化"。

GDPR 强调责任共担,数据供应链上的各方都要承担责任,改变了过去由收集和使用数据的数据拥有者负责保护数据的规则,要

求数据处理者也要承担合规风险和义务。

GDPR对于违规的处罚极为严厉,处罚金额高达2000万欧元或企业全球年营业额的4%(二者取较高值)。2021年7月,亚马逊因为对个人数据的处理不符合GDRP被欧盟开出了7.46亿欧元(约合8.88亿美元)的巨额罚单。

2. 美国CCPA实施

2018年6月28日,《加利福尼亚州消费者隐私保护法案》(CCPA)经州长签署公布,并于2020年1月1日起正式实施。

CCPA从消费者保护的角度,规定了个人信息处理者的义务,包括"必须披露收集的信息、商业目的以及共享这些信息的所有第三方;企业需依据消费者提出的正式要求删除相关信息"等。在处罚方面,CCPA规定违法企业面临支付给每位消费者最高750美元的赔偿金,以及最高7500美元的政府罚款的惩罚。

加州的硅谷是互联网企业的集聚地,包括世界上著名的行业巨头如微软、Google及亚马逊等,一方面,CCPA的影响会通过这些互联网企业向外辐射;另一方面,CCPA的约束范围覆盖了处理加州居民个人数据的营利性实体。从这个角度看,与GDPR一样,给相关跨国企业带来了影响。

3. 中国国内法律框架体系成形

关于个人信息保护及数据安全的立法及监管,与欧美等西方国家相比,中国国内相对滞后。但随着近年来侵犯个人信息的现象频发,甚至出现了非法获取、泄露、滥用、倒卖个人信息的"黑产",侵犯个人信息与网络诈骗及敲诈勒索等犯罪行为合流,国内的相关立法及监管也逐步完善,监管趋于严格。

在数据安全及个人信息保护方面,中国目前已经形成了包括民法、刑法及单行法在内的法律框架体系。

刑法具有最高的保护和约束效力,2017年6月,《最高人民法院、最高人民检察院关于办理侵犯公民个人信息刑事案件适用法律若干问题的解释》开始施行,明确了侵犯公民个人信息罪的定罪量刑标准。

2021年7月,最高人民法院发布的《最高人民法院关于审理使用人脸识别技术处理个人信息相关民事案件适用法律若干问题的规定》,明确了人脸识别技术应用的法律边界。

2020年5月通过的《中华人民共和国民法典》中将人格权单独成编,对个人信息受法律保护的权利内容及其行使等作了原则规定。

在单行法方面,2017年6月,《中华人民共和国网络安全法》开始施行。2021年,《中华人民共和国数据安全法》及《中华人民共和国个人信息保护法》通过,并分别于9月及11月开始施行。

《中华人民共和国数据安全法》及《中华人民共和国个人信息保护法》的通过与实施是2021年以来数字领域法制建设的重大进展。

《中华人民共和国数据安全法》明确了对数据利用和相关产业的支持:"国家统筹发展和安全,坚持以数据开发利用和产业发展促进数据安全,以数据安全保障数据开发利用和产业发展。"以往对数据共享或提供持保守态度的数据"大户",在国家鼓励及隐私计算加持来保证合规的情况下,有望更乐于对外提供数据资源,从而活跃市场。对于隐私计算厂商而言,《中华人民共和国数据安全法》的出台直接催生了大量的市场需求,推动了隐私计算产品应用迅速扩张。《中华人民共和国数据安全法》明确了数据安全保护义务:"各地区、各部门对本地区、本部门工作中收集和产生的数据及数据安全负责。"企业有义务保证数据的安全性,否则将面临罚金、暂停营业、吊销执照等惩罚。数据需求方为了响应合规需求，在数据接入和分析时急需购买隐私计算产品以实现数据在安全隐私的场景交易，从而进一步激活了隐私计算市场。除此之外，法律完善后行业合规风险降低，利于隐私计算厂商在资本市场融资。

表1-1 数据安全及个人信息保护方面的法律及相关解释（按时间顺序）

法律及相关解释	实施时间	相关的核心内容
《中华人民共和国网络安全法》	2017年6月	明确了网络运营者在网络数据安全、个人信息保护及网络信息安全等方面的义务
《最高人民法院、最高人民检察院关于办理侵犯公民个人信息刑事案件适用法律若干问题的解释》	2017年6月	明确了侵犯公民个人信息罪的定罪量刑标准
《中华人民共和国民法典》	2021年1月	人格权编，对个人信息受法律保护的权利内容及其行使等作了原则规定
《最高人民法院关于审理使用人脸识别技术处理个人信息相关民事案件适用法律若干问题的规定》	2021年8月	明确了人脸识别技术应用的法律边界
《中华人民共和国数据安全法》	2021年9月	支持以数据安全保障数据开放利用和产业发展，明确各方的数据安全义务
《中华人民共和国个人信息保护法》	2021年11月	对个人信息处理的基本原则、跨境提供、个人的权利、个人信息处理者的义务、敏感个人信息的处理，以及违法行为的法律责任等方面做出了具体规定

资料来源：零壹智库

《中华人民共和国个人信息保护法》对个人信息处理的基本原则、跨境提供、个人的权利、个人信息处理者的义务、敏感个人信息的处理，以及违法的法律责任等方面做出了具体规定。《中华人民共和国个人信息保护法》对违法行为的行政处罚较为严格，情节严重的，最高可处5000万元或上一年度营业额5%的罚款，超过了欧盟GDPR规定的4%，相关行业的企业违规成本提高，对隐私计算的需求形成利好。

这两部法律的实施标志着数据安全及个人信息保护的法制治理进入系统化和专门化的新阶段，将进一步提升整个社会的守法意识，也将促进数据相关企业严守业务边界，合法合规经营；而法制环境的完善，也将促进整个数据产业的健康发展，为隐私计算行业的发展带来契机。

（二）政策推动

在法律不断完善的同时，政策也成为隐私计算市场发展的助推器。

未来，数据将成为新的生产要素，释放数据红利对未来推动数字经济高质量发展至关重要。

2019年，新型冠状病毒肺炎疫情过后，全社会都更加认识到数字化发展的重要性。2020年开年之后出台的一系列政策，都对隐私计算市场的发展形成有力推动。

2020年4月，中共中央、国务院印发《关于构建更加完善的要素市场化配置体制机制的意见》（以下简称《意见》），将数据与土地、劳动力、资本、技术一起列为生产要素，明确指出了市场化改革的内容和方向。《意见》在加快培育数据要素市场方面，指出3个要点，一是要推进政府数据共享；二是要提升社会数据资源价值；三是要加强数据资源整合和安全保护。

2020年10月，中共中央发布《关于制定国民经济和社会发展第十四个五年规划和二〇三五年远景目标的建议》，明确数据作为核心生产要素的重要性。

2020年末，国家发改委等四部委联合发布《关于加快构建全国一体化大数据中心协同创新体系的指导意见》，提出数据是国家基础性战略资源和重要生产要素。

2021年5月，国家发改委等部门发布《全国一体化大数据中心协同创新体系算力枢纽实施方案》，提出"多方安全计算、区块链、隐私计算、数据沙箱等技术模式，构建数据可信流通环境，提高数据流通效率"。

2021年7月，工业和信息化部发布《网络安全产业高质量发展三年行动计划（2021—2023年）（征求意见稿）》，提出推动包括隐私计算在内的隐私保护和溯源技术的部署及应用。

同时，关于数据安全及个人信息保护方面的监管政策也在进一步完善。在金融领域，2020年2月，中国人民银行发布《个人金融信息保护技术规范》，对个人金融信息保护提出了具体明确的要求。

根据零壹智库调研了解，政策的出台对市场的影响是巨大的。比如隐私计算厂商在拓展政务市场时，能明显感受到，政策出台后地方政府相关部门对隐私计算技术的尝试更加积极。

法律和政策环境的变化，一方面使得对个人隐私的保护成为持续稳定的市场需求，而非短暂的应对监管的行动；另一方面使得对数据价值的充分应用和挖掘的行为受到正面肯定。客观上，数据价值挖掘和个人隐私保护成为必须并行兼顾的社会目标，这使得隐私计算成为现实中的刚需。

表 1-2　数据相关政策文件（按时间顺序）

法律及相关解释	发布机构	发布时间	相关的核心内容
《个人金融信息保护技术规范》	中国人民银行	2020 年 2 月	对个人金融信息保护提出了明确的要求
《关于构建更加完善的要素市场化配置体制机制的意见》	中共中央、国务院	2020 年 4 月	将数据与土地、劳动力、资本、技术一起列为生产要素，指出了市场化改革的内容和方向
《关于制定国民经济和社会发展第十四个五年规划和二〇三五年远景目标的建议》	中共中央	2020 年 10 月	明确了数据作为核心生产要素的重要性
《关于加快构建全国一体化大数据中心协同创新体系的指导意见》	国家发改委、中央网信办、工业和信息化部、国家能源局	2020 年 12 月	提出数据是国家基础性战略资源和重要的生产要素
《全国一体化大数据中心协同创新体系算力枢纽实施方案》	国家发改委、中央网信办、工业和信息化部、国家能源局	2021 年 5 月	提出"多方安全计算、区块链、隐私计算、数据沙箱等技术模式，构建数据可信流通环境，提高数据流通效率"
《网络安全产业高质量发展三年行动计划（2021—2023 年）（征求意见稿）》	工业和信息化部	2021 年 7 月	提出推动包括隐私计算在内的隐私保护和溯源技术的部署及应用

资料来源：零壹智库

| 第二章 |

隐私计算对数字经济的影响

第二章　隐私计算对数字经济的影响

作为当下实现数据"可用不可见"的唯一技术解,隐私计算将对未来的科技产业以及实体经济的关键领域产生重要影响,从而推动数字经济的发展。

在科技产业,隐私计算对人工智能、区块链、大数据技术的发展都将产生巨大的影响,并且隐私计算对这 3 个领域所产生的影响是相互关联的。

首先,在大数据产业,隐私计算将使得数据在保护隐私的同时合规使用,这将进一步打破数据孤岛,使得数据在更大范围内互联互通。紧接着,数据在更大范围的互联互通,需要区块链技术与隐私计算技术相结合才能更好地完成。再进一步,有了更多高质量的数据,人工智能产业才能突破瓶颈,实现新一轮增长。

在实体经济的金融、医疗、政务、零售等领域,隐私计算的应用将为产业发展带来新的跃迁。

在金融领域,隐私计算使得金融机构能够将机构内外更大范围的数据联合起来进行分析应用,这将给金融的风险控制与营销带来新的变革。在医疗领域，隐私计算使得医疗领域能够突破以往隐私的限制，运用更多更高质量的数据，从而应用人工智能技术重构管理体系、重塑就医体验、完善医疗生态，医学正在迎来一场全新的变革。在政务领域，隐私计算将促进政府不同部门的数据共享与协同，推动智慧城市建设。

一、隐私计算对科技产业的影响

（一）对人工智能产业的影响

隐私计算与人工智能的结合，未来可以使得人工智能突破数据瓶颈，开启新一轮的增长。

1955年，"人工智能"在达特茅斯夏季研讨会被提出。科学家们认为，人类学习的每一方面或智能的任一特征可以被精准描述，提供给机器学习和模拟，从而解决人们做不到的事情。

人工智能发展了60余年，在2015年前后进入高速发展期。传统的人工智能受计算力和数据量的限制，在第三次人工智能浪潮前还没显示出"智能"的特性。直至2006年，"深度学习神经网络"被提出，其性能才获得显著进展，算力满足实际应用需求。伴随着互联网、物联网数据量爆发式的增长，人工智能才能利用海量资源优化模型，真正迈向智能化。

然而，近几年来，由于缺乏可用的数据，人工智能的发展遭遇瓶颈。

一方面，政府和个人对于数据隐私保护的需求日渐增强。随着数据价值的凸显，以及信息泄露丑闻的频发，公众明显感觉隐私泄露的弊端远超过AI本身带来的便利和智能。例如，大数据杀熟导致用户并没有满意的购买体验，反而付出了更多的钱。因此，公众保护隐私的诉求空前高涨。另外，随着欧洲 GDPR 法案和美国加州 CCPA 法案的发布、国内《中华人民共和国数据安全法》和《中华人民共和国个人信息保护法》的出台，政府对企业的数据流通提出了更严格的规制。

另一方面，企业将数据要素作为核心资产，不愿意在公开透明的环境下共享流通。因此，人工智能企业缺少可用数据优化模型，阻碍了模型精度的进一步提升。

隐私计算技术成为破局之道，可以为 AI 模型提供多样化的数据资源。

首先，隐私计算技术可以在不归集数据、不泄露隐私的情况下，利用协同算法进行算法训练。人工智能公司在采集、加工、利用数据时，技术保证了多样化数据获取的全周期合规性。

其次，隐私保护技术开拓了人工智能企业在敏感数据行业中的应用。以医疗行业为例，患者的病例和医生的诊断在透明的环境下无法用于模型的学习和训练。但如果 AI 结合了隐私计算，企业能在不泄露个人隐私的情况下，将大型医疗机构的专家知识和经验聚合并标准化，形成知识图谱和专家决策支持系统。专业的医疗资源也能赋能基层医疗机构。

另外，隐私计算的分布式特征将逐步缓解"数据霸权"的现象。数据产生端和利用端经常因技术实力和资源禀赋的不对等，导致国内数据资源集中在数据巨头手中。一些弱势的新入局者将逐渐丧失对数据的控制权和收益权。人工智能公司也会因为数据资源丰富程度的不一致，导致其产出的模型性能不一。然而，隐私计算技术实现数据不出库，即数据的控制权掌握在拥有方手中。在数据协同生态中，各企业拥有更为精细化的分工，即数据提供方和使用方、算法提供方和算力提供方，不会出现弱势方"无米下锅"的情形。

与此同时，隐私计算和区块链的结合可以为人工智能新领域——边缘 AI，解决落地瓶颈。

过去先进的人工智能都是在云端进行的，需要大量的算力，经常导致网络延迟或停机。然而数据传输的滞后对于当代人工智能应用是灾难性的，例如自动驾驶汽车在监测障碍或人群经过时一旦发生停机将造成生命危险。因此，人工智能企业提出实时处理数据的需求，即不连接云平台，在内部设置上完成数据运用，即边缘 AI。

以智能农业为例，边缘 AI 在落地应用时遭遇障碍。当土壤探针采集农业大数据时，如何保证数据真实且不被篡改，如何聚合散落在政府、科研院所、田间地头、产销供应链中各主体的数据库，如何使产业链上各参与方相信最终 AI 模型处理的结果，这些都是传统人工智能无法解决的问题。

在区块链和隐私计算技术结合之后，能确保原始数据的可追溯和真实可验证性，能对物理分散的数据形成逻辑集中视图，AI 模型将有充足的、可信赖的数据来源用于模型训练。因此，区块链与隐私计算技术相结合，可以使 AI 在农业科学生产、农户信用评估、农业风险预测等多方面发挥更大的价值。

（二）对区块链产业的影响

从技术角度看，区块链技术起源于密码学的小圈子，区块链最初提出的目的，是针对密码学这个圈子里面提出的一个具体问题的解决方案——如何把一笔资产安全、可靠、无可辩驳地从 A 转给其完全陌生的 B。比特币的诞生，就是为了解决这个问题。

区块链技术的这个特性，可以应用于解决数据资产的流转问题。但是，只应用区块链技术，又不能完全解决这个问题。

数据的流通和传统资产的流通有一个关键的不同，那就是数据资产极容易被第三方复制和泄露，造成价值的明显降低。区块链能够解决的问题是，在数据流通过程中，区块链可以记录整个过程中牵扯到的人的行为属性，以及数据本身在这个过程当中所经历的变化。然而数据本身的加密和安全，现有的区块链技术并不能完全解决。

隐私计算技术能解决上链数据的安全和隐私保护问题，帮助区块链行业落地信息敏感的场景。而技术的使用方，即需要保护敏感数据的企业，也获取了一条对外提供可信数据、挖掘数据背后价值的渠道。

以安全生产企业的风险定价为例。在国内，化工、煤炭等高危行业屡次发生爆炸、泄露等事故，造成严重的人员伤亡。一般来说，企业需要通过购买保险来支付事故发生后给付员工的赔偿金。但是，大部分保险公司不愿意为他们提供保险，因为不相信安全生产企业提供了真实的风险数据。相比于系统内部纸面上的数据，保险公司更加信任链上实时记录的数据，其生成、变化、消失的每一步能被保险公司实时监控。基于可验证的数据，保险公司才能精确地衡量企业背后真实的风险，从而售卖对应的保险产品。因此，安全生产企业必须使用区块链技术。然而，安全生产企业担忧风险相关的数据以明文形式上链，并永久储存；保险公司也不愿意透露内部的精算公式。基于双方的需求，隐私计算技术的融合变得必要。安全生产企业输入敏感数据后，隐私计算平台将数据以加密形式呈现、储存和流通，保险公司通过密钥只能获得指定的信息；保险公式的精算公式也在隐私环境中运行，安全生产企业只能获得加密后的输出结果而无法反推数据的计算模型。

隐私计算技术除了为区块链提供隐私环境之外，其数据处理能力降低了中小机构加入联盟链生态的门槛，丰富了数据资源。

由于联盟链为各参与方提供数据的记账功能，各参与者需要具备运维链上节点的能力。然而，以金融行业为例，并非所有金融机构都具备所需的 IT 运维能力，他们便寻求有隶属关系、具备管理能力的第三方企业托管节点。问题是，数据存储的节点可以无限分散，但数据协作时需要通过计算聚合产生价值。区块链技术的计算能力有限，无法实现，需要由隐私计算技术完成。随着隐私计算技术聚合各节点上密文形式的数据，更多不具备节点管理能力的机构也能参与联盟链生态，进一步扩大了数据资源的范围。

另外，随着链上数据资源的丰富，隐私计算技术弥补了区块链在储存和计算能力上的不足。

区块链架构分为两层，第一层主要包括数据层、共识层、激励层，第二层包括合约层和应用层。第一层的主要作用是确保网络安全、去中心化及最终状态共识。第二层的储存能力不被共识束缚，因此为第一层承担了大部分储存和计算工作，随后通过锚定关系将计算输出传递至链上，不影响区块链的记录功能。

当前大部分区块链应用在第二层运行，企业不愿上链的敏感数据也大部分堆放在第二层。现实是，区块链第二层也难以同时支持大量数据的储存和应用运行。隐私计算环境相较区块链架构具有更大的空间和更强的计算能力，因此能够进一步承担第二层数据存储和处理的压力。

最后，区块链和隐私计算的结合是实现可信数据流通成本最低、最高效的方式。

对于数据多方协作，隐私计算技术虽然能解决加密和计算，但缺乏安全校验的流程。即使参与多方曾经开展过多年的商业合作，其信任程度也仅止于联盟链节点的搭建，而不会分享原始数据。如果没有区块链技术的帮助，企业无法证明数据是否出库、是否经隐私计算模型处理，进而无法审计和监管。另外，纯隐私计算技术加持的数据流通的激励机制是模糊的，数据拥有方无从得知数据究竟创造了多少收益、分配依据是什么，因此无法获取公平的激励。区块链更加透明，详细记录了加密数据的出库、上链、流转、存储等各个环节。数据具体产生的价值对参与方公开，且能通过智能合约自动分配到数据的提供方、商业撮合方等所有个体。

因此，对于数据资产的流转来讲，没有隐私计算，就不能解决数据本身的安全和隐私保护问题；没有区块链，则不能解决数据的确权问题。区块链和隐私计算二者结合，是目前能够看到的建设大规模数据流通网络的途径之一。

（三）对大数据产业的影响

隐私计算将重塑大数据产业。

一方面，隐私计算技术是大数据行业处理数据合法化的刚需。《中华人民共和国数据安全法》强调，产业需要平衡数据安全与应用发展。隐私计算将成为平衡的关键技术支点。隐私计算致力于为数据获取、共享、利用提供全周期的安全保障，搭建各类数据的隐私协作基础，降低了数据泄露的风险和明文数据留痕造成的价值递减风险。

另一方面，随着数据流通的安全化，以往较为敏感的数据领域逐渐开放。以政务数据为例，隐私计算使联合政务、企业、银行等多方数据建模和分析成为可能，进一步释放数据应用价值，创造了多样化的应用机遇。

二、隐私计算对其他产业的影响

对于那些产生大量数据，而又迫切需要数据交换与融合应用的领域，包括金融、医疗及政务等领域，隐私计算技术对其数字化将带来深入影响。

(一)对金融行业的影响

在金融领域,目前隐私计算主要应用于风控和营销两个方面。

在金融机构的风险控制当中,除了中国人民银行征信的信用信息及其他征信机构的信用信息,其他来自各行各业以及互联网的信息也是重要的数据来源,但面临数据安全及个人信息保护方面的监管。而隐私计算的引入可以在符合法律规定、不泄露各方原始数据的前提下,扩大数据来源,包括利用金融体系外部的互联网数据,实现多方数据共享、联合建模,从而有效识别信用等级,降低多头信贷、欺诈等风险,也有助于信贷及保险等金融产品的精准定价。同样,内外部多方数据的共享融合也有助于提高金融机构的反洗钱甄别能力。

同时,隐私计算的切入扩大了数据采集渠道,这能够帮助金融机构实现精准营销,从而更好地满足客户需求、提升服务水平,并扩大产品的销售渠道。

除风控和营销场景之外,在其他场景隐私计算也可能带来改变,比如支付场景。在传统的支付过程中,支付的服务方和中间参与者都可以获取交易双方的身份和交易金额等信息,存在严重的信息泄露风险。近年来,曾发生支付平台员工窃取并倒卖大量账户信息而被捕的案件。而通过隐私计算技术,可以将交易双方的敏感信息隐匿。这种隐匿支付技术应用在供应链金融领域,能够防止信息泄露带来价值损失的同时,还保护了各方隐私,有利于解决供应链金融中的信息孤岛和互通困难等问题。在跨境支付领域,隐匿支付能够提高用户对支付行为的信任,有利于降低跨境支付成本,提升支付效率。[1]

---

[1] 微众银行《WeDPR 方案白皮书》,2020 年 1 月。

（二）对医疗行业的影响

目前隐私计算的商业落地较多集中在金融行业，而医疗是非常有潜力的一个领域。医疗领域聚集了大量的诊疗数据，而这些数据具有很强的隐私性，是各方实现数据共享的一大障碍。

隐私计算能够解决医疗数据共享问题。未来在疾病治疗、药物研究、医疗保险和医疗保健营销等多个领域，隐私计算都能助推医疗信息化建设，带来巨大变革。

在疾病治疗领域，隐私计算能够为许多疾病的治疗带来新的突破。例如对于罕见病和癌症的研究，一家或者几家医院的病例样本很少，利用隐私计算技术，可以连接不同样本中心的数据源，找到足够多的病例开展多中心样本研究，提高分析效果，帮助临床早期诊断和治疗。

在药物研究领域，隐私计算技术能够通过大数据帮助降低新药研发成本，通过真实世界证据研究帮助更好地了解药物适用性。例如，通过基于隐私计算的多中心研究可以触达更多的样本，从而可以更好地支持比较效果研究（comparative effectiveness research），帮助提高药物与手术的协同性，减少并发症的出现等。在进行一些手术或者药物治疗后，病人在临床上可能出现致命并发症，这要求更好的临床诊疗路径的规划，医院、药厂都需要对借助患者的临床数据进行大范围的研究。利用隐私计算技术，能够帮助药厂在全国范围内收集数据，对数据进行对比分析，进而提高药物效果。

在医疗保险领域，隐私计算在保险营销、预核保、保险产品设计、健康管理等方面都可以带来改变。

在保险营销领域，隐私计算能够帮助保险公司降低营销成本，提高效率。隐私计算厂商通过搭建连接外部数据源，帮助保险公司进行保险信息的匹配，在销售人员、产品与目标客户之间建立更精准的匹配模型，实现更精准的用户触达。

在预核保领域，隐私计算能够帮助保险公司在核保阶段审核用户信息，提前排除不在保险范围内的客户，提高营销效率。预核保，指的是保险人在对投保的标的信息全面掌握、核实的基础上，对可保风险进行评判与分类，进而决定是否承保、以什么样的条件承保的过程。保险代理公司如果花了大量的成本去对客户进行营销推广，最后却发现这个客户患有相关疾病，不在保险产品提供服务的范围内，这对双方来说都是巨大的浪费。应用隐私计算技术，保险代理公司可以提前进行预核保工作，在对客户进行深度营销之前，在用户授权的前提下，能够提前排除不在保险范围内的客户，提前规避风险。而在此前，一般缺乏关于客户的更多维度的数据，这一点无法做到。

在保险产品的设计领域，隐私计算平台通过与更多医疗数据源的连接，可以支持保险公司运用更多维的数据来进行保险产品的风控和定价，从而推动更多更好的保险产品出现。

在健康管理领域，保险公司为客户承保之后，为了降低理赔风险，有动力为客户提供后续的增值服务，以降低客户的患病风险，从而实现保险公司的收益最大化。在这其中，要为客户提供健康管理的增值服务，就涉及通过对客户各类数据的精准跟踪，来预判客户的健康风险、采取有效的干预措施。

在医疗保健营销领域，隐私计算能够帮助企业实现精准营销。一些与医疗保健相关的企业在推销产品时，往往需要用户的健康信息，而这些数据信息是由第三方数据源严格保密的，利用隐私计算技术，能够为二者搭建数据桥梁，为双方提供相关接口，在加密状态下完成用户与产品之间的匹配计算，为企业提供精准的用户画像，实现精准营销。

（三）对政务领域的影响

2015年8月，国务院印发《促进大数据发展行动纲要》，明确提出"推动政府数据开放共享"。

2020年12月30日，中央全面深化改革委员会第十七次会议审议通过《关于建立健全政务数据共享协调机制加快推进数据有序共享的意见》，强调要全面构建政务数据共享安全制度体系、管理体系、技术防护体系，打破部门信息壁垒，推动数据共享对接更加精准顺畅。

而在实务中，各政府机构的信息管理系统建立在部门内部，相互之间缺少横向联通，同时出于数据安全及隐私保护，对于数据分享相对谨慎，政务数据的共享及融合应用与数字经济发展的需求之间仍存在距离。

隐私计算在政务领域的应用，主要是用在政府的政务数据共享平台和政务数据开放平台。

政务数据共享，是指行政机关使用其他行政机关的政府数据，或者为其他行政机关提供政府数据的行为。政务数据开放，是指行政机关面向公民、法人和其他组织提供政府数据的行为。

近年来，政务数据的开放共享已是大势所趋，中国各地省市纷纷出台公共数据资源开放共享相关政策。复旦大学数字与移动治理实验室联合国家信息中心数字中国研究院发布的《2021年度中国地方政府数据开放报告》显示，近10年间，中国地级及以上政府数据开放平台数量持续增长。截至2021年10月，中国已有193个省级和城市地方政府上线了数据开放平台。其中省级平台20个（含省和自治区，不包括直辖市和港澳台），城市平台173个（含直辖市、副省级与地级行政区）。与2020年下半年相比，平台总数增长超3成。

隐私计算技术能够帮助政府部门打通横向和纵向的数据沟通桥梁，联通各个部门的数据如司法、社保、公积金、税务、交通等，促进不同部门相互协同，并将政务数据对外赋能，实现数据的价值转换。

（四）对营销领域的影响

智能营销是企业数字化转型过程中面临的需求最大的场景。隐私计算能够帮助解决传统营销所面临的人力成本高、营销策略效率低下等问题，隐私计算厂商通过提供隐私计算平台，连接多方用户信息，从最初的企业选址、客户分析到业务后期的预测等全流程帮助企业实现智慧精准营销。

根据零壹智库的调研，隐私计算对智能营销的改变，可能是对企业数字化这个领域的改变的开端。未来，在企业数字化领域，隐私计算可能创造更多的价值。

| 第三章 |

隐私计算的技术路径

第三章　隐私计算的技术路径

前两章，我们分别介绍了隐私计算赛道的崛起，以及隐私计算对数字经济的影响。

这一章，我们将简明扼要地为大家梳理隐私计算的概念、主要技术流派和应用标准，以使得大家对隐私计算技术本身有更清晰的认识。

一、隐私计算与相近技术的关系

（一）隐私计算

隐私计算是"隐私保护计算"（privacy-preserving computation）的中文简称，根据"大数据联合国全球工作组"（Bigdata UN Global Working Group）的定义，这是一类技术方案，在处理和分析计算数据的过程中能保持数据不透明、不泄露、无法被计算方以及其他非授权方获取。

大数据联合国全球工作组成立于2014年，由31个成员国和16

个国际组织组成。早在2018年,工作组就致力于促进各国多个统计局相互进行敏感大数据协作,是最早研究隐私计算的国际组织之一。2019年,该工作组出台了《联合国隐私保护计算技术手册》,以方便各国统计局以安全适当的方式访问新的(敏感)大数据源。

需要注意的是,隐私计算不是指某一个具体的技术,而是一个范畴和集合。可信执行环境、多方安全计算、联邦学习等都属于隐私计算技术。

(二)可信计算

可信计算诞生于20世纪80年代,在中国的发展是从2000年开始的。当时人们已经认识到,大多数安全隐患来自微机终端,因此必须提高微机的安全性。这样,绝大多数不安全因素将从终端源头被控制,对于广泛使用的微机,只有从芯片、主板、操作系统做起,综合采取措施才能提高微机的安全性。正是这一技术思想推动了可信计算的产生和发展。

在计算机系统中,软件和硬件都有可能存在恶意程序或受到非法破坏,这些攻击主要是利用计算机命令执行过程中的逻辑缺陷。传统的信息安全防护主要采用防火墙、入侵监测和病毒防范技术,对发现的漏洞进行封堵查杀。漏洞被发现后才能解决,这在安全防护上相对被动,并且只能处理已知的威胁,对未知的威胁无能为力。近年来,恶意用户攻击手段逐步升级,防护者的安全投入不断增加,维护与管理变得更加复杂和难以实施,信息系统的使用效率大大降低,而对新的攻击毫无防御能力。安全防护手段在终端架构上缺乏控制,这是一个非常严重的安全问题,难以应对利用逻辑缺陷的攻击。补丁难打、漏洞难防已经是当前信息安全防御的主要问题之一。

可信计算正是为了解决计算机和网络结构上的不安全,从根本上提高安全性的技术方法。可信计算是从逻辑正确验证、计算体系结构和计算模式等方面所进行的技术创新，以解决逻辑缺陷被攻击者所利用的问题，形成攻防矛盾的统一体，确保完成计算任务的逻辑组合不被篡改和破坏，实现正确计算。它是"主动防护"的思路，它通过采用运算和防御两套架构，在计算运算的同时进行安全防护，使得计算机只能执行规定的操作，而不能执行设计者和软件编写者所禁止的行为。

（三）机密计算

根据机密计算联盟的定义，机密计算（Confidential Computing，CC）是使用基于硬件的可信执行环境来保护使用中的数据的。可信执行环境通常被定义为提供数据完整性、数据机密性和代码完整性保证级别的环境，该过程基于使用硬件支持的技术为代码执行和数据保护提供更高的安全保证。

机密计算联盟是2019年由Linux基金会成立的包括英特尔、微软、阿里云等公司在内的联盟，旨在为机密计算进行定义并制定标准，以支持和推广开源机密计算工具和框架的开发。

机密计算是隐私计算的一种具体形式，旨在建立以硬件为基础的可信执行环境。而隐私计算的范围更广，还包含多方安全计算、联邦学习等技术。

此外，可信计算与机密计算是共同发展的关系，根据《创新发展中的可信计算理论与技术》，可信平台模块（TPM/TCM）和TEE两个方面并行发展，互为补充。可信执行环境依赖于可信平台模块的支持，而可信平台模块的安全保护能力需要TEE扩展和增强。

二、隐私计算技术流派

隐私计算技术是在保护数据本身不对外泄露的前提下，多个参与方通过协同对自有数据处理、联合建模运算、分析输出结果、挖掘数据价值的一类信息技术。作为跨学科技术，隐私计算涉及密码学、机器学习、神经网络、信息科学，同时可与人工智能、云计算、区块链分布式网络等前沿技术融合应用，为数据保护和价值融合提供技术可行性。

从技术实现原理来看，隐私计算有两种分类方式。

第一种是将隐私计算技术分为两个方向——可信硬件和密码学。可信硬件指可信执行环境，主要依靠硬件来解决隐私保护问题。密码学以多方计算、联邦学习为代表，主要通过数学方法来解决隐私保护问题。

第二种是将隐私计算分为三个方向。由于联邦学习是密码学、分布式计算、机器学习三个学科交叉的技术，目前更常见的是三分类法，即分为密码学、可信硬件和联邦学习三个流派。以密码学为核心技术的隐私计算以多方安全计算、同态加密为代表；可信硬件以可信执行环境（TEE）为主导；"联邦学习类"泛指国内外衍生出的联邦计算、共享学习、知识联邦等一系列名词，是指多个参与方联合数据源、共同建模、提升模型性能和输出结果准确性的分布式机器学习。

本书按照第二种分类方法的3个流派来进行介绍。

（一）密码学

1. 多方安全计算

多方安全计算（Secure Muti-Party Computation，MPC）理论，

是 1982 年清华大学教授姚期智为解决一组互不信任的参与方在保护隐私信息以及没有可信第三方的前提下的协同计算问题而提出的理论框架。后经 Oded Goldreich、Shafi Goldwasser 等学者的众多原始创新工作，多方安全计算逐渐发展为现代密码学的一个重要分支。多方安全计算能够同时确保输入的隐私性和计算的正确性，在没有可信第三方的前提下通过数学理论保证参与计算的各方输入信息不暴露，而且同时能够获得准确的运算结果。

多方安全计算通常借助多种底层密码框架完成，主要包括不经意传输（Oblivious Transfer，OT）、混淆电路（Garbled Circuit，GC）、秘密共享（Secret Sharing，SS）和同态加密（Homomorphic Encryption HE）等。

不经意传输是指数据传输方发出多条信息，而接收方只获取其中一条。由于传输方不确定最终到达的信息是哪一条，接收方也无法得知未获取的其他信息，从而双方的数据都处于隐私状态。

混淆电路是最接近"百万富翁"解决方式的思路。多方参与者利用计算机编程将输入的计算任务转化为布尔值，对输入的具体数值加密，因此多方在互相不掌握对方私人信息时，可共同完成计算。

秘密共享是对加密信息的随机切分过程，将信息的片段分散至多个参与方保管。因此除非超过一定门限数量的多方协同合作，否则无法还原完整的数据并进行解密。

由于多方安全计算通常使用前三种框架便能实现，同态加密也被部分人士认作独立于安全多方计算而基于密码学的技术。我们在后文中进行详细介绍。

多方安全计算技术通用性高、准确性高，行业内也肯定了算法的理论价值和应用前景。即使密码和开发的难度导致其性能中等，密码学领域也有一半以上的学者研究安全多方计算的相关话题。作为发展历史最长、相对更成熟的技术，多方安全计算技术成为各科技大厂和新秀的技术路径之一。

2. 同态加密

同态加密允许在加密后的密文上对数据进行若干次加法和乘法运算，且计算结果解密后正好与直接对明文进行计算的结果一致。该概念最早在 1978 年由 Ron Rivest、Leonard Adleman 和 Michael L. Dertouzo 提出。后来于 2009 年由 Gentry 首次设计出第一个真正意义上的全同态加密体制，Gentry 提出的全同态加密方案可以对加密数据进行任意多次的加法和乘法运算，可以对加密信息进行深入和无限的分析，且不影响其保密性。目前主流基于格密码体制构建的全同态加密算法主要有 BGV、CKKS 等。

在同态加密出现之前，处理和分析隐私数据时必须对加密数据进行解密，解密过程增加了数据泄露风险。同态加密的出现使数据处理可以不经过解密，直接在密文上进行相应的计算，且最后解密出来的结果与直接在明文上计算的结果相同，这样一来就避免了数据解密过程中与密文数据使用中所带来的隐私泄露风险，能够更好地保护数据全生命周期的安全。

同态加密常用于需要进行隐私保护的外包计算和存储场景中，在这些场景中用户首先对数据进行同态加密，然后将加密后的密文发给云服务器进行存储或者计算，云服务器直接在密态数据上进行运算，这样既不会泄露用户隐私又满足了用户的计算需求。

同态加密的优势在于，通过自身这一种技术的应用就能更好地保障数据全生命周期的安全。目前，在隐私计算领域，大多数方案是通过多种技术融合应用来保障数据全生命周期的安全，这会大大提高数据的复杂性，并影响整个系统的运行效率，相对而言，同态加密因其可以在密文上进行任意运算，其解决方案更加简洁。

同态加密技术又可以分为全同态加密（fully homomorphic encryption，FHE）、部分同态加密（partially homomorphic encryption，PHE）、类同态加密（somewhat homomorphic encryption，SHE）、层次型同态加密技术[leveled（threshold）homomorphic encryption,（TFHE）LHE]等。FHE可以计算无限深度的任意电路；PHE支持评估仅包含一种门类型的电路（如加法或者乘法）；SHE可以计算加法和乘法电路，但只支持有限次的乘法；（TFHE）LHE支持对有界（预设）深度的任意电路进行计算。不同加密方案适用的场景不同。[1]

同态加密需要消耗的计算资源巨大，因此在比较复杂的计算场景中其性能较低，所以第一要务就是改进同态加密算法以减少资源开销。目前业界在这方面有不少尝试。

（二）可信执行环境

可信执行环境（TEE）作为易开发、高性能的隐私计算技术，与硬件提供方存在强依赖关系。其实践路径表现为：在CPU内划分出独立于操作系统的、可信的、隔离的机密空间。由于数据处理在可信空间内进行，所以数据的隐私性依赖可信硬件的实现。目前较为成熟的可信执行环境方案有SGX、Trustzone、HyperEnclave等。

（三）联邦学习

联邦学习（Federated Learning）从技术层面上涉及隐私保护、机器学习和分布式领域，能有效地满足数据在不出本地的情况下，实现共同建模，提升模型的效果。

---

[1] 魏立斐,等.机器学习的安全问题及隐私保护[J].计算机研究与发展，2020, 10.

根据特征空间和样本 ID 空间的不同，联邦学习分为横向联邦、纵向联邦和联邦迁移学习。

横向联邦学习适用于特征重合较多、样本重合较少的联合计算场景。但通过构建联邦生态，参与者可以聚合更多的数据样本，从而解决单边建模数据不足的问题。例如，某银行在不同区域设立分行，由于商业模式相同，数据具有重合度较高的特征，但各行服务不同地区的客户，样本重合较少。

纵向联邦学习适用于样本重合较多、特征重合较少的联合计算场景。通过建立联邦生态，参与者可以丰富样本特征，实现更精准的样本描述。例如，服务同一群体的银行与电商平台偏向于采用纵向联邦。

联邦迁移学习是对横向联邦学习和纵向联邦学习的补充，适用于特征、样本重合均少的场景。例如，不同地区的银行和商场之间，用户空间交叉较少，并且特征空间基本无重叠。

联邦学习在国内隐私计算赛道得到了广泛的应用。在中国，微众银行是联邦学习应用的推动者，其推出的开源平台 FATE 在业界应用广泛。

另外，各类隐私计算技术的融合趋势愈加明显。比如可信密态计算 (Trusted-Environment-Based Cryptographic Computing，简称 TECC)，是蚂蚁集团首创推进的新型隐私计算技术，它将可信计算技术和密码学技术有机地结合在一起，将数据以全密态形式在高速互联的可信节点集群中进行计算、存储、流转的一种可信隐私计算技术，可实现数据持有权有效保障、使用权出域可控，支撑任意多方大规模数据安全、可靠、高效地进行全密态的融合与流转。

三、隐私计算的技术标准

按照标准内容和参与机构，国内的隐私计算标准大致能够分成3个阶段。从理论层面、测评层面到互联互通层面，3个阶段下隐私计算标准的实用性和覆盖范围逐渐提高。隐私计算标准的参与和发布机构也由企业和行业层面的机构逐渐转向国家和国际层面的机构。值得注意的是，与隐私计算相关的技术标准仍在制定中。

（一）第一阶段

第一个阶段标准在定义和框架上给出了解释，这个阶段更加关注理论，主要满足科研性实验性课题。此外，参与制定标准的机构主要为企业和行业机构。

1.《区块链 隐私计算服务指南》

2019年7月19日，中国区块链技术和产业发展论坛发布了《区块链 隐私计算服务指南》（以下简称《指南》）。《指南》由中国电子技术标准化研究院指导，万向区块链牵头起草，以及12家公司及研究院共同编写完成。标准规定了区块链隐私计算服务，具体包括区块链隐私计算服务原则和相关方、区块链隐私计算服务技术框架、区块链隐私计算服务管理。《指南》旨在为行业从业者就利用区块链技术提高数据交换效率和可信性，同时在保护数据隐私的前提下实现多方协作的数据计算等方面提供指引。

标准适用于指导区块链隐私计算服务的开展、评估相关方的区块链隐私计算服务能力、评估区块链隐私计算服务对组织的适用性、审计区块链隐私计算服务安全性和合规性。

2.《个人金融信息保护技术规范》

2020年2月13日,全国金融标准化技术委员会(简称"金标委")发布了《个人金融信息保护技术规范》(以下简称《规范》),《规范》将个人金融信息按照隐私程度分成3类。同时还规定了个人金融信息在收集、传输、存储、使用、删除、销毁等生命周期各环节的安全防护要求。

《规范》从安全技术和安全管理两个方面,对个人金融信息保护提出了规范性要求。

(二)第二阶段

第二阶段在性能和工程化安全方面给出了测评标准,让隐私计算从理论框架层面过渡到支持测评的实践方面,从企业实践方面提升了隐私计算标准的可用性。其中,"可信隐私计算"产品测评体系作为对隐私计算产品的功能和性能进行评测的标准,受到广泛的认可。

1.《多方安全计算金融应用评估规范》

2020年11月24日,人民银行旗下中国支付清算协会发布了隐私计算相关金融规范《多方安全计算金融应用评估规范》(JR/T0196—2020)(以下简称《评估规范》)。《评估规范》主要起草单位除清算协会、银行业金融机构外,还包含腾讯、京东数科、同盾科技等多家涉及隐私计算的头部科技公司。中国支付清算协会称,此举是为落实央行和国家认监委关于加强金融科技产品认证工作的相关要求,加强金融科技产品认证工作的自律管理。

作为一项团体标准,《评估规范》规定了多方安全计算金融应用的评估要求,适用于多方安全计算的金融应用机构、技术服务和解决方案提供商。

2."可信隐私计算"产品测评体系

自2018年起,由中国信息通信研究院(简称"中信通院")云计算与大数据研究所牵头,联合行业领军企业、专家制订及修订的隐私计算系列标准逐步构建。2021年下半年,功能标准结合技术发展和市场需要进行了升级,评测体系也进一步扩充,将在原有基础上,固本强基、提质升级,进一步推动隐私计算技术合规应用,促进隐私计算行业有序发展,为数据合规流通夯实技术基础。

2021年9月9日,"大数据产品能力评测"隐私计算系列测评升级为"可信隐私计算"产品测评体系,体系包含4项功能测试,分别为:《基于多方安全计算的数据流通产品技术要求与测试方法》《基于联邦学习的数据流通产品技术要求与测试方法》《基于可信执行环境的数据计算平台技术要求与测试方法》《区块链辅助的隐私计算技术工具技术要求与测试方法》,以及两项性能测试,分别为《隐私计算多方安全计算产品性能要求和测试方法》和《隐私计算联邦学习产品性能要求和测试方法》。

该隐私计算系列测评体系是目前国内隐私计算领域最早、最全、广受行业认可的测评体系,评测范围覆盖了国内大部分拥有隐私计算产品的重要企业。

(三)第三阶段

第三阶段的标准强调互联互通,主要针对隐私保护措施带来的数据孤岛问题。这个阶段还伴随着国际和国家层面机构参与到隐私计算的标准制定。其中,《隐私保护机器学习技术框架》是首次通过隐私计算技术领域的国际标准;《隐私保护的数据互联互通协议规范》是隐私计算互联互通的首个国家标准。

1.《联邦学习架构和应用规范》

2021年3月30日,《联邦学习架构和应用规范》通过IEEE确认,形成正式标准文件(IEEE P3652.1)。自2018年12月,IEEE标准委员会(SASB)批准了由微众银行发起的关于《联邦学习架构和应用规范》的标准立项,来自国内外的多位知名学者和技术专家纷纷加入联邦学习IEEE标准的建设。该标准定义了联邦机器学习的架构框架和应用指南,包括联邦机器学习的描述和定义、联邦机器学习的类别和每个类别适用的应用场景、联邦机器学习的性能评估和相关的监管要求。

《联邦学习架构和应用规范》提供了跨组织和设备的数据使用和模型构建蓝图,并同时满足适用的隐私、安全和监管要求。

2.《隐私保护机器学习技术框架》

2021年6月13日,国际电信联盟(ITU)首次通过隐私计算技术领域的国际标准,该标准为《隐私保护机器学习技术框架》(Technical Framework for Shared Machine Learning System)(以下简称《框架》),由蚂蚁集团、中国联通及之江实验室共同参与制定。以蚂蚁集团的隐私保护机器学习技术为蓝本,《框架》定义了参与方角色,功能要求、安全要求,并给出了中心化和分布式两种隐私保护机器学习模式的架构和计算流程。

《框架》用于指导隐私保护机器学习系统的设计、开发、测试、使用等,促进多参与方在满足数据安全、隐私保护等要求的前提下,实现基于数据协同和数据共享的机器学习。

3.《隐私计算 跨平台互联互通 第1部分:总体框架》

2021年7月20日,CCSA TC601、隐私计算联盟联合发布《隐

私计算 跨平台互联互通 第 1 部分：总体框架》（以下简称为《总体框架》）标准。作为系列标准的第一部分，《总体框架》以互通、平台自治、安全、正确、易扩展为特性和基线给出了后续相关标准内容的整体视图。平台间的通信规范、跨平台任务协同的互联规则、跨平台任务实现的具体流程等内容将作为系列标准的第 2、3、4 部分在中信通院（后简称"中国信通院"）云大所的牵头下继续推进编制工作。《总体框架》划分了互联互通实现的三个阶段：节点的互相发现；节点上数据、算法、模型资源的互通；相同算法在不同平台上的运行，并阐述不同层次的信息定义、认证、发布，授权管理，状态同步等实现路径。

《总体框架》希望为行业实现互联互通提供一套可行的参考框架。旨在解决不同技术厂商提供的产品和解决方案在设计原理和功能实现之间存在的差异，使得部署于不同平台的隐私计算参与方之间无法跨平台完成同一计算任务的问题。

4.《隐私保护的数据互联互通协议规范》

2021 年 8 月 25 日，全国信息安全标准化技术委员会发布《关于 2021 年网络安全标准项目立项的通知》，由上海富数科技牵头，上海交通大学、中国信通院等多方发起的《隐私保护的数据互联互通协议规范》正式立项进入研究阶段。

《隐私保护的数据互联互通协议规范》是继众多行业标准、地方标准发布后，隐私计算互联互通的首个国家标准。此次立项获批对于隐私计算行业具有里程碑式的意义，表明了国家相关部门对隐私计算给予了高度重视，也表明了隐私计算互联互通对实现数据价值高效流通的重要性。

除了已经发布的隐私技术相关标准，许多标准还在制定中。且标准细化到各种具体技术，如针对多方安全计算、可信执行环境等技术。

2019年6月，在工业和信息化部、北京市人民政府主办的第二十三届中国国际软件博览会——人工智能开源软件论坛上，中国人工智能开源软件发展联盟（AIOSS）发布了《信息技术服务联邦学习参考架构》，这是中国颁布的第一个关于联邦学习的团体规范标准。

2019年8月，《多方安全计算技术框架》（Technical Framework for Secure MultiParty Computation）国际标准立项在日内瓦召开的ITU-T SG17（国际电联安全研究组）会议上通过。阿里巴巴在电气电子工程师学会（IEEE）的牵头下成立了安全多方计算工作组，并担任工作组主席，联合国内外厂商一起推进MPC国际标准，该标准有望成为全球首个安全多方计算领域的国际标准。

2020年1月，国际标准化组织（ISO）、国际电工委员会（IEC）牵头拟定了《信息安全—安全多方计算—第1部分：通用》（Information Security—Secure Multiparty Computation—Part 1: General），该国际标准旨在规定在数据保密的情况下，计算数据函数的加密机制及其属性。

2020年4月，阿里巴巴在中国通信标准化协会主导立项了《基于多方安全计算的隐私保护技术指南》（以下简称《技术指南》），目前已形成征求意见稿。该标准起草单位包括阿里巴巴（中国）有限公司、浙江蚂蚁小微金融服务集团股份有限公司、中信通院等公司和机构。《技术指南》提出了安全多方计算技术架构、通用流程及安全分类，给出了安全多方计算典型应用场景及解决方案建议。

2020年4月，蚂蚁链与中国信通院联合发起的标准《基于TEE的区块链隐私计算》获得国际电信联盟（ITU）立项，成为全球首个区块链链上通用数据隐私保护国际标准。此次立项的技术标准由蚂蚁链和中国信通院云计算与大数据所及隐私计算联盟共同提出，用于保障企业在应用链上服务时的数据安全与隐私。

2020年12月30日,《信息安全技术 可信执行环境服务规范》正式面向社会公开征求意见。国家标准计划《信息安全技术 可信执行环境服务规范》由TC260（全国信息安全标准化技术委员会）归口上报及执行，主管部门为国家标准化管理委员会。主要起草单位为中国银联股份有限公司、中国科学院大学、复旦大学等。该标准的主要目标是提出一种基于可信执行环境的服务的规范。通过建立统一的可信服务安全框架，对基于该框架的可信服务的功能和安全性进行有效定义和规范，统一可信服务的功能调用接口。

2021年11月19日，蚂蚁集团和深圳国家金融科技测评中心正式签署成立"数据安全与隐私计算"联合实验室。双方将在个人信息保护、企业数据安全治理、隐私计算技术及其应用领域进行技术标准和测评标准的研究合作。

2022年3月1日，全球最大的非营利性专业技术学会"电气和电子工程师协会标准化协会"（IEEE-SA）全票通过了《隐私计算一体机技术要求》（P3156）立项，并且在IEEE-SA成立了隐私计算一体机工作组（Privacy-preserving Computation Integrated Platform Working Group），该标准由蚂蚁集团、国内外专家共同参与筹备，是全球首个隐私计算一体机国际标准。IEEE-SA专家一致认为通过制定国际标准，能够使业界形成对隐私计算一体机的共识，有利于引导业界利用隐私计算一体机解决数据共享场景下的数据安全问题，并有效降低协作成本。

四、隐私计算技术专利分析

隐私计算作为一个新兴的技术领域，目前初创公司居多。即使在发展较为成熟的互联网巨头和上市公司当中，隐私计算也是新的业务板块。因此，可用于衡量一家公司技术实力强弱的公开可用的数据较少。

在目前的状况下，专利数据是可衡量一家公司实力的有力参照系。因此，零壹智库对隐私计算的专利数据进行了专门的分析。

根据零壹智库专利数据统计结果显示，截至2021年10月1日，全球有28个国家和地区、3000家公司参与了隐私计算相关专利的申请，合计1.72万件。

从专利申请情况来看，目前中国隐私计算技术领先美、日、韩等其他国家，在全球TOP 50企业中，中国有23家公司进入榜单。其中蚂蚁集团和华为分别位列全球第一和第三。

从技术方案来看，申请可信执行环境专利的公司数量远高于多方安全计算和联邦学习。

从行业应用情况来看，隐私计算技术正不断渗透各个行业和场景，除了在金融、医疗、政务等常见场景，一些公司还探索隐私计算技术在电网、审计、出行、酒店、民航、招聘等场景中的应用。

中国目前有超过2000家公司参与隐私计算专利申请，但是成功推出相关产品的仅为部分公司。在相关政策和行业法规的推动下，未来可能有更多的隐私计算产品被推出。

（一）国内外隐私计算专利申请情况

早在20世纪80年代，以MPC为代表的密码学理论就已经被提出，长期以来处于实验室研究阶段。根据零壹智库专利数据显示，隐私计算相关专利首次于1986年由英国的电信公司Plessey提出申请。

之后的30多年，来自中、美、日、韩、法等28个国家和地区的公司相继开展了对隐私计算技术的研究，并参与了专利申请。截至2021年10月1日，全球有2966家公司参与了隐私计算相关专利

第三章 隐私计算的技术路径

申请，合计17170件。

其中，中国、美国和日本是隐私计算专利申请数量最多的三个国家，专利申请数量分别为8784件、4151件和1298件，占比分别为51%、24%和7%。

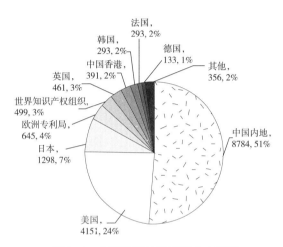

图3-1 全球隐私计算专利分布情况

资料来源：零壹智库，智慧芽

（二）中国隐私计算专利申请情况

截至2021年10月1日，中国已经有超过2 000家公司参与了隐私计算专利申请，合计8784件。

纵观中国在隐私计算领域的专利申请情况，大致可以分为3个阶段。

阶段一（2011年之前），中国每年申请的隐私计算专利不超过100件，每年参与专利申请的公司不超过60家。在这个阶段，虽然隐私计算相关概念还未提出，但是相关密码学技术已经出现。

阶段二（2012—2015年），中国每年隐私计算专利申请数量超过100件，参与专利申请的公司数量也开始突破100家。

阶段三（2015年至今），中国每年隐私计算专利申请数量呈现爆发式增长，在2019—2020年每年专利申请数量保持在1 000件以上，参与公司规模也均在400家左右。

尽管中国在隐私计算领域的研究晚于美国等发达国家，但在政府相关政策的加持和企业及个人对隐私安全的愈加重视之下，中国隐私计算技术在近两年获得快速发展，并在全球已初具竞争优势。

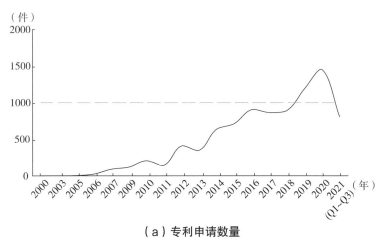

（a）专利申请数量

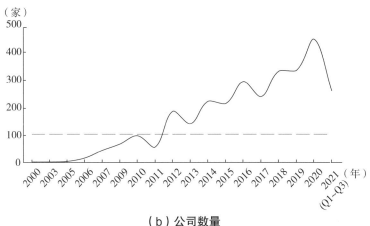

（b）公司数量

图3-2　2001—2021H1中国隐私计算专利申请情况

资料来源：零壹智库，智慧芽

(三）中国隐私计算技术应用情况

目前，隐私计算核心技术主要包括联邦学习、可信执行环境和多方安全计算。

由于可信执行环境具有通用性高、开发难度低、算法实现上更加灵活等特点，该技术专利申请受到众多科技公司的青睐，数量明显高于其他两个。根据零壹智库专利数据统计，截至2021年10月，中国有181家公司申请了相关专利，合计815件，是隐私计算领域公司参与度最高、专利申请数量最多的技术。其次，联邦学习和多方安全计算，参与专利申请的公司分别有108家和105家，专利申请数量分别为396件和416件。

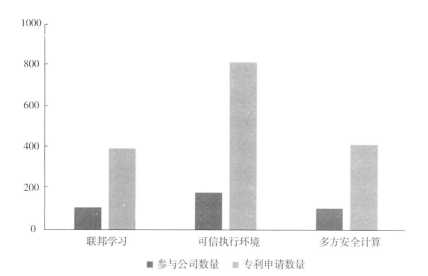

图3-3 中国隐私计算各技术领域专利申请情况

资料来源：零壹智库，智慧芽

从专利申请情况来看，同态加密和零知识证明在中国关注度明显高于其他加密技术。截至目前，同态加密有182家公司参与相关专利申请，专利合计544件；其次是零知识证明，有124家公司参与专利申请，专利合计 376 件；其他四项密码学技术参与公司数量均在 10—50 家公司，专利申请数量在 20—110。

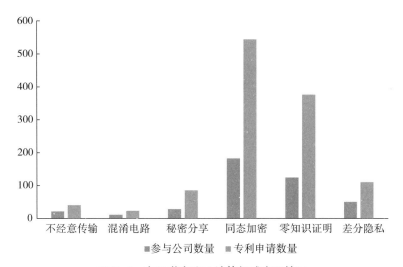

图 3-4 密码学在隐私计算领域应用情况

资料来源：零壹智库，智慧芽

（四）中国隐私计算行业及场景应用

在近几年，隐私计算技术和产品逐渐成熟，伴随着中国数字经济的发展，数据安全和个人隐私安全受到政府、企业及个人的关注，除互联网科技公司之外，金融机构、医疗、电信、电网、大消费等多个行业公司相继探索隐私计算的应用。

从专利申请情况来看，隐私计算主要应用场景有金融、医疗、电网、政务等多个行业。

1. 金融 + 隐私计算

从专利申请情况来看，金融行业是隐私计算技术专利申请数量最多、参与公司规模最大的行业。截至目前，中国有 129 家公司申请了相关专利，合计408件。在这些公司当中，专利申请数量最多的3家公司分别是蚂蚁集团、阿里巴巴和平安集团。除此之外，金融机构当中建设银行、平安集团、阳光保险、泰康保险、中国银联、兴业证券等金融机构均有相关专利申请。

表3-1 2021年中国金融机构申请隐私计算专利情况

排名	金融机构	申请数量	排名	金融机构	申请数量
1	微众银行	336	11	中信银行	6
2	平安集团	158	12	浙商银行	4
3	中国银联	101	13	交通银行	3
4	工商银行	56	14	网商银行	3
5	金融壹账通	54	15	招商银行	3
6	中国银行	15	16	农银行业	3
7	建信金科	13	17	泰康保险	3
8	建设银行	12	18	民生银行	2
9	招商金科	7	19	广发银行	2
10	新网银行	6	20	上海保交所	2

资料来源：零壹智库，智慧芽
注：数据截至2021年10月1日公开的专利数量。

从应用场景来看，隐私计算技术在金融行业中的应用场景包括供应链金融、资产管理、保险理赔、风险管理、反洗钱、金融身份认证、征信评估、财务审计等。

2. 医疗 + 隐私计算

医疗行业，医学研究、临床诊断、医疗服务等对数据分析和应用挖掘有着强烈需求。但是，现阶段医疗大数据搜索、共享、数据挖掘服务尚处于不成熟阶段，缺乏对数据的深度可信挖掘和权限认证，尚未形成有体系的标准和保护措施。严格的法律，缺失的保护体系和标准，造成大量医院、医疗研究机构等医疗数据拥有者不愿或不敢分享其拥有的数据资源，从而严重影响了医疗数字化的进步和发展。

为此，一些科技公司采用隐私计算技术构建相关系统或平台，各节点的医疗机构在不需要共享原始数据的情况下进行联合建模和联合数据分析，有效推动了医疗行业数据高效利用。

据零壹智库不完全统计，截至目前，中国有41家公司申请了隐私计算+医疗相关专利，并且这些公司专利申请数量保持在1—3件。在这些公司当中，腾讯、荣泽科技、医渡云等公司均有推出自己的隐私计算产品。

3. 电网+隐私计算

目前，我国经济和网络科技飞速发展，我国对电力系统各方面的需求在不断提高，智能化进程也在不断推进。与此同时，智能电网的安全问题也日益得到重视。其中，装备在电网中的各种传感器和智能电表负责实时监测电网的运行状态和收集用户用电数据，并将这些信息及时地提交给控制中心处理。但目前的大多数智能电表都是以明文的形式与控制中心进行交互，数据的安全性并未得到应有的保障，用户的隐私信息容易被泄露。

为此，一些企业在近几年开始探索隐私计算技术在智能电网中的应用。根据零壹智库专利数据统计，截至目前，我国有30家公司申请了电网+隐私计算相关专利。其中，专利申请数量最多的两家公司分别是国家电网和南方电网，专利申请数量分别是31件和16件，其余28家公司专利申请数量保持在1—3件。

除此之外，根据专利申请情况，隐私计算应用场景还包括出行、智能汽车、酒店、民航、招聘等。很显然，各行业对于隐私计算技术均有不同程度的需求，但是大部分场景仍处于研发阶段，未来发展还需更多的投入。

4. 全球隐私计算专利榜单 TOP 50

根据专利申请数量，零壹智库发布了 2021 年全球隐私计算专利榜单 TOP 50。其中，专利申请数量最多的 3 家公司分别是蚂蚁集团（1 857 件）、英特尔（780 件）和华为（586 件）。

按照公司注册地，这 50 家公司分别来自中国、美国、日本、英国、韩国、芬兰、荷兰、瑞典、法国和德国 10 个国家。其中，中国数量最多，有 23 家公司进入榜单，其次是美国和日本，各有 9 家公司上榜。

表 3-2　2021 年全球隐私计算专利榜单 TOP 50

序号	公司	专利申请数量	国家
1	蚂蚁集团	1 857	中国
2	英特尔	780	美国
3	华为	586	中国
4	NTT	447	日本
5	Microsoft	414	美国
6	阿里巴巴	407	中国
7	微众银行	336	中国
8	IBM	328	美国
9	NEC	268	日本
10	nChain	264	英国
11	腾讯	201	中国
12	Samsung Electronics	196	韩国

续表

序号	公司	专利申请数量	国家
13	平安集团	158	中国
14	国家电网	153	中国
15	OPPO	153	中国
16	VISA	145	美国
17	McAfee	131	美国
18	Nokia	130	芬兰
19	Philips	125	荷兰
20	百度	121	中国
21	Mitsubishi Electric	114	日本
22	中国银联	101	中国
23	中兴通讯	100	中国
24	浪潮集团	99	中国
25	华控清交	99	中国
26	中国移动	94	中国
27	Ericsson	94	瑞典
28	Fujitsu	91	日本
29	Qualcomm	89	美国
30	Panasonic	88	日本
31	矩阵元	83	中国
32	如般量子	79	中国
33	Thomson Licensing	77	法国
34	Toshiba	72	日本
35	Security First Corp	71	美国
36	Apple	66	美国
37	南方电网	64	中国
38	联通	63	中国
39	Sony	63	日本
40	SAP	63	德国

续表

序号	公司	专利申请数量	国家
41	握奇数据	62	中国
42	Hitachi	62	日本
43	趣链	62	中国
44	工商银行	56	中国
45	金融壹账通	54	中国
46	Master Card	54	美国
47	KDDI	53	日本
48	Gemalto SA	52	荷兰
49	航天信息	46	中国
50	NXP Semiconductors	46	荷兰

资料来源：零壹智库，智慧芽

注1：专利数据通过隐私计算相关计算关键字和密码学IPC专利分类号检索获取，数据结果可能会与实际情况存在差异。

注2：数据截至2021年10月1日公开的专利数量。

| 第四章 |

隐私计算市场模式与现状

第四章　隐私计算市场模式与现状

目前，隐私计算市场尚处于发展的初期。

从服务对象来看，在中国国内，隐私计算市场目前主要是一个面向企业（To B）的市场。但是在美国，已经出现了通过为企业提供隐私计算服务从而间接为个人提供隐私保护服务的模式，未来很有可能出现直接为个人（To C）提供隐私保护服务的应用。

从行业发展成熟度来看，在中国国内，2021年隐私计算技术开始商业应用，2022年隐私计算产品的标准化程度大大提高，应用落地开始加速。但是，总体而言，市场发展仍然处于初期。目前，主要是头部的金融机构、较发达地区的政府机构、少量的医疗机构落地了隐私计算应用，在其他领域隐私计算也有零星的落地。

一、隐私计算的 To B 市场与 To C 市场

如本书前文所述，目前，在国内外，隐私计算主要是用在企业与企业之间的数据交互方面。一般来说，对个人的隐私保护主要体

现方式是，企业在为个人提供服务时，在获得个人授权采集数据之后，在与其他企业的数据进行联合分析处理的时候，并不让这些数据离开本地，而是应用隐私计算技术来解决数据的交互问题。因此，在现阶段，在全球范围内，隐私计算主要是一个 To B 市场。隐私计算厂商主要是通过为企业提供服务，起到保护个人隐私的作用。

未来，隐私计算有出现 To C 市场的可能性。据零壹智库了解，目前中国国内也已经有企业开始研究探索相关应用。

目前，个人数据主要是被分散存储在各种各样的场景应用中。比如，个人用户在使用信用卡贷款时，个人身份信息、贷款和还款的信息就会被存储在银行的信用卡中心。个人用户在网上购物时，其姓名、手机号、家庭住址、购买的物品和价格信息就会被存储在电商账户中。个人通过打车 App 使用出租车服务时，其姓名、手机号、打车的时间和起止地点、金额等信息就会被存储在 App 中。个人的社保、公积金、学历学籍等信息，则是存储在各级政府的信息系统中。

因此，目前的个人隐私保护在很大程度上要依赖各类企业对个人信息的保护。如果信用卡中心、电商公司、打车 App、各级政府的信息系统没有保护好个人信息，个人信息就有泄露的可能。

未来，有可能出现新的为个人提供信息保护的应用。这一预测来自零壹智库对加州大学伯克利分校教授、Oasis Labs 创始人兼首席执行官宋晓冬的访谈。宋晓冬用"Data Vault（数据金库）"来描述未来可能出现的这一类新的应用。她认为隐私保护逐渐落实在每个人身上，让个人成为数据的主人，让个人从隐私的保护和分享中受益是大势所趋，要实现这一进程可能耗时不会超出十年。

宋晓冬用个人电脑的发展历程来类比解释这一进程。世界上第一台计算机诞生于 1946 年，占地 170 平方米，重达 30 吨，那时谁都没想到人人都能拥有一台电脑。但是，1981 年 IBM 发布了个人计算机，电脑走入千家万户，全球有数百万户家庭开始使用电脑。21 世纪以来，智能手机逐渐普及，现在几乎人人都有一部智能手机。

目前，在实践中，隐私计算有 To C 的尝试，但是还不能说形成了 To C 市场。

零壹智库在调研中看到的 To C 的案例有两个。

（一）Google 尝试提供 To C 的隐私计算服务

2016 年 Google 提出联邦学习的时候，原本是将联邦学习用于解决安卓手机终端用户在本地更新模型的问题，其设计目标是在保障大数据交换时的信息安全、保护终端数据和个人数据隐私、保证合法合规的前提下，在多参与方或多计算结点之间开展高效率的机器学习。

2021 年 9 月 9 日，Google 正式发布了 Android 12 的最新测试版 Android 12 Beta 5，该版本是 Android 12 正式推出前的最后一个测试版。

Google 在 Android 12 Beta 中引入私有计算核心（Private Compute Core），官方推出私有计算服务，在私有计算核心和云之间搭建隐私保护的桥梁。

私有计算核心是一个用于处理敏感数据的集中且安全的环境。该环境将敏感信息与操作系统和其他应用软件中的信息隔绝，使敏感信息与互联网间没有直接传输渠道。私有计算核心与云端之间的间隔由一系列应用编程接口（API）连接，API 将去除敏感数据的可识别信息，并利用联邦学习、联邦分享、私有信息检索等隐私计算加密。

私有计算核心将使 Android 12 Beta 新增三项功能：实时字幕、听歌识曲和智能回复。

在用户使用手机时，Google 应用设备自带的语音辨识装置识别字母，并合成媒体文件。考虑到该功能需要访问社交媒体才能按预期工作，Google 将该功能铺设在私有计算核心中。

听歌识曲是利用收集的像素专属设备识别周边音乐，不用专门打开音乐应用软件。由于识别歌曲、处理数据需要访问麦克风，Google 同样将该功能设置在私有计算核心中。

智能回复将保护个人日常的交流信息。以往，信息应用程序将读取个人发送和接收的信息，在输入法内建议个人相关的回复内容，这往往涉及个人隐私最核心的部分。因此，Google 通过私有计算核心环境，将个人回复在键盘和消息应用程序中隐藏，直到个人同意收集读取数据。

（二）Oasis 尝试间接为个人提供隐私计算服务

Oasis 由加州大学伯克利分校教授宋晓冬创办。Oasis 网络于 2020 年 11 月 19 日正式上线，是全球首个具有隐私保护功能和可拓展性的去中心化区块链网络。

与许多隐私计算创业公司主要服务于企业客户不同，Oasis 同时也希望可以让个人用户拥有更好地掌控自己数据的权益。在 Oasis 的设计中，用户在应用 Oasis 网络的前提下，不仅能够完全掌握自己的隐私数据，还能通过共享隐私数据获益。

Oasis 与星云基因（Nebular Genomics）的合作是目前已经落地的典型案例。

在美国，虽然直接面向消费者的基因检测公司为个人提供了有关血统和疾病风险的全新信息，但许多公司因侵犯用户隐私和破坏用户信任而受到抨击。这一问题对基因检测行业影响巨大,因为这降低了用户对基因检测公司的信任,减少了对基因检测服务的使用,从而使整个基因检测行业的发展速度极度放缓。

星云基因希望通过与 Oasis 合作,为这一问题找到解决方案,使得消费者既能够享有基因检测带来的好处,又不用担心自己的基因数据被滥用。2020 年 9 月,基因测序初创公司星云基因与 Oasis 达成合作。客户在使用 Oasis 的框架时,可以保留其基因组数据的所有权,而星云基因可以在不查看客户原始信息的情况下对数据进行分析。该产品现已在 Oasis 的测试版中提供给星云基因的用户。

据了解,这一过程的具体实现是这样的。

当用户购买基因测试的试剂盒并提交样品后,他们可以登录星云基因获取测试报告,获悉新的基因变异和风险评分。

在 Oasis 和星云基因合作后,用户在星云基因的数据将被存储在 Oasis 的平台 Parcel 上。在创建 Oasis 账户后,客户可查看数据使用政策并进行授权,其基因数据将通过 Parcel 加密并加载于安全飞地(Secure Enclave,隐私计算技术的一种,可以理解为可信执行环境,通过为应用程序及其使用的数据提供隔离计算环境来保护隐私安全)环境中。

在星云基因每一次调用数据和分析使用前,Parcel 都会验证客户的授权和数据使用用途与政策所述的符合性。只有在客户授权的情况下,星云基因才有权在 Secure Enclave 这个安全的运行环境下执行代码、调用数据,并根据最新的科学发现生成新的基因报告。另外,Parcel 用户可以随时返回 Oasis Steward 应用程序,查看访问其基因组数据的时间和方式的完整历史记录。他们还可以使用 Oasis Steward 应用程序随时撤销权限,确保他们可以完全控制自己的基因组数据。

与此同时，除了数据确权和监控用途，用户可以实际获取分享数据的收益。如果有医药公司需要调取星云基因数据库做研究，它们就需要根据调用次数和数据体量向个人用户支付费用。

二、隐私计算产业图谱

（一）隐私计算产业生态

隐私计算的产业生态包含甲方、乙方和丙方三方。

甲方指的是数据使用方。目前，这些机构集中在金融、政务、医疗、营销等几个领域。金融机构包括银行、保险公司等机构，其中银行数量最多。医疗机构，主要包括各地各级医院、药厂等。政务机构主要是各地政府部门。

乙方指的是数据源。目前金融类数据主要集中在政府、运营商、银联、互联网巨头手中。医疗数据在各地各级医院、医药公司、体检机构、医保机构的系统里。政务数据主要包括工商、司法、税务、海关、学历学籍等各政府职能部门日常运行积累的数据。政务数据在部分省市有政务数据共享平台和政务数据开放平台，但大多数数据往往散见于各地政府的各职能部门，难以互联互通，只有少数部门的数据是全国性的，其他数据都较为分散，即使已经公开的信息很多也并不完整。

丙方指的是不拥有数据的服务机构，比如隐私计算厂商、云服务商、大数据服务商等。他们可能服务于数据源或者数据使用方，数据可能存放在他们的系统里，但是数据不属于他们。

第四章 隐私计算市场模式与现状

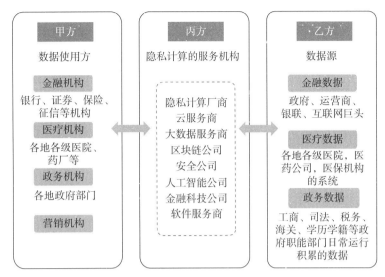

图 4-1 隐私计算产业生态示意图

资料来源：零壹智库；制图：张艳茹

（二）隐私计算厂商图谱

在业界，目前提供隐私计算服务的厂商大致可以分为以下十类。

第一类，互联网巨头。目前，阿里巴巴、蚂蚁集团、微众银行、腾讯集团、百度集团、华为集团、京东集团、字节跳动、平安集团等互联网巨头都已经开始在隐私计算方向上发力，旗下多个业务板块都推出了隐私计算产品。

第二类，云服务商。目前，阿里云、腾讯云、百度云、京东云、金山云、华为云、优刻得等云服务商都推出了隐私计算服务。

第三类，有人工智能背景的公司，比如瑞莱智慧、医渡云、三眼精灵、渊亭科技等。

第四类，有区块链背景的公司，比如矩阵元、Oasis Network、ARPA、趣链科技、零幺宇宙、宇链科技、翼帆数科、熵智科技、算数力、同济区块链等。

第五类，有大数据背景的公司，比如星环科技。

第六类，有安全背景的公司，比如阿里安全、腾讯安全、百度安全、安恒信息、八分量、融安数科、瓶钵科技、沙海科技等。

第七类，软件服务商，比如普元信息、神州泰岳。

第八类，有金融科技背景的公司，比如同盾科技、富数科技、天冕科技、金智塔科技、百融云创、冰鉴科技、甜橙金融等。

第九类，有供应链金融背景的公司，比如联易融、纸贵科技等。

第十类，从隐私计算出发的初创公司，比如华控清交、蓝象智联、洞见科技、锘崴科技、翼方健数、同态科技、数牍科技、星云Clustar、冲量在线、光之树科技、融数联智、摩联科技、隔镜科技、神谱科技、凯馨科技、煜辰数智、原语科技等。

图 4-2　隐私计算厂商图谱

资料来源：零壹智库

三、隐私计算公司商业模式与业务方向

（一）商业模式

据零壹智库调研了解，隐私计算公司目前有三种商业模式。

第一，硬件销售。目前在隐私计算领域，有两种硬件，一种是FPGA加速卡，一种是隐私计算一体机，都是用来提升隐私计算性能的，更加符合实际应用场景需求，比如星云Clustar隐私计算软硬件一体机、蚂蚁摩斯隐私计算一体机等。

第二，软件销售，也就是销售隐私计算系统软件。大多数有隐私计算业务的公司都有这样的系统软件，比如蚂蚁摩斯多方安全计算平台、华控清交PrivPy多方安全计算平台、富数科技阿凡达安全计算平台、洞见科技INSIGHTONE洞见数智联邦平台、蓝象智联GAIA平台等。

第三，平台分润。隐私计算公司软件销售积累了一定数量的客户之后，客户通过软件平台调用数据，获得收益之后，隐私计算公司可以获得这方面的收入。

分配利润有三种方式。

其一，数据源测分润，即根据数据调用量，在数据源收益中分润。

其二，数据应用场景分润。在金融应用中，隐私计算主要应用于金融业务的风控和营销场景，参与者可以从场景取得的收益中分润。

其三，类数据代理模式。向数据源采购数据，加工成评分之后进行销售，整个过程中应用隐私计算技术。销售评分的价格，是在数据采购成本的基础上进行加价。

但是，目前开源正在成为潮流，这使得在未来可能出现新的隐

私计算商业模式。

在中国,隐私计算的开源是从微众银行的隐私计算系统 FATE 开始的。2019 年 7 月,微众银行一共发布了十款开源软件,其中就包括 FATE——第一个开源联邦学习系统,开创了隐私计算系统开源的先例。

当下,零壹智库了解到,在隐私计算领域,还有更多的公司已经或者正在加入开源的行列。比如,2020 年初,字节跳动联邦学习平台 Fedlearner 开源。2020 年 5 月,矩阵元隐私 AI 开源框架 Rosetta 发布。星云 Clustar 在 FATE 开源社区内开源了解决针对 FATE 平台自身存在的一些问题的方法,如解决 FATE 进程间通信问题的经验、技术、研究成果等。富数科技也在考虑开源计划,并且倡导开源项目之间也要采用开放的、兼容的、公共的技术协议。

对于 B 端,开源在市场上的商业模式也逐渐发展成熟。主要的商业模式有三种:第一,在软件开源提供后,以软件后期的运维、部署、咨询、升级等技术手段盈利;第二,发行企业版与开源社区版双版本,企业版以服务于一些特定企业应用场景进行盈利;第三,通过将开源软件部署在云端服务器,需求方通过订阅的方式向提供方付费使用,同时这种模式也免去了实地部署等线下的过程以及安装费用。

因此,以后如果有更多的隐私计算平台开源,将可能发展出更多的商业模式。

(二)不同的愿景与方向

在市场发展初期,各公司的商业模式非常相像。零壹智库了解到,目前商业巨头和隐私计算创业公司在隐私计算业务上的收入来源,都是前文所述商业模式的不同组合,并无特别明显的差异。

但是他们各自的目标和愿景并不完全相同,有可能在未来的发展中产生分化。

1. 数据底座

致力于做数据底座的公司,业务的重点在于为数据流通建立安全的技术和设施底座,为数据安全流通"修路架桥",主要不是提供其上层的风控建模、营销等方面具体应用产品和服务。他们更加倾向于通过合作为其他公司提供底层技术平台,而非自己去提供具体的应用开发和服务。

华控清交致力于做数据流通基础设施建设,是这一方向的典型代表。

基于多方安全计算等密码学理论的隐私保护计算和数据流通技术、标准和基础设施的技术与产品体系是华控清交的核心,能够满足广泛用户群体保护多方数据隐私且实现协同计算的基本需求。在此基础上,用户可以结合实际场景以及自身实际需求,通过增加相关模块(包括存证模块、研发辅助模块、AI 计算模块、缓存模块、SQL 模块、明密文协同计算模块等功能模块)对标准平台进行补充以实现更全面的功能。

在华控清交的商业模式中,有一个突出的特点:华控清交不碰数据。在公司发展初期,华控清交的收入主要来源于项目收入,项目收入主要是技术和解决方案的销售收入。目前,华控清交已经进入了产品销售阶段。未来,预计华控清交的收入主要来自技术和产品赋能以及数据流通生态的建设和服务。但是,目前商业模式尚未完全成熟,需要在未来的商业实践中进行不断探索。

除了华控清交之外,也有更多的公司在这一方向进行探索,比如翼帆数科等。

2. 与场景深度融合

更加注重与场景深度融合的公司，在提供隐私计算软件系统之外，在为场景方提供服务方面有更多的积累。并且，其在服务全程中需要配置更多的资源来服务这一战略方向。在未来的收入结构中，他们从场景方的收益中获得的分成占比也将不低。

洞见科技是这一方向的典型代表（关于洞见科技业务的具体内容，将在第八章中详细介绍）。

在资源积累、技术发展、市场推广方面，洞见科技的行动都展现出与场景深度融合的能力与倾向。

首先看资源积累。对于数据资源，在市场化数据、生态数据、政府数据方面，洞见科技都有较为深厚的积累。

其次看技术发展。洞见科技在技术与场景进行深度融合方面走得更远，这主要体现在数据处理和场景应用两个方面。

在数据处理方面，结合多年的数据挖掘经验，洞见科技正在让数据的预处理更加自动化和智能化，从而提高数据在隐私计算环节的计算效率。比如，可以对数据特征工程进行一些基于历史模型的预设，从而简化计算。

在场景应用方面，洞见科技将隐私计算技术与其他金融科技进行了深度融合，比如与决策引擎、关联图谱、智能建模等技术的结合，衍生出了隐私切片计算、隐私安全图学习等技术方案，不但提升了隐私计算技术本身的厚度，还大大改善了应用的便捷性和计算结果的可用性。

最后看市场推广。洞见科技的市场推广策略也是与对场景的服务相配合的。

为了以更少的人力投入触达更多的金融机构，不少隐私计算厂商会依靠合作伙伴来进行部分市场推广。这些合作伙伴大多是此前与金融机构有业务合作的公司,比如金融IT服务商等。

洞见科技的做法则完全不同。除了对少数政企客户之外,大多数情况下,洞见科技都会依靠自己的市场人员与客户直接接触。这样做是因为,在金融机构购买洞见科技的隐私计算软件之后,洞见科技后续要通过这个软件平台,为金融机构提供智能风控、智能营销、反洗钱、资产风险扫描等方面的服务。洞见科技需要与客户直接接触,深入了解客户的业务,帮助客户解决问题。

3. 隐私计算叠加数据运营

此类隐私计算公司,初期是从某一场景切入,致力于打通数据流通链路,为数据流通提供平台服务。

蓝象智联是这一方向的典型代表。

蓝象智联首先进入的是金融行业。在金融机构一侧,不少机构对如何应用互联网大数据的能力还有待提升。蓝象智联会在业务开展过程中,帮助金融机构了解不同的数据源在金融业务中应当如何使用。在数据源一侧,数据源机构掌握的数据维度非常多,但是部分数据源缺乏对金融机构的业务了解,也不知道金融机构需要哪些数据。蓝象智联根据其在金融领域的业务经验帮助数据源对数据进行处理和封装,使得杂乱无章的数据变成符合金融机构应用需求的标准化的数据资产。

这些行动的目标在于,打通数据交易的链路,使得数据源和数据使用方的需求能够真正对接起来,通过数据量与业务场景的更多连接,由量变演进到质变,帮助金融机构更好地发展业务,促进数据价值流通,释放数据要素生产力。

4. 共享智能平台

对于致力于走这一方向的公司来说，隐私计算只是其业务的一环，其整个商业体系还有其他更多的目标设计。隐私计算在整个设计体系当中，主要是用来帮助实现数据价值的安全共享。在此基础之上，整个商业体系应用数据分析来实现其他的业务创新。

同盾科技是这一模式的典型代表。（关于同盾科技业务的具体内容，将在第八章中详细介绍）

同盾科技致力于建设可信 AI 生态的基础设施——"基于隐私计算的共享智能平台"，并基于知识联邦理论构建了系统的隐私计算产品与技术矩阵——智邦架构体系。智邦体系的核心是智邦平台 iBond，平台下层包含数据安全交换协议—智邦 FLEX、计算与通信引擎 Ionic 等组件。基于平台的应用，智邦体系还将逐步打造数据要素市场—智邦 iData。

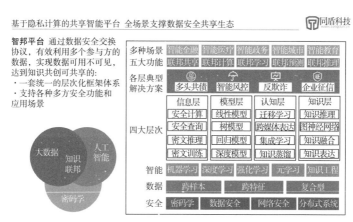

图 4-3 同盾科技"基于隐私计算的共享智能平台"体系图

资料来源：同盾科技

智邦平台 iBond 是基于知识联邦理论体系构建的工业级安全多方应用平台，可以帮助数据源和数据使用方之间实现数据安全交互。

智邦平台依托工业级算子库以及计算与通信引擎 Ionic、数据安全交换协议—智邦 FLEX 等组件，目前已形成安全对齐（PSI）、多方安全计算（MPC）、联邦学习（FL）、隐匿查询（PIR）等完善的产品矩阵。

数据要素市场—智邦 iData 是基于隐私计算的资源共享平台，为同盾客户之间的数据价值安全共享、业务合作，提供一站式安全合规的数据要素共享市场，打造规模可控、准入审核的合规数据要素生态圈。iData 以智邦平台 iBond 为客户间联邦合作的本地操作产品，通过联邦建模、联合统计分析、安全对齐等应用方式，在保护数据隐私安全的基础上，借助生态内已连通的多样数据要素，深入挖掘数据要素价值，提升业务效果。

基于这样一整套基础设施的建设，同盾科技的主要目标是面向下一代人工智能，建立可信 AI 生态平台，汇集数据、算法、模型和各种应用，通过"隐私计算+AI"驱动，支撑场景化决策智能。

5."区块链+隐私计算"基础平台

这是零壹智库在调研中发现的全新的业务方向。这一方向的典型代表是微众银行的 WeDPR 平台、蚂蚁 FAIR 平台和 Oasis Network。

WeDPR 是将区块链技术与隐私计算技术结合起来建立的平台。它使得实际商业场景中的敏感数据在区块链上可以得到更好的隐私保护。

具体来说，WeDPR 是一套场景式隐私保护高效技术解决方案，依托区块链等分布式可信智能账本技术，融合学术界、产业界隐私保护的前沿成果，兼顾用户体验和监管治理，针对隐私保护核心应用场景提供极致优化的技术方案，同时实现了公开可验证的隐私保护效果。

隐私计算：数字经济新基建

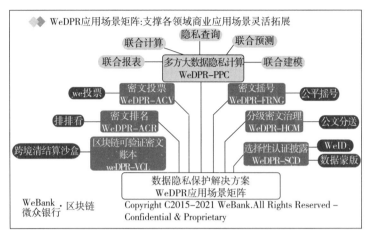

图 4-4　微众银行 WeDPR 应用场景矩阵

资料来源：微众银行

WeDPR 由微众银行自主研发，致力于使用技术手段有效落实用户数据和商业数据的隐私保护，提供即时可用的开发集成体验，助力全行业合法合规地开拓基于隐私数据的核心价值互联和新兴商业探索，同时让数据控制权真正回归数据属主。

WeDPR 为"区块链+隐私计算"的融合发展探索出新路径，助力落地更多的应用场景，可应用于支付、供应链金融、跨境金融、投票、选举、榜单、竞拍、招标、摇号、抽检、审计、隐私数据聚合分析、数字化身份、数字化资质凭证、智慧城市、智慧医疗等广泛业务场景。

场景式隐私保护解决方案 WeDPR 由微众银行区块链团队基于多年来在技术领域的沉淀而研发。该团队自 2015 年开展联盟链领域技术研究和应用实践以来，已研发出一整套包含底层技术、中间件、分布式数字身份、数据隐私保护、跨链、消息协作、数据治理等在内的技术方案来支撑产业应用，实现全方位国产化，公开专利申请数位居全球前列，参与制定国际国内多项标准，牵头建成最大最活跃的国产开源联盟链生态圈，生态圈内汇集 4 万余名社区用户、2000 多家企业及机构共建区块链产业生态，数百应用项目基于 FISCO BCOS 研发，其中超 120 个应用已在生产环境中稳定运行。同时，开源极大地推动了行业落地应用的发展。

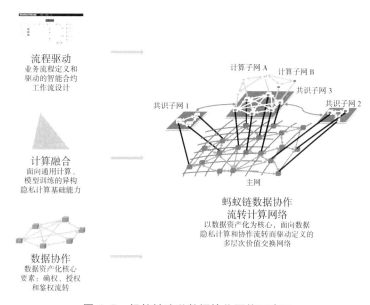

图 4-5　蚂蚁链隐私数据协作网络示意图

资料来源：蚂蚁链

2021 年 10 月 22 日，在杭州云栖大会上，蚂蚁集团旗下蚂蚁链推出数据隐私协作平台 FAIR。

FAIR 平台是面向数据隐私计算与协作融合的一体化产品。核心基于区块链和隐私计算技术，提供包括数据接入发布、协作计算、价值分配和流转的全生命周期处理能力，是面向未来数据要素流通领域所设计的数据交付平台。基于智能合约编排、调度，实现数据从分类分级导入、发布注册、授权计算到价值流转分配全链路的可信、可证和隐私安全。

得益于蚂蚁链在底层技术的积累，该平台融合了多方安全计算（MPC）、可信执行环境（TEE）、联邦学习（FL）三类主流的隐私计算技术。此外，通过深度融合软硬件技术，构建了自主安全计算硬件并获得 CFCA 安全认证，联合达摩院计算技术实验室和阿里安全双子座实验室等团队设计的全同态硬件加速，实现了百倍以上的性能提升。

这是蚂蚁链区块链架构的全新升级。在新架构上，隐私计算成为一种原生能力，在出厂设置中就与区块链一起融合到单个系统内。这是业内首个提出将隐私计算作为原生能力的区块链网络平台。在未来，这有可能成为数据资产流转的"高速公路"。

这里需要指出的是，"原生"的意思并不是简单地把区块链和隐私计算技术放到一起，而是根据整体要实现的数据交付目标，来定义在数据流转的关键阶段和节点所需要的协议和计算方式。

目前，行业内的通用做法是，通过双系统架构将两者结合。对于客户来说，需要采购、配置两套系统才能实现协作目标，且在协作过程中，两套系统的适配能力和安全也存在挑战。

区块链和隐私计算技术的结合，不是简单相加就可以的，二者的结合需要解决许多新的问题。数据资产的交付比实体商品的交付更加复杂，交付过程中要保障各方的权益，要保证整个过程是可审计、可验真的，这不仅需要隐私计算和区块链的技术来做支撑，还需要许多大大小小的协议对基础数据的安全认证、隐私加密保护和存储等进行规定，从而将整个过程串联起来。因此，简单的隐私计算或区块链应用，都很难全面地、体系化地解决这个问题。

FAIR 的诞生，正是对目前区块链与隐私计算技术发展过程中面临的一系列问题的系统化的解决方案。

目前，在政务领域和大型企业，该方案已经被广泛应用于多个市县的数据开放共享的管理流程中，已适配多个行业、区域的数据管理条例,并逐步沉淀多个创新的数据场景服务。

Oasis Network 于 2020 年 11 月 19 日正式上线,是全球首个具有隐私保护功能和可拓展性的去中心化区块链网络。

技术创新方面,Oasis 网络采用独特的分层网络架构,将区块链分为共识层和 Paratime 层,实现更高的性能和更强的可定制性,进一步解锁区块链的新用例和应用程序。

图 4-6　Oasis 网络商业模式示意图

资料来源:Oasis Labs

共识层由去中心化验证节点组成,具有可拓展、高吞吐量、安全等特点。

ParaTime 是智能合约层,托管许多 ParaTime,每个运行时代表具有共享状态的复制计算环境,用户可根据自身需求进行自定义创建。

在隐私保护方面,Oasis 采用了英特尔的 SGX 扩展指令集「TEE 可信执行环境」实现隐私保护,数据进入 TEE 安全「黑盒子」「黑盒子」后会进行加密处理,输出结果为加密处理后的数据,任何没有权限的人甚至底层操作系统本身都不能非法调用,整个过程保护了数据隐私性,确保敏感数据不会泄露给计算节点或软件开发者。

与此同时,Oasis 网络还提出了"数据代币化"创新概念,用户不仅能够完全掌握自己的隐私数据,还能通过共享隐私数据获得收益,进一步实现隐私保护,推动构建有责数据经济。

| 第五章 |

隐私计算在金融领域的应用

金融领域是当下隐私计算技术应用落地最为活跃的领域。

究其原因，是近年来金融科技的发展对金融业的发展形成了实质性影响，为隐私计算技术的落地打下了良好的基础。

近10年来，通过应用云计算、大数据、人工智能、区块链技术，面向个人和小微企业的零售金融正逐渐成长为商业银行的主流业务，同时金融业的基础设施经历了更为深刻的数字化、智能化升级换代。

在此基础之上，应用隐私计算技术，能够迅速为金融机构带来效益的提升。这也使得金融机构有动力投入更多的预算来应用隐私计算技术。也是由于预算充足，金融领域成为大多数隐私计算技术应用落地的首选领域。

一、隐私计算在金融领域应用的演进与现状

（一）隐私计算金融领域应用简史

1. 隐私计算在中国金融领域应用的开端

在中国，金融领域对隐私计算的应用最早是从以蚂蚁集团和微众银行为代表的一批金融科技领域的先行者开始的。

最早是从2016年蚂蚁集团开始的。根据公开资料[①]，为了更好地应对形势的变化，解决数据共享的需求与隐私泄露和数据滥用之间的矛盾，蚂蚁集团于2016年提出了希望通过技术手段，在多方参与且各数据提供方与平台方互不信任的场景下，能够聚合多方信息进行数据分析和机器学习，并确保各参与方的隐私不被泄露，数据不被滥用。蚂蚁集团当时称之为"共享智能"。

蚂蚁集团最初在可信执行环境（TEE）和多方安全计算（MPC）两个方向进行探索。在实践中，蚂蚁集团逐渐发现，不同技术都有各自的优势。同时，在业务发展的不同阶段用户对隐私保护的需求是不同的。把不同的技术融合到一起，发挥各自技术的优势，往往会达到一个更为理想的效果。因此，在实际的应用中，基于用户的需求，蚂蚁集团逐渐尝试灵活应用多种技术以提升实际应用效果。

此后，在不同的应用场景中都逐渐出现对隐私计算的需求和思考。

区块链技术的探索和应用也引发了人们对隐私计算的需求和思考。2017年7月31日，深圳前海微众银行股份有限公司、上海万向区块链股份公司（后简称"万向"）、矩阵元技术（深圳）有限

[①] 《蚂蚁金服共享智能实践》，来源于知乎号"蚂蚁共享智能"，网址：https://zhuanlan.zhihu.com/p/146954520（上网时间：2022年12月12日）。原文首发于期刊《中国计算机学会通讯》（CCCF）2020年第5期。

公司联合宣布,将区块链底层平台 BCOS(以 Be Credible, Open & Secure 的首字母命名)完全开源,致力于打造一个深度互信的多方合作共同体,进一步推动分布式商业生态系统的形成。之后,三家都在这个联盟链技术的基础上做了大量应用,在生产环境中不断验证区块链应用。

万向董事长肖风曾在公开演讲中介绍,在 BCOS 开源之后,其对隐私计算也日渐关注。因为区块链除了性能、安全性、互操作性、易用性等技术尚未成熟之外,另外一个十分重要的课题就是区块链应该带来的是隐私保护之下的数据共享。因此,从 2017 年开始,万向便着手准备隐私计算方面的工作。[①]

与此同时,2018 年微众银行人工智能团队也开始关注隐私计算技术。[②]2018 年,在业务实践和行业观察中,微众银行人工智能团队发现训练 AI 所需要的大数据实际上很难获得,数据的控制权分散在不同机构和部门,"数据孤岛"问题严重,加之政策法规对数据隐私和数据安全的要求使得数据共享和合作更加困难。

针对实际的业务痛点,他们发现联邦学习是一种行之有效的解决方案,并开始进行研究和探索。从 2018 年到 2019 年初,微众银行发表了多篇联邦学习相关论文,对于联邦学习的概念、分类、基本原理等基础理论进行系统性研究。同时,从 2018 年起,微众银行人工智能团队基于联邦学习理论研究进行相关开源软件研发。经过

[①] 《万向肖风:隐私计算是世界级的话题》,2018 年 12 月 5 日,来源于矩阵元官方微信公众号,网址:https://mp.weixin.qq.com/s/r5xht8BUsGxQ7SXC7leP1g(上网时间:2022 年 12 月 12 日)。

[②] 《对金融领域而言,联邦学习的实际价值是如何体现的?》,来源于 InfoQ 访谈,载于 FATE 开源社区微信公众号,网址:https://mp.weixin.qq.com/s/Vg71N3RC3u93X7gRr6iCWQ(上网时间:2022 年 12 月 12 日)。

探索，微众银行搭建起了理论研究、工具软件、技术标准、行业应用的多层级联邦学习生态框架，并且开始有腾讯、华为、京东、平安等生态合作伙伴加入。

2019 年初，微众银行正式开源全球首个工业级联邦学习框架 FATE（Federated Learning Enabler），并开始尝试将联邦学习应用于金融业务中。FATE 的开源使得联邦学习的应用门槛大幅降低。2020 年初，针对金融应用中联合风控、匿踪查询等业务需求，微众银行进一步给出了场景式隐私保护解决方案 WeDPR，并基于 WeDPR 在 2021 年 5 月发布多方大数据隐私计算平台 WeDPR-PPC。WeDPR 方案组合了多种隐私保护策略，融合安全多方计算、同态加密、零知识证明、选择性披露等算法，满足多变业务流程的需要。

2. 创业公司涌现

在金融科技巨头进行隐私计算探索之时，隐私计算创业公司也开始涌现。

2017 年至 2019 年间，最早进入隐私计算领域的创业公司有矩阵元、光之树科技、翼方健数、零知识科技（ARPA）、华控清交、富数科技、同盾科技、星云（Clustar）、天冕科技、零知识科技、数牍科技、融数联智、锘崴科技等公司。2020 年之后，隐私计算领域创业公司数量越来越多，洞见科技、蓝象智联、冲量在线等越来越多的创业公司涌现。

表 5-1　隐私计算公司成立时间表

公司名称	成立时间	进入隐私计算领域时间
矩阵元	2017 年 2 月	2017 年
光之树科技	2017 年 8 月	2017 年 8 月
翼方健数	2018 年 4 月	2018 年 4 月

续表

公司名称	成立时间	进入隐私计算领域时间
零知识科技	2018年8月	2018年8月
华控清交	2018年9月	2018年9月
富数科技	2016年4月	2018年
同盾科技	2012年10月	2019年
星云Clustar	2018年1月	2019年
天冕科技	2019年4月	2019年
数牍科技	2019年8月	2019年8月
融数联智	2019年8月	2019年8月
锘崴科技	2019年10月	2019年10月
洞见科技	2020年1月	2020年1月
蓝象智联	2020年3月	2020年3月
冲量在线	2020年8月	2020年8月
零幺宇宙	2020年8月	2020年8月
瑞莱智慧	2018年7月	2020年12月
原语科技	2021年9月	2021年9月

资料来源：零壹智库根据公开资料整理

这些创业公司背景各异，但都是基于各自的业务看到了市场需求，或者凭借所掌握的技术进入了隐私计算领域。

3.隐私计算落地金融机构

2021年，隐私计算技术在金融机构的落地应用已经全面铺开。据零壹智库了解，截至2022年6月末，隐私计算技术在头部银行的第一轮落地已经进入尾声，在大型保险和证券公司也已经有落地应用。其中，头部银行指的是六家国有大型商业银行和12家股份制商业银行。这些银行在2021年中大多开展了隐私计算产品的招投标。

之所以说是"第一轮落地",是因为目前的落地还需要经历时间检验,如果有的技术产品不好用,依然有被淘汰和替换的可能。

其中,对于隐私计算厂商来说,银行客户在金融机构当中非常关键。因为在所有金融机构当中银行业体量最大,隐私计算服务商在头部银行的落地应用以及所获得的口碑,将进一步形成示范效应,一方面影响着下一步在其他银行的落地应用,另一方面还会影响保险和证券领域的技术选型。

下面,我们仅举几个例子来展现隐私计算在金融机构的落地应用情况。需要说明的是,目前实际落地的案例不限于本书中提到的这几个,目前已经开始在更大范围内出现。

(1)工商银行[①]

据零壹智库调研了解,工商银行已经开始探索联邦学习技术在金融业务中的应用。

目前,在联邦学习方面,工商银行主要在推进以下三个方面的工作。

第一,构建联邦学习技术能力。通过引进成熟产品完成工商银行联邦学习技术平台的建设,适配工商银行 PaaS 平台,并与行业内现有模型运营、监控管理组件融合。同时,引入 FATE 开源技术,并加入 FATE TSC,打造联邦学习场景,建设专业团队。

第二,试点联邦学习业务场景。目前,主要是在数据和模型驱动力强、有对外合作需求的信贷、风控等关键业务领域上,逐步试点联邦学习技术在业务场景上的实践应用。

---

① 《联邦学习在工行的实践》,网址:https://www.163.com/dy/article/GC04ACG4055219FH.html(上网时间:2022 年 12 月 12 日)。

第三，推进联邦学习生态建设。主要是联合制定金融业联邦学习标准，推进建立联邦学习对外合作的常态化机制和联合场景合作建设模式。

目前，工商银行的联邦学习已应用于多个场景。比如引入北京金控的不动产数据，与行内贷款企业的时点贷款余额、注册资本、账户余额等数据联合建立企业贷中预警监测模型，此联邦模型提升准召率约4%，从而提升了工商银行风险监测业务能力。另外，工商银行也通过联邦学习与互联网公司的客户特征数据完成了联合建模，并将信用卡申请泛欺诈模型的K-S值提升了25.1%。此外，工商银行还基于联邦学习在保险营销场景中的应用打造相应的联邦建模方案，通过验证联邦迁移技术挖掘集团的潜在客户，实现集团客户向子公司的导流。

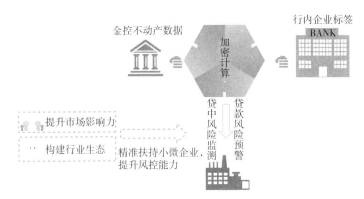

图5-1　工商银行北京分行与北京分行探索应用联邦学习技术案例

资料来源：工商银行

未来，工商银行在探索联邦学习应用上有两方面的计划。

第一，进行开源技术研究。工商银行计划在行内搭建FATE平台，验证开源技术对亿级数据的支持能力。同时，利用开源FATE平台推进行内实际业务建模场景的测试验证，对其核心算法分别从论文、源码进行分析，完成推进联邦相关场景的验证落地。

第二，计划将联邦学习技术应用于更多的场景。首先是智能风控场景。引入政务、运营商、企业等多数据源，共同完成风控数据分析、风控模型训练和风险决策的任务，以节约信贷审核成本，提升信贷风控能力。其次是智能营销场景。融合集团内子公司之间以及行外数据，在"获客—促活—留存—转化—挽留"等核心运营环节实现多维度精准获客、数据化画像分析。最后是反洗钱场景。在不泄露各自样本的前提下，充分利用多家合作方的反洗钱样本，建立训练效果更好、更稳健的联邦反洗钱模型，降低罚款和声誉受损等业务风险。

（2）交通银行[①]

交通银行自2020年初开始关注隐私计算领域相关技术。2020年8月，交通银行组织召开了多方安全计算研讨会，会议邀请了来自政府部门、知名高校、金融机构、运营商、科技公司等领域的专家七十余名，共同探讨多方安全计算发展情况及趋势，探索跨界合作新场景、新模式，促进多方安全计算"产—研—用—规—管"结合，推动技术应用创新发展。

此后，交通银行在深入研究隐私计算领域相关技术的基础上，以满足金融场景实际需求为目标，搭建融合多种技术路线的隐私计算平台，促进数据价值融合。该平台将隐私计算相关技术同大数据、人工智能、知识图谱、区块链、图像识别等技术结合，形成安全可信的综合化数据融合解决方案。

---

① 该部分内容来源于由交通银行牵头编写的《隐私计算金融应用蓝皮书》。该蓝皮书发布于2021年12月。

第五章 隐私计算在金融领域的应用

之后，交通银行先后与中国移动、中国电信、中国银联、上海大数据中心、海南大数据中心和深圳政数局等单位合作，广泛开展隐私计算技术研究及试点应用，涉及普惠金融、智慧风控、生物识别、精准营销等各类业务场景。其中"基于多方安全知识图谱计算的中小微企业融资服务"和"基于多方安全计算的图像隐私保护项目"先后入围上海市第一批和第二批金融科技创新监管试点，"基于大数据技术的企业园区综合金融服务"入围安徽省首批金融科技创新监管项目。

（3）招商银行[①]

到目前为止，零壹智库得知的招商银行在隐私计算方面的探索，主要集中在落地的产品上。

招商银行从2019年开始关注隐私计算。之后在2020年初，其深圳分行出于业务要求，产生了与地方政务数据联通的需求。自此，隐私计算走入了招商银行的视野。

2021年5月11日，招商银行深圳分行发布"深信贷"产品，这也是招商银行首个应用隐私计算技术落地的项目。"深信贷"是深圳市场监督管理局和招商银行深圳分行专门面向小企业推出的融资产品，旨在运用信用信息促进解决小企业融资难、融资贵的问题。企业只要符合"三有"条件，即"有诚信、有经验、有纳税"，就可以在

[①] 该部分内容参考了36氪访谈《对话招商银行信息技术部首席IT工程师王平：通过隐私计算打通数据链条，平台之间的互联互通意义重大》，网址：https://baijiahao.baidu.com/s?id=1724248489137417283&wfr=spider&for=pc（上网时间：2022年12月12日）。同时，也参考了招商银行隐私计算互联互通项目组《创新隐私计算技术 实现异构平台互联互通》一文，网址：https://baijiahao.baidu.com/s?id=1724976400769909616&wfr=spider&for=pc（上网时间：2022年12月12日）。

招商银行官网、深圳信用网等线上渠道申请"深信贷"。这款产品的风险控制是由招商银行深圳分行与深圳市公共信用中心对接系统和模型数据来做的,联邦学习技术可在招商银行深圳分行和深圳市公共信用中心部署子模型,无须各数据方披露底层数据即可进行联合运算。

从"深信贷"的研发开始,招商银行在风险部和信用卡中心等多个业务部门都开始尝试隐私计算项目落地。同时,招商银行也成立了专门的"隐私计算工作小组",从需求分析性的方案到技术建模再到最终落地,全部由这个小组来跟进。

在此基础上,招商银行研发了"慧点隐私计算平台",已通过中国信通院相关技术评测。为解决新的"计算孤岛"问题,招行结合当前业内主流隐私计算平台互联互通方法和行内实际案例,从技术能力、行业影响力、数据覆盖范围等多维度选择了富数科技、平安科技、洞见科技和同盾科技等几家头部隐私计算技术服务商,实现了招行"慧点隐私计算平台"与多厂商跨平台的互联互通。这也是国内首个由大型股份制商业银行牵头,与多家头部隐私计算厂商共同协作的跨平台互联互通项目。

自 2022 年,"慧点隐私计算平台"在招商银行各个分行逐步推广。同时,招商银行也希望打通更多的数据源,应用数据优化更多的业务。

4. 隐私计算落地重要数据源机构

在金融机构之外,隐私计算在重要的数据源机构也开始落地,如运营商、银联等,2021 年它们都开始尝试应用这项技术。比如,中国移动就是其中的典型案例[①]。

---

① 中国移动的案例信息由富数科技提供。

中国移动通信集团信息技术中心暨大数据中心，负责收集中国移动全网数据，以及通过采购、交换等方式引入外部数据。中国移动基于自身业务开展，沉淀了丰富的 B 域（业务域）、O 域（运营域）、M 域（管理域）数据资产，包括用户线上线下业务办理行为数据、企业内部的财务管理数据、供应链上下游企业数据等。在促进数据要素的流通、推进各行业数字化转型、用数上云赋智的任务指引下，撬动隐私计算技术并将运营商数据进一步开放、流转发挥价值成为主要课题。同时，在《中华人民共和国数据安全法》《中华人民共和国个人信息保护法》等新规下，原有的多方联合建模业务模式也不再适用，也对中国移动在数据合作方面提出了新的要求。

为了满足中国移动大数据对外赋能的战略要求，中国移动在 2018 年开始隐私计算系统原型探索验证，经过 2019 年和 2020 年两年在技术方面的跟踪和测试，2021 年年底通过招采合作伙伴进行隐私计算的定制化软件开发。中国移动引入行业领先的技术提供商与公司自研团队联合打造技术平台，以此为基础向上接入各类隐私计算企业可插拔式技术组件，形成全套的隐私计算服务，逐步升级原有的数据交换技术和模式。

在运营商数据开放层面，传统模式下中国移动通过点对点 API 接口方式，以"请求—响应"的模式反馈银行机构在数据查询方面的需求。新规之下，利用匿踪查询等手段实现在请求条件不可见的情况下完成查询。具体来说，金融机构、银行等外部数据主体需要将数据出库，以此完成与中国移动的联合建模，然而新规要求下外部数据难以在合规、监管的情况下出库共同运算。因而中国移动进行技术升级，通过新型隐私计算平台中的特征工程、模型训练、模型评估、在线生产等组件，完成满足新规下的数据流通。例如，银行在信用卡业务开展过程中，需要引入外部运营商、电商等支付数据对办卡用户的身份、还款能力、还款意愿等因素进行考量。在银行数据、运营商等数据都不能出库的政策背景下，将原有的建模流程以隐私计算技术进行升级，一方面提升银行风控业务指标，一方面实现运营商数据价值大规模变现。在电力行业方面，将运营商B域、O域数据与电力数据结合，进行风险评分，预测用电企业是否会产生欠费行为，或者进行电力负荷预测，实现电网高效发电或储能。

基于梧桐大数据隐私计算技术平台，当前中国移动梧桐大数据已对外助力人社、文旅、银行、保险、电力等多个领域数智化转型发展。未来，中国移动期待通过自身数据沉淀及智慧中台技术能力服务千行百业，撬动运营商数据实现在互联网、交通运输、智能矿山等更多场景的探索和运用，为中国数字化发展助智赋能。

（二）隐私计算在金融市场的推进节奏

2021年，隐私计算开始在真实商业场景中全面落地。2022年，隐私计算技术落地机构和场景进一步增加。但是，这距离隐私计算市场的全面爆发还有距离。

根据零壹智库的调研，我们目前看到的原因有如下几个方面。

第一，是隐私计算技术自身的原因。

首先，性能的提升需要时间。对于隐私计算的大规模商业化应用来说，隐私计算性能的提升至关重要。因为它决定着隐私计算的数据处理效率，进而决定着隐私计算进入实际应用场景的可行性。但是，性能的提升不是一蹴而就的。一方面，性能的提升需要大量的资金投入。对于许多团队来说，需要兼顾商务落地与技术提升，即边赚钱、边研发，因此这将是一个根据实际需求的渐进过程；另一方面，性能的提升也是由需求拉动的。隐私计算目前尚处于市场开拓初期，应用场景比较简单，处理数据量还不大，未来应用越来越多，需要处理的数据规模越来越大，对算力、性能的需求会更强。

其次，隐私计算的安全性要建立标准、赢得市场信任还需要时间。对于隐私计算的安全性，目前行业内缺乏统一的标准。目前，市场上已经出现一些不规范的操作，这有可能使得隐私计算在赢得信任方面走一些弯路。

最后，从业务效果来说，由于数据流通市场尚未成熟，所以数据的开放程度仍然有限，导致具体业务场景中可应用的数据资源也有限，这使得应用隐私计算技术为业务带来的提升效果目前还无法充分体现出来。

第二，是隐私计算产品价格与市场接受度的原因。

首先，目前隐私计算产品落地速度已经大大提高，但是仍然较慢。虽然2021年隐私计算平台开始规模化落地，2022年有所加速，但是总体来看尚处于初期，大多数厂商目前还处于一对一地为客户提供解决方案的阶段，产品标准化程度大大提高，但是还没达到可以大批量复制的程度。

其次，因为初期大多为一对一提供解决方案，所以隐私计算产品初期成本较高。目前，虽然随着产品标准化程度的提升，价格正在下降，但是还没达到足够低的程度。

最后，隐私计算产品要被市场接受，需要经历一个市场教育的过程。零壹智库在调研中发现，不少金融机构的风控部门目前并没有意识到隐私计算能给业务带来多少提升。许多机构对隐私计算产品的采购，需要考虑其能带来的业务增量收益，要对比成本与收益。目前隐私计算的产品价格相对于收益来讲，对一些业务体量不大的机构还不太划算。因此，许多机构对是否采购隐私计算产品仍处于观望状态。

第三，从市场宏观环境来看，要分析隐私计算市场的发展，首先要看数据流通市场的发展，目前数据流通市场的发展尚未成熟。目前，隐私计算厂商的收入主要是软件系统的销售收入，这只是隐私计算市场极小的一部分。未来，隐私计算更大的收入来源于数据的流通使用。因此，数据流通市场的成熟度，对隐私计算市场的发展至关重要。

二、隐私计算在金融领域的场景应用

2021年是隐私计算技术规模化落地元年。经过一整年的努力，隐私计算技术在金融领域已经多有落地。

从金融机构方面来看，国有大行、股份制银行、头部的城商行、保险公司、证券公司目前都有隐私计算技术的布局和尝试。

从隐私计算技术厂商的业务进展来看，据零壹智库调研了解，截至2021年末，头部的十多家隐私计算厂商中，落地案例较多的已经达到了几十家（包含POC在内，这里POC指的是"POC测试"，即Proof of Concept，是业界流行的针对客户具体应用的验证性测试）。

2022年，头部的银行已经开始实验应用隐私计算技术的金融产品落地应用。但是，此类金融业务的体量不会马上上升得很快，而是需要一段时间的观察，因此2022年此类业务会逐渐增多，但是更大规模的业务量目前来看应该是在2023年。

在金融领域，隐私计算技术在风控、营销、征信、金融监管等场景都有应用。

（一）金融风控场景应用

1. 隐私计算厂商在金融风控场景的服务方式

目前，就零壹智库所接触到的案例，隐私计算厂商在金融风控领域的服务方式有四种：提供一站式服务、提供全流程解决方案、提供数据运营解决方案、提供纯技术服务。

这四种服务方式的不同，源于厂商背景和资源的不同。

在前文中，我们曾经探讨过隐私计算厂商在商业模式上的差异。通过了解隐私计算厂商在金融风控领域的服务方式，能够更清晰地看到这些差异。它们或许在很大程度上决定着隐私计算厂商的方向和终局。

（1）提供一站式服务

第一类服务方式是提供较为全面的金融风控一站式服务。所谓一站式服务，指的是覆盖金融风控场景全流程的服务，包括解决方案的制订、数据源的引入、数据治理、风控策略制订、风控模型的建立与调优等服务。其中，包括需要投入大量人力的数据清洗和驻场建模等服务，此类服务商自身都可以提供。

提供此类服务需要隐私计算公司在金融风控方面有充分积累，也需要相当的人力投入。此类服务的提供，以有金融科技背景的公司居多，同盾科技、洞见科技、天冕科技等是其中的典型代表。

以同盾科技为例。

同盾科技成立于2013年，在金融风控方面有较为深厚的积累。目前同盾科技规模达上千人，团队规模在信贷风控厂商中位列第一梯队。

同盾科技的应用场景从风控反欺诈开始。随着对金融行业理解的加深，同盾科技所提供的服务从反欺诈及信贷风控逐渐扩展到其他场景，如为银行提供数据治理、模型管理、智能运营等。

在金融风控领域，同盾科技已经服务了超过400家银行机构，是整个行业中的标杆企业。通过提供隐私计算产品技术和一系列风险决策产品技术服务，为金融机构提供一站式服务。这些服务包括：

第一，提供隐私计算产品技术服务，在完全满足用户隐私、数据安全和监管合规的要求下，进行数据分析和建模，协同创造和知识共享；

第二，根据场景方需求，提供全流程风险管理及运营服务，通过风险态势感知＋智能风控中台＋智能风控运营形成全生命周期的闭环管理。

在风险决策方面，同盾科技提出"新一代智能业务安全中枢"理念，对金融机构整体数据资产支撑、风险管控运营、效果评估与策略优化、客户体验等方面全面布局，能够满足客户的一站式需求。

首先，强化数据智能化应用，同盾科技通过星河—大数据平台、天座—数据集成平台等产品，帮助金融机构进行跨平台、跨系统数据链路的打通，形成集数据分析、数据挖掘与数据治理为一体的数据资产库。

其次，建设一体化的智能风控平台。同盾科技通过天策—决策引擎、极溯—指标平台、明模—模型平台、云图—知识图谱、方升—智能运营平台等产品，构建覆盖各业务场景的、全方位、多维度的全行级智能风控平台，有效解决客户洞察与风险管控需求，支撑金融服务模式的创新和精细化管理水平的提升，并满足外部监管的要求。

最后，打造精细化风控运营体系，"决策＋量化＋运营"一体化的风控运营平台，通过监控预警、量化分析、策略效果诊断、策略优化调整等手段，解决风控场景下规则不佳、策略不佳、效果衰减的问题。让金融风险管理始终保持在最佳状态，做到风险防控"可量化、自适应"。

在提供服务的过程中，同盾科技体现出了产品丰富度、计算能力和咨询牵引三个方面的优势。

第一，丰富的产品体系。同盾科技为客户提供了端到云一体化解决方案，针对不同业务特性提供云端风控、本地化部署以及云端结合的组合式解决方案。目前同盾已经成功打造了以星河—大数据平台、天座—数据集成平台、极溯—指标平台、明模—模型平台、云图—知识图谱平台、天策—决策引擎、方升—智能运营平台等为核心代表的本地化软件产品体系，这将是同盾实现科技赋能的重要基础。同盾科技在本地化软件上的突出实力还体现在其业内领先的实施交付能力，既可以授人以鱼，为客户提供技术工具和服务，解决或加强客户洞察、数据分析与积累、IT建设等方面的能力；更可以授人以渔，凭借懂技术懂行业的复合型专家团队，帮助客户提升数字化转型能力、因地制宜，以实践加沉淀的方式建立起长期发展所需的核心能力。

第二，强大的计算能力。同盾科技的所有产品服务背后都有一套强大的计算能力及云原生能力支撑，包括实时计算、指标计算、分布式计算、大数据平台、机器学习平台、深度学习平台等。当前，通过同盾"决策智能平台"完成一项全链路分析平均响应时间不超过200毫秒，日均可支撑线上几百亿数据量级的决策研判，CPU算力达50万核、GPU算力2000核，每一秒可帮助互联网和金融机构拦截超3000起欺诈事件，满足业务每天1.5亿次的调用需求。

第三，深厚的咨询牵引能力。"咨询+系统"的服务模式也是同盾科技的独特优势所在，凭借拥有深厚的技术背景、金融业务背景及咨询背景的综合性业务专家，既掌握先进的技术和方法，又熟悉中国金融业态，同盾科技根据客户的实际需求，结合客户数据禀赋、业务渠道、产品特性等情况，为客户提供定制化的产品解决方案，成为客户数字化转型的战略伙伴。

凭借技术上的优势，随着业务落地的积累，在隐私计算行业的整体竞争中，同盾科技的总体优势也体现在三个方面。

第一，丰富的生态场景。通过丰富的产品及强大的计算能力，已有超过一万家企业客户选择了同盾科技的产品及服务，客户类型涵盖22大类行业、118个细分领域。隐私计算需要两方或多方参与，同盾科技拥有不同的行业场景，通过为不同行业、不同场景的客户提供服务，沉淀了深厚的"行业经验+客户场景"，能够为隐私计算技术落地提供广泛的应用场景。此外，在服务不同客户的时候可以运用不同行业的数据属性做一些补充，做更精准的应用。

第二，拥有众多衍生指标。在金融领域，同盾科技覆盖了6大国有行、12家股份制商业银行、300多家城商行和农商行，总计有超过350家银行客户在使用同盾科技的服务。同盾科技在风控领域有着丰富的经验，积累了45000个左右的衍生指标，能够根据用户业务的实际情况去进行模型建设，挑选合适的指标，构建用户能够自己用的分数以及决策。

第三，拥有大量的建模团队帮助落地。同盾科技有一个将近百人的建模团队，可为客户做隐私计算应用的"最后一公里"。在提供产品后，同盾科技的建模实施团队会驻场帮助用户解决真实场景下的产品使用问题，用户可以使用团队提供的指标、标签以及决策结果，将模型具体化应用到业务中。

（2）提供全流程解决方案

第二类服务方式是提供全流程解决方案，但是服务方式比第一类更轻。

此类服务方式的服务内容包括：其一，提供隐私计算技术平台；其二，帮助场景引入数据源；其三，利用场景经验协助数据源开发数据产品；其四，为金融机构提供风控策略、数据建模的咨询服务。

与第一类的区别是：此类服务商不提供重人力投入的服务。比如数据清洗、驻场建模等服务，往往需要投入大量人力。此类服务商更倾向于引入其他合作伙伴为金融机构提供相关服务，比如富数科技。

但是，也有一些此类服务商，虽然不提供重人力投入的数据清洗、驻场建模服务，但是可以提供数据基础设施和治理产品工具，方便用户上手、将使用门槛降低，比如数牍科技。

以富数科技为例。

富数科技成立于 2016 年 4 月，2019 年就上线了独立自主研发的安全计算平台 Avatar，是国内最早进入隐私计算领域的创业公司之一。特别是在隐私计算技术和金融业务方面有大量的行业积累。

在隐私计算技术方面，富数科技起步早，投入资金大，技术路线相对全面。富数科技是国内少数能够实现完全自主研发、国内首批通过银行卡检测中心和首批通过中国信通院多方安全计算 & 联邦学习性能专项等多项评测的企业之一。在隐私计算应用场景落地上，截至 2021 年末已累计服务银行、运营商、国家电网、国际数据港等 60 多家合作伙伴。

在金融风控业务方面，进入隐私计算领域之前，富数科技的主要业务是金融风控，在金融数据类型和算法方面经验丰富。富数科技的智能决策分析和商务部门等多条业务线也都聚集了众多金融领域背景的人士，团队成员来自 Capital One、GE Money、渣打银行、中国银联等。

富数科技提供的服务即是提供全流程解决方案，其主要提供的服务包括：

第一，提供私有化部署的标准化隐私计算产品 Avatar；

第二，通过 Avatar 为用户引进运营商、银联等高价值数据，并提供联邦学习的能力。例如，在与某大行深度合作期间，与运营商和银联通过联邦学习测试了十多个不同业务场景，取得了对数据价值的深度理解；

第三，基于场景的理解，做标准的应用级 SaaS。比如，富数科技 2021 年联合多个数据源以及保险公司，通过联邦学习能力，开发了面向车险场景的数据产品，预测车主是否为网约车/拼车/顺风车司机，并结合出险情况实现车险定价。

（3）提供数据运营服务

第三类服务方式是提供数据运营服务。此类服务方式的基本内容与第二类有些相似，但不同之处在于，服务的提供以业务目标为导向，隐私计算服务商与金融机构商定业务目标之后，根据目标来决定引入哪些数据源、采用什么样的策略和模型。其商业回报来源于为金融风控场景创造的业务价值，比如提高了多少资产规模、降低了多少坏账率等。

蓝象智联是提供第三类服务的典型代表。从数据运营的角度来看，蓝象智联更像是帮助客户达成业务目标的合作伙伴，而不是单纯的乙方。

数据运营的核心在于构建数据要素创造业务价值的最快速路径。在金融场景中精准营销、应用增长、反欺诈、信用评估、合规审查等一系列场景中，数据运营能够有效地让数据去驱动以上价值的落地，提升用户活跃度、放大信贷规模、管理不良风险等，数据运营能从各方面提升金融机构的数字化运营能力。数据运营的核心离不开五大要素：数据、算法、流量、风控、合规。

蓝象智联提供的服务与其他隐私计算厂商的不同之处在于以下几点。

第一，蓝象智联设有专门的数据运营团队，为使用蓝象智联隐私计算平台的金融机构提供数据运营服务。目前的核心骨干首席算法科学家毛仁歆曾是蚂蚁金服芝麻信用分负责人，花呗、借呗、网商贷后智能负责人，推动了联邦学习在信用评估领域的落地。曾担任阿里 PAI 图算法负责人，撰写并贡献过 10+ 图算法，曾发表蚂蚁第一篇 SCI，主导和参与累计 40 多个专利申请，具有丰富的金融业务运营经验。

第二，服务的主要内容是提供运营工具、解决方案及方案落地相关服务，其中包括一系列投放策略、运营策略、规则等。服务的核心在于，需要丰富的经验，特别是成功的经验。

第三，通过设计数据产品、解决方案，蓝象智联可以测算出数据在场景中贡献的价值。比如，蓝象智联一项独特的能力在于，它清晰地知道不同数据在不同场景下的定价，这里的"定价"既包含价值，也包含价格。例如，一条运营商数据的调用，在一个场景中定价为一次 0.35 元，但是在另外一个场景中可能是 0.25 元，这需要根据数据在不同场景中产生的价值（即给业务带来的价值）来确定价格。要做这样精准的定价，需要数据运营团队有真实的数据运营经验，能够准确把握数据在场景中的实际价值。

第四，数据运营服务的收入在一定程度上可与业务效果挂钩。比如，蓝象智联与今日头条、中国电信、某头部城商行合作，在

2021年"双十二"期间，该银行发出第一批数字信用卡，蓝象智联帮助它在今日头条、抖音等渠道上实现了发卡的数据运营。数据运营通过运营商数据和今日头条数据的联邦学习建模，可以更精准地确定营销目标人群，帮助该银行的信用卡中心大大降低了营销成本。蓝象智联通过数据运营，可以将信用卡核卡成本降低了将近一半。蓝象智联也可以从对应的业务效果中获得相应收入。

这是目前蓝象智联的数据运营思路在信用卡营销场景取得成功的案例之一。在金融风控场景，也可以达到类似的效果。

（4）提供纯技术服务

在金融风控场景中，亦有厂商提供纯技术服务。他们选择与其他为金融机构提供服务的服务商合作，自身则只提供隐私核心技术服务。冲量在线是其中的典型代表。

冲量在线成立于2020年8月，其创始团队主要成员出自百度智能云团队，因为看到了数据要素和国产化信创的巨大市场机会，以及隐私计算工程化落地的加速，结合自身在可信计算硬件、区块链BaaS、机器学习平台等相关方向的技术实力，加入创业大潮。

冲量在线在金融风控场景中的应用落地，主要是寻找为金融行业提供IT或者风控解决方案的一些合作伙伴（比如金融IT服务商宇信科技、科蓝软件，再比如金融云解决方案服务商紫光云等），与这些公司合作，将隐私计算作为插件融入金融客户的数据建模、数据治理、数据中台的业务流当中，真正地将隐私计算推入生产级环境，使得银行的数据中台可以应用隐私计算技术。

除了金融行业场景类的合作伙伴，冲量在线也与服务于金融风控场景的众多数据源供应商建立深度合作关系，覆盖到企业数据、个人行为数据、消费数据等。从而帮助客户打通从数据到应用的完整闭环。

在这个业务闭环中，冲量在线自身则专注于提供以隐私计算为核心的技术服务，主要有两个原因。

第一，冲量在线团队在隐私计算核心技术上有更加深厚的积淀，打造了结合 TEE 和多种技术路线的隐私计算软硬件产品，涵盖可信计算、联邦学习、可信查询等隐私计算关键场景，同时支持纯软件部署和软硬件一体机等多种交付模式。而在金融风控的具体业务应用和数据源方面，则更倾向于与其他有经验的公司合作，将自身精力释放出来加强核心产品优势的持续提升。

第二，TEE 技术在应用场景中有比较明显的优势：其一，TEE 技术的通用性很强，它对业务的干扰是最小的，不像多方安全计算和联邦学习那样，需要基于已有框架来开发新的算法。TEE 只是一个运行环境，是在基础设施层面的改造，来保证算法的安全性，银行更容易接受，更容易实现推广。其二，TEE 技术在性能方面的表现优于多方安全计算和联邦学习，它在真实场景中的运行速度更快，能够达到联邦学习的数倍，甚至高达 10 多倍。其三，TEE 技术也可通过硬件方式为隐私算法进行加速，冲量在线与英特尔的联合创新项目通过 SGX TEE 技术加速联邦学习，提升了 2—3 倍的总体计算效率。

目前，在行业内，英特尔的 TEE 技术应用更为广泛，但是冲量在线目前在 TEE 的国产化方面正在快速推进。目前，冲量在线已经能够做到将 TEE 技术兼容适配到 90% 以上的国产芯片中。并且，在特定场景下虽然性能功能优势不能保证超过英特尔，但是能够达到与英特尔差不多的水平，在应用场景中通过软硬件的优化能够大大缩小差距。相比传统国外硬件，冲量在线基于国产硬件的产品能够降低客户 20%—30% 的成本。

2. 金融风控场景应用案例

案例1：蓝象智联与中国工商银行、银联的普惠金融探索

业务场景 小微商户市场发展前景广阔，客户数量多、总体规模大，在繁荣经济、稳定就业、促进创新、方便群众生活等方面发挥着独特的重要作用，以个体工商户为典型的经营主体，金融需求多样、交易活跃，是未来优质客户的重要来源，为更好地提升小微服务覆盖面，进行更精准的营销，中国工商银行与银联合作，拓宽商户场景服务面，蓝象智联隐私计算平台 GAIA 提供技术支持。

解决方案 在入口端，优化商户违约预测模型，风险识别效果提升 20%；深入分析商户收单特征，打造了"刷单套现"精准识别模型，有效防范欺诈风险。

图 5-2 蓝象智联与中国工商银行、银联合作探索普惠金融服务案例图

资料来源：蓝象智联

在闸口端，基于知识图谱技术，补充借款人同名跨行及关联交易的资金流向分析，打造了全新的资金流向违规领域探测模型，可以提升贷后监测覆盖面及精准度。

同时，中国工商银行基于模型风险评估，结合业务经验，制订了综合化授信、差异化定价等精细化应用策略，实现了全线上智能运维管理。

产品效果 此方案较传统开发的效率提升巨大，实施成本大大降低。通过自适应和高性能的联邦学习方案，帮助工行与银联3000万中小商户的数据进行联合建模，通过数据合作，帮助工行在该业务上扩大20%的用户规模、户均授信提升30%，让双方的数据"可用不可见""数据不动模型动"，大大提高了中国工商银行普惠金融服务在中小微企业的整体覆盖面。

案例2：富数科技与交通银行合作探索基于多方安全图计算为中小微企业提供普惠金融服务

业务场景 近年来，中小微企业融资中的金融欺诈问题日益严重，随着时间演化、发展和反欺诈技术的进步，金融欺诈团伙呈现有组织欺诈趋势，金融风控压力持续提升，导致融资成本难以下降，进一步导致融资难、融资贵，不利于普惠金融业务发展，市场急需新技术来对传统反欺诈技术进行补充。

解决方案 基于富数 AVATAR 安全计算平台，可确保银行和运营商在数据不出库的前提下联合建模，并应用于小微企业普惠金融业务中，进而精准防范和打击伪冒审贷等扰乱金融秩序的行为，为进一步降低中小企业融资成本，安全高效地服务实体经济提供助力，如图5-3所示。

具体而言，一是基于银行欺诈客户个体信息与移动运营商关系网络，通过多方安全计算技术精准识别高危客户群体，主动分析和探查，有效规避相应风险；二是通过对参与方数据进行拓扑图分析，将单点式风险防控演进为集群性防控，解决信息不对称、计算结果不准确等问题，实现银行风控模型精准化；三是通过群体性欺诈开户风险模型，部署相应的监测规则，作为开户真实性意愿审核的辅助手段，识别金融欺诈行为，预警群体性客户联合欺诈风险。

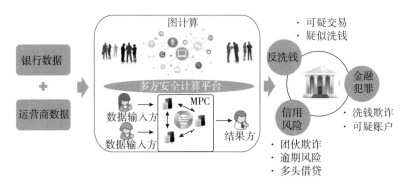

图 5-3　富数科技基于多方安全图计算为中小微企业提供普惠金融服务示意图
资料来源：富数科技

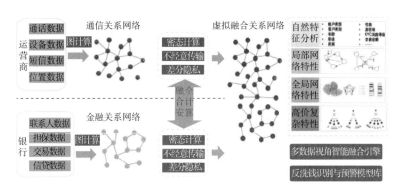

图 5-4　富数科技多方知识图谱融合计算示意图
资料来源：富数科技

图 5-4 是多方知识图谱融合计算示意图。通过将图计算和多方安全计算技术融合，可在确保各方原始数据不出域的基础上，实现银行和移动运营商关系图谱数据的融合，建立有监督和无监督反欺诈模型，以融合关系网络的异常监测和离群行为预警等技术手段作为补充，识别企业集群背后的复杂关系链条及欺诈风险，实现全方位欺诈风险预警。

产品效果 在该案例中，依托富数隐私计算技术能力，交通银行采取多种措施保护客户信息的隐私和安全，提供精细化金融服务，并通过线上接口为企业用户提供全天候应用服务，进而有效缓解中小微企业融资难的问题，助力中小微企业在实体经济发展中发挥更重要的作用。一是通过数据融合应用，充分发挥移动运营商数据价值，结合风控平台结果，为客户鉴权、增信，实现银行风控模型精准化，提升普惠金融服务的安全性、易得性；二是运用在线金融工具打造线上线下一体化"交银 e 办事"服务，实现身份核验手段多元化、线上融资服务差异化、普惠金融生态健康化，提升银行普惠金融的时效性、便捷性。

该案例首次将图计算技术与多方安全计算技术结合，通过多方安全图计算等技术作为开户真实性意愿审核的辅助手段，达到身份核验手段多元化效果，并将客户移动网络信息与申贷信息进行交叉比对分析和联合建模，精准防范和打击伪冒申贷等扰乱金融秩序的行为，助力银行中小微企业精准贷款投放和集群风险管控，提升金融机构风险防控能力及客户贷款体验，营造健康的普惠金融生态。

该案例入选上海市金融科技创新监管试点首批创新应用，由上海富数科技有限公司、交通银行股份有限公司、中移（上海）信息通信科技有限公司、上海理想信息产业（集团）有限公司联合申请，是国内金融领域首例对外公开运行的多方安全计算应用。

案例3：同盾科技应用智邦iBond辅助金融机构对公房抵经营贷业务

业务场景 2021年，金融机构A对公房抵经营贷业务激增，已有的房抵贷准入流程依赖于线下人工审核，不足以支持现在的业务量。同时业务量增加带来的风险也是显而易见的，金融机构A迫切需要引入外部数据源，为对公经营贷业务全流程做好智能风险评估。

解决方案 同盾科技依托知识联邦技术，采用联邦方式对信息/流程进行安全串联，基于知识联邦进行联邦建模，帮助金融机构A实现对公经营贷业务完整的线上自动审批流程，帮助金融机构更深入地做好中小微企业的欺诈及信用风险量化评估，提供更及时更精准的分析与决策。

该项目主要分为三期：

一期，搭建联邦平台，开发冷启动模型。因为金融机构A对公房抵经营贷业务存量数据不足，需基于外部数据源开发的专家模型，并围绕该模型搭建业务的线上审核流程。一期完成后，贷前准入以线下为主，线上为辅的方式运营。同时金融机构A在业务增量发展中累计表现数据。

二期，基于搭建完成的联邦平台，可以在保证数据安全的方式下实现其他数据源的引入，增加模型的鲁棒性，进一步增加线上辅助流程在全审核流程中的权重。

三期，基于业务增长表现数据累积，使用标准联邦学习方式训练风控模型，实现完整的线上自动审批流程。

产品效果 一期和二期阶段，上线的专家模型大大提升了金融机构小微信贷风控效果，并通过自动化线上审核系统极大程度地缓解了金融机构业务量压力，近50%的小额业务直接线上审核。

基于一期二期的累计数据，三期在联邦平台上训练联邦评分模型。构建的模型 KS=0.33，AUC=0.87，模型 PSI=0.006，模型表现效果良好。

案例4：洞见科技与某股份制银行合作优化线上渠道信用卡审批

业务场景 传统基于历史还款信息、征信数据和第三方的通用征信分来做信用卡审批模型，仍存在数据维度缺乏、数据量较少等情况。某股份制银行希望引入更多外部数据维度来进行联合建模，用于该行线上渠道信用卡申卡风控决策流程，提高线上渠道信用卡风险审批模型精准度，同时保护隐私数据及模型安全。

解决方案 基于隐私计算的方式，安全地引入更多运营商数据、支付类行为数据、设备类行为数据，联合行内的线上渠道信用卡用户申请数据进行联合建模。

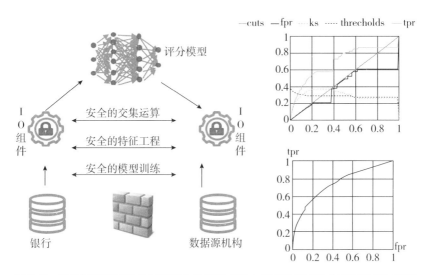

图5-5 洞见科技与某股份制银行合作信用卡线上渠道贷前审批方案与效果示意图
资料来源：洞见科技

产品效果 整个联合建模的过程均基于隐私计算平台,最终模型效果 AUC 达到 0.77,KS 达到 0.4。

该模型投入使用约半年时间,近半年该线上渠道不良率相比 2021 年同期下降 0.62%。

案例 5:天冕科技与金融机构联合风控

业务场景 目前,银行等金融机构只应用自身内部的业务数据进行风控建模,业务拓展有局限。

解决方案 在风控场景上,天冕科技采用线上联邦学习系统,筛选了多家数据征信公司相关性较高的特征,联合数据提供方,在各方数据不出私域的情况下,进行联合风控建模,建立一个泛化能力更强的模型。

产品效果 取得了很好的效果。KS 提高 5%,坏账数量明显下降。

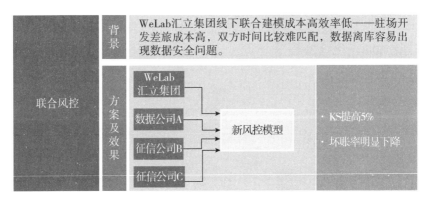

图 5-6 天冕科技联合风控案例图

资料来源:天冕科技

3.隐私计算将如何改变金融风控

通过调研,零壹智库发现,隐私计算未来将在很大程度上重构金融风控。下面，我们从三个维度来阐释这种重构：数据来源、数据分析、数据应用。

（1）数据来源

从对数据源的改变来看，隐私计算技术的应用将大大拓展金融风控能够用到的数据源的广度和深度。

1）拓展数据源的广度

对可应用的数据源广度的拓展，可以说是隐私计算技术对金融风控最大的贡献，因为风控效果的取得，最关键的因素之一就是所能获取的数据价值。

在隐私计算技术进入实际应用之前，零壹智库在调研中接触到的最早探索联合建模的团队是天冕科技，其母公司 Welab 汇立集团从 2014 年前后就开始探索"联合建模"。所谓联合建模，就是将不同来源的数据放在一起进行建模，从而提升模型效果。但是，在隐私计算技术应用之前，联合建模的应用范围比较有限，这有两方面的原因：一方面，因为涉及互相使用对方的数据，为了保证数据不泄露，联合建模的双方需要互相信任，所以联合建模主要是在一些已经建立信任关系的公司之间开展；另一方面，那时的联合建模需要在线下进行，需要一方拿着数据到另一方，这就会涉及交通成本，因此合作双方会衡量成本与收益，如果感觉成本过高就会放弃合作，因为联合建模的效果并不确定。这也限制了联合建模的开展。

未来，隐私计算技术的应用，可以解决这两方面的问题。这会使得数据协作的范围大大拓宽：一方面，隐私计算技术可以保护数据协作双方的数据安全，使得信任的建立难度大大降低；另一方面，免去了线下工作的高成本，大大降低联合建模的成本。这两方面的变化，将使得愿意对外贡献数据价值的数据源和愿意应用数据解决问题的数据使用方都大大增加。

从数据源的广度上来看，以往用于金融风控的数据主要是三类：金融体系的数据、政府部门的公共数据、2019年之前商业机构运用"爬虫"技术爬取的数据。从零壹智库目前调研获得的信息来看，未来有两方面的数据源的广度会发生变化，一是来源于政府部门的公共数据，二是来源于商业主体的数据。

先看来源于政府部门的公共数据。

过去，政府数据的开放程度有限。由于在数据开放的意愿和能力方面都存在问题，与个人和企业风控相关的数据开放程度较低。

但是，应用隐私计算技术之后，可以应用的政府数据的范围将大大拓宽。比如，由信用管理集团"中诚信"孵化、网信事业国家队"中国电科"投资的，专注于隐私计算的技术服务商洞见科技，过去两年在政务领域落地了不少案例，包括与智慧齐鲁打造的国内首个省级政务数据隐私计算平台及与中诚信联合打造的武汉"汉融通"平台，都是通过隐私计算技术帮助政务数据共享开放给企业。他们能够感受到目前有越来越多的地方政府和相关部门愿意开放数据，而且开放的数据正在快速增加。实际上，政务领域是隐私计算技术落地的一大关键领域，政府数据共享平台和开放平台的建设正在推进当中。

再看来源于商业主体的数据。

在2015年之前，中国征信系统如果按照机构类型划分可以分为三大体系：金融征信体系、社会征信体系、商业征信体系。

其中，商业征信体系对应现在金融风控当中可以用到的来源于商业主体的数据。

在2015年之前，商业征信体系影响力比较弱，关键原因之一就是民营征信机构没有独立、稳定的数据来源，其数据主要是从前两个体系挖取，商业征信企业所做的工作主要是将数据进行整合、分析。

2015年之后，大数据风控行业蓬勃发展。虽然许多大数据风控企业没有拿到征信牌照，但是其所提供的服务客观上起到了征信机构的作用。在2015年至2019年期间，大数据风控的核心是爬虫技术，爬虫爬取了不少公开数据并把它们用于金融风控。这便是报告开篇提到的——本来，用爬虫来爬取公开数据并不违法，但是由于与个人信息强相关的数据是网络贷款机构的风险控制的主要依据，在利益的驱使下，爬虫爬取信息的范围逐渐扩大，很多公司都利用爬虫技术去抓个人隐私数据或者政府机关、银行机构的数据。

目前，由于隐私计算技术的应用，许多合规的数据源可以对外提供服务了，这其中包括运营商、银联、互联网巨头等。这会使得来源于商业主体的数据源大大拓展。

目前已经看到了实际的案例。比如，在前文提到的案例中，基于蓝象智联的隐私计算技术，某头部城商行、运营商、字节跳动三方的技术平台实现互联互通，三方数据联合，帮助该银行在今日头条上做了数字银行的发卡营销。在这个案例当中，城商行可以应用字节跳动和运营商的数据价值。这是一个在营销场景中的应用，在金融风控场景中也有类似的探索。

2）拓展数据源的深度

对数据源深度的拓展，主要体现在隐私计算可以使得数据分析的维度变得灵活自由。

以往，合规数据源对外输出数据时，并不输出原始数据，而是输出一些数据标签，而且这些标签是固定的，不会随意改变。这就使得数据分析的局限性较大，数据使用方不能根据业务需要获得自己想要的结果。比如通话时长，数据源不会对外披露某个用户通话时长是多少分钟，而是给出一个区间，如"0—30分钟""30—60分钟"等。数据使用方想要获得更精细的数据维度，往往是做不到的。比如如果想知道通话时间在"0—30分钟"时，是"1—10分钟"？"10—20分钟"？还是"20—30分钟"？这是无法办到的。（注：这里只是举个例子，并非实际业务场景数据）

但是，应用隐私计算技术之后，数据使用方可以任意设定自己想要获取的标签，从而使得对数据的分析更加贴近业务实际，取得更佳的分析结果。

（2）数据分析

从对数据分析的改变来看，隐私计算技术的应用可以使得风控建模的自动化程度进一步提高，同时可以使得建模的准确性提升。

1）风控建模准确性提升

从金融风控实际业务效果来看，风控建模准确性的提升，一方面来源于数据源广度和深度的拓展，另一方面也源于风控建模方式的改变。

过去，如果一家金融机构要与多个数据源联合建模，需要金融机构拿着样本数据在线下先与各个数据源分别联合建模，得到多个模型之后，再将这些模型联合起来。

应用隐私计算技术之后，金融机构可以在线上与多个数据源同时联合建立一个模型。这样带来的改变在于，此前方式得到的模型可以达到"局部最优"，应用隐私计算技术将多方数据联合建模可以达到"全局最优"，从而提升模型效果。

2）风控建模的自动化程度提高

风控建模的自动化程度提高，主要体现在两个方面，一是降低人工审核的工作量，二是降低风控建模的门槛。

①降低人工审核的工作量

此前，金融机构要做信用评估，基本方法是先做一个信用评分，给评分设定区间。若客户的评分落在区间之内，则表示通过审核；落在区间之外，则需要人工审核。

应用隐私计算技术带来的改变是，由于数据源的广度和深度拓展、数据分析更加准确，可以使得信用评分的准确性大大提升，从而降低人工审核的工作量。

②降低风控建模的门槛

以前，利用计算机技术做大数据风控建模的门槛较高，需要懂计算机语言或者数学知识的人才。

现在，隐私计算技术在风控建模方面实现了"可视化"。因此，在实际业务操作中，对计算机知识的要求弱化，只需要能看懂模型效果、了解业务以及统计学等相关知识就可以进行风控建模。

（3）数据应用

隐私计算对数据源和数据分析的改变，最终成果将体现在金融业务当中。目前，我们看到它可以使得面向个人消费者和小微企业的普惠金融业务得到全面的提升，扩大授信面和提升准确性。

1）授信面扩大、准确性提升

①普惠金融业务提升

隐私计算技术的应用，将使得普惠金融进入全新的发展阶段。

此前，普惠金融业务的发展遭遇瓶颈。面向个人的消费贷款，各家银行和金融科技公司应用各自体系内的数据拓展业务，已经比较饱和。要进一步拓展业务需要联合外部数据，但是外部数据的应用又受限于隐私保护方面的监管。面向小微企业的贷款，一方面受限于可用的数据，一方面需要做线下的尽职调查，成本较高，业务拓展范围有限。

隐私计算技术的应用，则为普惠金融业务的发展打开了全新的局面。面向个人的消费金融和面向小微企业的小微金融都将迎来新的发展机会。因为各个机构都可以综合利用自身数据和外部数据进行风控和营销，业务范围将大大拓展。

②让不可能的业务变得可能

在普惠金融业务之外，隐私计算技术的应用，将使得在更多过去不可能的业务场景中可以实现。

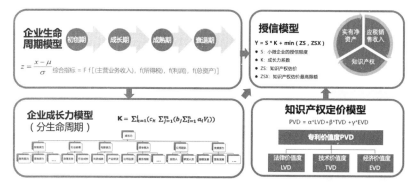

图 5-7　金智塔隐私计算科创企业智能授信模型

资料来源：金智塔科技

比如，零壹智库在调研中发现的为科创企业授信的案例，令人备受鼓舞。

为解决对科创企业重智少资的授信难题，国内各银行处于起步探索阶段等问题，隐私计算初创公司金智塔科技研发了面向科创企业的在线智能授信解决方案。

这套方案融合政府部门开放数据、银行行内数据、第三方商业数据，通过联邦学习与多方安全计算解决数据孤岛和用户隐私保护难题。

在融合多方数据的基础上，金智塔科技自主研发了以企业生命周期模型、企业成长力模型、知识产权估价模型为核心的授信模型，实现数据驱动的科创企业智能授信。

2）改变数据商业模式

隐私计算技术的应用，可能改变数据的商业模式。在调研中，零壹智库已经接触到此类案例。

一家企业征信机构，此前的商业模式是出售企业征信报告。每份报告信息较为全面，但是价格也贵，高达200多元。但是，在实际商业应用中，对企业征信报告有需求的客户未必需要那么全面的信息，一份200多元的报告，可能客户需要的只是其中的几条信息。但企业征信机构通常并不愿意将征信报告当中的信息拆开来卖。这是因为他们的客户比较固定，数量有限，如果降低单价，将降低整体收入。

应用隐私计算技术之后，这家企业征信机构的商业模式被完全重构。他们愿意将信息分拆提供给用户，这样每个用户的单次查询成本大大下降。对于这家企业征信机构来说，这样的商业模式也可以提高收入。

改变的关键在于，隐私计算技术的应用，可以使得更多的数据可以联合起来进行分析，使得数据的用户量大大增加。虽然数据被单次调用的费用大大下降，但是这家机构的数据调用量会大大提高，总体而言，收入也会上升。

（二）金融营销场景应用

在金融营销场景中，隐私计算技术主要被用来合规调用更多的金融机构外部数据，从而将内外部数据结合起来，做更精准的营销，提升转化率，这可以帮助金融机构大大节省获客成本。

隐私计算厂商在金融营销场景的服务方式与在金融风控场景的服务方式大致相似，但是不完全相同。

1. 隐私计算厂商在金融营销场景与金融风控场景的服务差异

在这两类场景中，隐私计算厂商所提供的服务差异，在数据源、数据分析、服务模式中都有所体现。

（1）可应用数据源的差异

在金融营销和金融风控场景中，可应用数据源的属性不同。

在金融风控场景中，较为注重数据源的质量，应用的数据更偏重于带有金融属性的数据。它们主要集中在三类：一是来源于金融机构的信贷数据，一是来源于政府部门的公共数据，一是来源于商业主体的数据。

在营销场景中，可应用数据源更倾向于用户的行为数据。比如，网络搜索的行为数据，对金融风控意义不大，但是对金融营销很有用。这些数据能够帮助了解用户的行为习惯、偏好等，构建全方位的用户画像，帮助金融机构实现精准营销。

与可应用数据源的属性相对应，金融营销所能应用的数据相对而言更加分散，而不像风控数据那样主要集中在金融机构、政府和互联网巨头手中。

（2）数据分析的差异

在数据分析方面，隐私计算厂商在这两类场景中对模型、算法和具体的隐私计算技术的应用都有一定的差异。

首先，在模型的应用方面，金融营销场景与金融风控场景的差异主要体现在模型搭建、模型调整和模型数据三方面。

第一，模型搭建。在金融风控中，金融机构往往是选择直接调用技术方的模型；而在金融营销中，金融机构有大约一半的需求是提供定制化的服务。

第二，模型调整。金融风控模型稳定性更强，调整周期更长。而金融营销模型需要根据实际情况适时调整以提升营销效果。

第三，模型数据。金融风控模型的建立可能需要长达三年的数据，以确保模型的精度和稳定性，而金融营销模型只需要 1—3 个月之间的数据作为建模基础。

其次，在算法方面，金融营销场景和金融风控场景对算法的应用不同。

金融风控场景更强调算法的可解释性，因此会更侧重于使用逻辑回归等传统算法。

金融营销场景对算法可解释性的要求要弱很多。金融营销场景主要追求营销效果，所以可以运用的算法类型更加丰富。

最后，在具体隐私计算技术的使用方面，金融营销场景和金融风控场景也有差异。

在金融风控场景中，联合建模的需求较强。但是在金融营销场景中，很多时候一些比较简单的隐私计算技术就能起到不小的作用，比如隐私求交。

（3）服务方式的差异

从服务流程来看，由于营销场景对于流量的需求，金融营销比金融风控的流程更长，问题更复杂。

金融营销有两个目标，即新客户的获取和老客户的激活。这其中都涉及用户触达的问题，而这种触达的需求也造成金融营销和金融风控需求差异的关键点。

在金融风控场景中，隐私计算服务商为金融机构提供服务的方式大致有三种：第一，帮助数据源以评分方式输出信用或欺诈风险评估结果给金融机构；第二，采用多方安全计算技术，将联合统计结果或联合黑名单的查询结果反馈给金融机构；第三，使用匿踪查询，对用户标签数据进行查询并反馈结果。拿到结果之后，银行等金融机构往往由自己的团队来进行风控管理。

在金融营销场景中，隐私计算服务商通过隐私计算技术联合金融机构内外部数据进行分析之后，能够帮助金融机构挑选营销价值更高的用户。此后，金融机构需要使其产品广告能够触达这些用户，而不仅仅是获取隐私计算厂商反馈的判断结果。

要完成这种"触达"，金融机构在很多时候要借助外部合作，并非单靠自身的力量就能完成。金融营销场景的参与方往往包括用户、广告主、媒体、隐私计算厂商，有时还会包括广告代理商和数据服务商。比如，就拉新客户而言，银行自身的获客能力相对匮乏，除了自身的分支机构，更多情况下还要借助外部的线上或线下渠道。其中，线上渠道主要借助淘宝、天猫等平台实现；线下渠道主要借助第三方服务团队完成获客，如大型商场。

（4）商业模式的差异

隐私计算服务商为金融营销和金融风控场景提供服务，获得费用的方式不同。

根据隐私计算技术方提供的服务差异，在两种场景下，付费模式都有按调用数据标签条数付费和按效果付费两种。

在金融风控场景中，不同的情况付费方式不同。这其中，隐私计算服务商帮助金融机构引入的数据源的质量是个关键影响因素。数据源质量不同，隐私计算服务商获得报酬的方式就不同，因为数据源质量对风控效果影响较大。当隐私计算厂商为金融机构引入部分数据源，提供数据源供应服务，金融机构按调用数据标签条数付费；当隐私计算厂商能够为金融机构引入具有核心作用的数据源，提供数据运营服务，甚至引入担保机构为金融机构做风控兜底，金融机构可以按效果付费（比如按照总资产余额的一定比例付费）。

营销场景的两种付费模式是针对不同类型客户而言的。对于新客户，金融机构本身没有这些用户的数据，往往采用CPS（Cost Per Sales，以实际销售产品数量来计算费用）模式或者通过降低获客成本与外部机构合作，并按效果付费；对于存量客户，银行本身有这些客户的数据，如果选择购买外部标签用于自身营销，往往采用按调用数据标签条数付费的模式。

在"风控＋营销"的叠加场景下，也是以按效果付费为主。以信用卡发卡业务为例，需要先进行风控才能开展营销，是一个典型的风控前置的精准营销场景，金融机构是按照信用卡的发卡量付费的。

2. 金融营销场景应用案例

案例1：富数科技与交通银行合作探索基于多方安全计算智能精准营销服务

业务场景 利用海量合规数据对个人进行画像，已成为银行等金融机构拓展业务的常见做法。交通银行在挖掘客户画像的过程中，发现本行的历史数据无法有效满足客户整体画像的需求，同客户实际难以匹配。

解决方案 交通银行与中国银联合作，各自部署富数科技AVATAR隐私计算平台，开展纵向联邦学习技术应用，在互相不泄露隐私数据的前提下,使用分布式存储在各自数据中心的多方数据,完成客群画像建模。

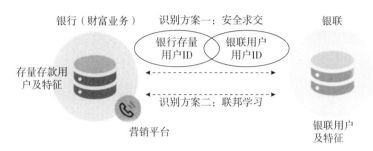

图 5-8 富数科技基于多方安全计算智能精准营销服务示意图
资料来源:富数科技

该案例有联合建模的模型比较和隐私求交客户的营销比较两个子案例。

(1)对历史上参与资产提升营销活动的客户进行联合建模,丰富数据建模的参数维度,结合营销活动历史数据,分析联合模型效果。对于资产客户提升模型,通过样本的联合建模与原模型进行对比,发现联合建模客户识别效果提升显著。联合建模后识别客户群体提升率较原模型平均水平提升 1—1.5 倍,表明该方式对于识别目标客户有一定的促进作用,优化了识别目标客户的方式,利于客户潜力的挖掘。

(2)通过各方潜力客户模型获取到的潜力客户名单,进行比对、求交,可获得双方模型中都认为是潜力客户的高度潜力客户名单,结合相关数据,分析名单效果。通过对交通银行潜力客户与银联高价值客户进行隐私求交得到高潜名单,与交通银行潜力客户中的非高潜名单进行比对,求交后的高潜名单在 AUM、(时点)沃德客户提升人数占比、理财产品销售等方面均有提升。证明双方的潜力客户模型可联合发挥作用。

产品效果 联合建模的模型比较和隐私求交客户的比较，有效弥补了交通银行由于数据不充分而造成的对客户认识不全、对客群分析不充分、无法构建全局视图及全方位视图的不足，进而提升了客群分析覆盖度和精度，为营销策略、运营分析提供了数据支撑，进而提高获客精度及营销成功率。

案例2：洞见科技与某大型保险集团合作建设隐私计算技术能力平台

业务场景 某保险集团业务痛点：第一，在内外部数据协同的过程中，基于明文数据计算和建模所导致的数据安全、隐私保护及公司商业机密泄露的问题；第二，业务部门希望使用更多外部数据资源，但数据源机构内部高价值的敏感原始数据不愿或不能共享的问题；第三，使用多方外部数据进行模型构建时，基于沙盒的点对点建模方式得到的是多个单独的子模型，无法充分发挥数据关联价值。

解决方案 初期以与行业头部企业共同成立联合实验室的方式，用半年多时间对厂商隐私计算平台的功能、性能、稳定性等及业务效用进行验证，最终决定基于洞见科技隐私计算平台在保险行业内构建一套隐私计算能力服务平台，平台通过联邦学习、安全多方计算等关键技术引擎，实现多方数据在业务场景侧的联合建模、联合计算、集合运算、匿踪查询等多种场景应用支持。

产品效果 在集团内部实现各险种分公司、各地子公司间的数据安全融合协同能力，并与外部数据提供机构、技术服务机构、流量合作机构、经纪/代理机构等共同建设保险业务数智联邦生态。随着隐私计算技术的落地应用推广，该平台由保险营销场景应用进一步深入延伸到车险定价场景。

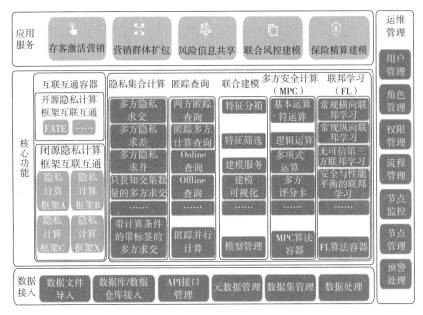

图 5-9 洞见科技与某大型保险集团合作建设隐私计算技术能力平台架构图

资料来源：洞见科技

案例3：同盾科技运用智邦 iBond 助力某大型国有银行实现银保交叉营销

业务场景 在银保渠道合作过程中，保险公司其实对于银保渠道的客户信息知之甚少。从客观因素来说，保险公司自有信息少，银行所能提供的客户信息也极为有限。从主观因素来看，一些银保渠道，会把部分客户信息屏蔽掉，可能银行掌握一定的客户信息，但是这些信息对于保险公司来说是相对隔绝的。从长远发展的角度来看，保险公司需要补充来自银行和其他生态合作伙伴的数据，深度挖掘银保渠道客户需求，延展产品和服务范围。而对于银行来说，保险公司拥有的客户信息也极为重要。

解决方案 利用具有精准人群标签作为种子用户，通过一定的算法评估模型，在保障安全的前提下，利用某银行、某保险公司的

第五章 隐私计算在金融领域的应用

特征互为补充，找到更多潜在关联的相似人群，构建多维、准确、及时的全息用户画像。针对每类人群标签，选取不同的样本和标签定义，基于同盾"知识联邦平台"进行联邦建模，为银行保险代理人提供用户的精准人群标签。成功被转化的用户，可作为优质客户，优化和丰富种子用户，进而不断完善用户画像。

该方案主要有三个优势：第一，基于种子用户画像寻找相似人群，可以找到高质量、高潜力用户；第二，通过筛选、识别、扩展更多相似人群，可以进一步大规模增加客户量级，找到更多精准用户；第三，整个流程中完全做到数据可用不可见。银行、保险公司的特征、标签都不离开本地，无隐私泄露的风险。

产品效果　通过在海量真实数据上验证，该方案除了维持银行银保渠道的预测效果之外，对保险公司自销渠道的预测效果可以提升近300%。

案例4：天冕科技助力互金公司提升营销效果

业务场景　在金融营销场景中，某头部互金公司单独使用现存自有数据特征或者对方评分只能达到收支平衡，而且使用线下联合建模方式具有容易泄露用户数据的风险。

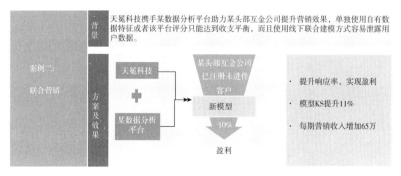

图 5-10　天冕科技助力某头部互金公司联合营销案例

资料来源：天冕科技

解决方案 天冕科技帮助该公司使用联邦学习方式进行联合建模之后,应用所得模型对已注册但未曾进件的老客户进行综合评分。

产品效果 对前 10% 评分高的用户营销后,模型 KS 提升 11%,每期营销收入增加 65 万。

3. 隐私计算将如何改变金融营销

隐私计算技术为金融营销创造了数据融合的机会,在这种场景下,金融营销的可持续发展更加合规,模型的精准度会更高,金融营销的生态环境实现了优化。

在过去的营销场景下,数据共享通过明文进行,用户数据信息泄露严重,规范性也很差。隐私计算严格保证了数据的密文传输,能够更好地规范数据应用。

在隐私计算出现之前,银行等金融机构想要与外部对数据实现联通是不合规的。隐私计算的出现能够帮助银行在数据不出库的情况下与外部数据源实现联通,这个过程完全加密,各方的数据都没有被暴露,实现了数据的可用不可见。外部机构数据的加入提高了银行模型数据的丰富程度与量级,提高了训练模型的精度。

在传统场景下,金融产品在拉新营销等场景的转化链路较长、转化比例更加敏感,金融机构普遍存在着不愿、不敢、不能回传这种营销结果数据,以帮助优化营销模型,较难形成新型营销的闭环。而隐私计算能够很好地破解这些难题,实现数据在跨机构之间的安全、合规地利用,助推多方营销闭环建设。

尽管隐私计算在金融营销的应用稍显复杂,但其本质还在于营销,隐私计算的加入只是使得营销生态实现了更进一步的优化,即在严格保护数据隐私的情况下实现了数据联通与数据价值转换,这是以前所做不到的。

(三)其他金融场景

风控和营销是隐私计算在金融领域落地最多的应用场景,但是在这两类场景之外,我们也发现,有越来越多的场景都可以应用隐私计算技术。凡是金融机构对外部数据的共享合作有需求的场景都可以应用隐私计算,因此隐私计算未来在金融业的场景应用将非常普遍。下面,我们介绍几个在实践中看到的应用场景。

1. 征信领域应用

隐私计算能够帮助征信业更好地赋能金融应用。

一方面,近年来,移动互联网的飞速发展,使得互联网上沉淀了大量人们的行为数据。这些数据对征信而言也极有价值,这正在很大程度上改变着传统征信业。

另一方面,随着数字经济的发展,金融业数字化转型也在加速,金融业的风险控制有相当部分也要在线上进行。线上风控越来越要求应用更广泛、更实时的数据来源,从而了解更全面的用户信息,进行更有效的风控。

但是,对目前的征信业来说,要推进变革、满足这样的市场需求却面临着诸多困难:

第一,数据孤岛严重,难以综合所有数据,形成联防联控;

第二,征信机构能够拿到的数据往往滞后,难以拿到深度、实时的数据;

第三,如果要采集更多的信息,需要符合《中华人民共和国个人信息保护法》的相关规定。

隐私计算技术可以实现数据的可用不可见,在保护个人隐私的前提下对数据价值进行挖掘,可以有助于解决这些问题。目前,隐私计算在金融征信领域的应用已经有初步探索。

案例：洞见科技监管沙盒项目——基于隐私计算的债券估值体系建设项目

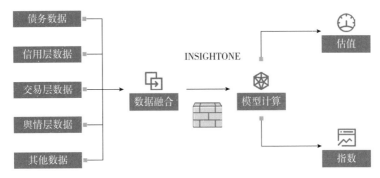

图 5-11　基于隐私计算的债券指数编制

资料来源：洞见科技

业务场景　本案例根据监管对评级业务和非评级业务的隔离要求，基于隐私计算技术，在各方原始数据不出本地的前提下实现评级数据和非评级数据的安全融合应用，在满足监管要求的同时创造了隐私计算技术与资产管理、信用风险管理深度结合的新应用场景。

解决方案　本项目结合隐私计算、机器学习和大数据等多种技术，运用中诚信国际行业分类数据、信用评价数据，以及多元第三方交易数据、网络舆情数据等，在数据不出域的情况下进行多方数据融合和模型计算，输出信用风险预警情况、发债企业违约率、信用溢价等结果，服务债券估值体系建设。

产品效果　基于案例产出进一步构建的债券估值和收益率曲线将广泛应用于风险管理、限额管理、各大机构资产计量、会计师事务所审计标准、净值计算、参考定价等各方面，涵盖客户包括公募基金、银行、保险、证券、资产管理公司等。此外，估值着重为投资者提供信用方面的决策参考。在低资质债券和担保债估值方法上实现创新,并实现了相同行业产业债、同区域城投债的点差联动,增加了信用债估值的颗粒度。

2. 金融监管应用

近年来,监管科技飞速发展。调研中,零壹智库发现,在金融监管方面,隐私计算已实现落地应用。

案例:同态科技与金融监管机构合作探索监管科技创新

业务场景 传统的金融数据监管模式中,为保证金融机构自身的数据安全并保护商业机密,金融机构在本地进行数据统计汇总后,仅将汇总结果发送至监管机构,而不附有详细流水,因此,监管机构无法对金融机构的原始数据进行监管。

这样的监管方式带来如下痛点:一是监管颗粒度粗,即监管机构接收到的数据是经过金融机构预统计的,不包含明细,故监管机构难以对金融机构开展更进一步的监管;二是原始数据不可见,即金融机构为了保证自身的数据安全并保护商业机密,无法提供原始数据;三是外流数据不可管控,即金融机构若向监管部门提供原始数据,难以对监管机构后续对原始数据的操作再进行限制与管控,造成金融机构对数据所有权的削弱。

解决方案 针对以上痛点,使用基于同态加密技术研发的"监管沙箱"帮助银行探索新型监管模式。新模式下,金融机构能够将部分原始数据加密后发送至人民银行监管平台,监管机构可通过监管平台在密文数据上进行反洗钱、风控等金融监管。这种新型模式在拓展银行监管维度和监管颗粒度的基础上,保障了金融机构的数据安全。

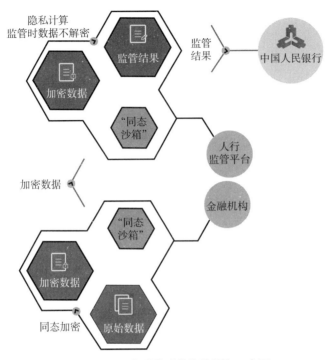

图 5-12　同态科技"监管沙箱"示意图

资料来源：同态科技

数据融合方面，监管机构在不收集、不存储原始明文数据的前提下，将金融数据进行融合监管，打破现有数据壁垒，丰富银行监管维度。

隐私保护方面，改变了原有监管模式，即需要在明文数据上进行运算分析的方式。运用同态加密计算技术对上报数据进行加密，监管平台接收加密后的数据，并利用密文数据完成数据的汇总、加工、分析和运算，解决了现阶段金融数据监管领域使用原始明文数据而造成的隐私泄露问题，有效保护企业的数据资产。

数据授权方面，采用数据细粒度的权限加密控制，实现数据源对于数据应用的直接授权管理，保证数据应用的全流程可控制、可监控、可审计。

应用拓展方面，应用同态加密技术进行数据协同应用，对原有业务流程和IT基础设施的改造较小，具备灵活性与可移植性。

产品效果 监管机构通过监管沙箱收集多家金融机构的加密数据，实现密文下的数据融合、开展断卡和反洗钱等业务，从而帮助人民群众减少损失，防止资金外流，并帮助银行探索新型监管模式，丰富银行监管维度，维护金融市场稳定。

同态科技经过十余年技术沉淀，自主研发了高性能国产化同态加密算法体系"同态构型"，相比于目前国际同态加密开源库最佳实践"微软SEAL库"，在相同环境下运行同一批次数据，整体性能提升超1000倍，在密文扩展、算法安全性与兼容性上，均有较大改善。并且"同态构型"能够有效兼容现有的国密基础设施体系。具体而言，用户在进行隐私计算改造时，无须搭建两套密钥管理体系，直接复用原有的国密基础设施体系即可完成隐私计算的改造与部署。

案例中的硬件设备——隐私计算一体机实现了全球首次全同态硬件化，优先于美国国防高级研究计划局。其中所有技术均实现自主可控，支持Hadoop等大数据计算架构，集成SM2、SM3、SM4，同时兼容原有PKI体系。

3. 更多样化的金融场景

案例：锘崴科技为私募基金投资管理金融机构提供期权策略算法保护

业务场景 某私募基金投资管理专业化金融机构，此前有业务致力于期权策略的研究，并由此产生对策略的算法和参数安全保护的要求。

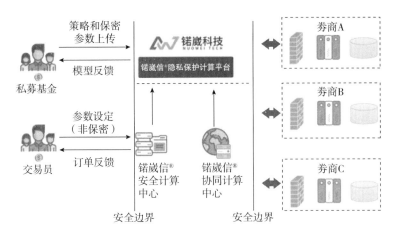

图 5-13　锘崴科技为私募基金投资管理金融机构提供期权策略算法保护示意图

资料来源：锘崴科技

解决方案　通过锘崴科技锘崴信®隐私保护计算平台，对该私募基金投资管理金融机构策略算法进行安全执行，在有效保护金融算法策略的同时，为广大交易员提供优质的策略服务，有效保护策略的算法和秘密参数。

产品效果　平台保持中立，不实际接触任何原始数据，保证数据和模型的安全，进而有效保护策略的算法和秘密参数。并且对结果报告加密，授权用户才能看到。

| 第六章 |

隐私计算在非金融领域的应用

在金融领域之外,隐私计算在非金融领域有着更为广泛的应用。目前,在非金融领域,隐私计算在医疗、政务和营销方面的应用探索较多。

一、隐私计算在医疗领域的应用

(一)隐私计算在医疗领域的应用历程与现状

1. 隐私计算在全球医疗领域应用的开端

根据零壹智库的调研,隐私计算在全球医疗领域的探索,到目前为止,最早可以追溯到美国生物医学计算中心之一 iDASH 的实践,最早的尝试者是时任加州大学圣迭戈分校生物信息学教授王爽。

美国一共有八个国家级的生物医学计算中心,其中坐落于加州大学圣迭戈分校的 iDASH 中心是唯一一个负责全美医疗领域数据安全和隐私保护的国家级中心。

2011年,王爽主导研究了该中心第一个隐私计算在医疗场景下的项目——研究如何利用多中心数据联合分析来提高心脏病治疗有效性,这也是目前零壹智库已知的全球范围内隐私计算技术在医疗领域的第一例应用。

在这个项目中,为了既能保护患者隐私,又能将数据联合起来分析,王爽采用了"隐私保护下的分布式机器学习"方案。在该方案中,各家医院分别建模,医院不需要把数据分享出来,不需要集中在一起训练模型,而是在最后综合这些模型来建立一个更准确的模型。在这个过程中,每家医院的原始数据都不会被暴露,实现了数据的可用不可见。

这个项目大获成功。从2011年底到2014年,用了大约三年的时间,王爽所在的项目组应用"隐私保护下的分布式机器学习"方案打通了加州大学旗下五家医院的数据。此后,在接下来的2014年至2017年的三年时间里,美国西海岸医疗服务共同体也应用了隐私计算技术,形成了国家级数据网络。这个网络覆盖了几百家医院、大约3000万名患者,相当于覆盖了美国人口的十分之一。之后,美国中部和东海岸等地也开始建立类似的网络。

在这个过程中,为了使"医学"和"密码学"更加深入融合,2014年王爽主持创办了一个讨论社区"iDASH隐私安全研习大会(iDASH Privacy & Security Workshop)",后来发展成为iDASH竞赛。之所以采用竞赛的形式,是因为想要将实际的医学问题转化为密码学的专家能够理解的算法问题,帮助问题得到快速解决。随着越来越多的国际顶尖学者和公司的加入,iDASH竞赛逐渐发展成为隐私保护和安全计算方面最高规格的国际竞赛。

这里需要提到的是,在医疗领域,同态加密技术和可信执行环境技术的开创性应用也是由王爽与其团队完成的。

第六章　隐私计算在非金融领域的应用

同态加密的概念虽然在 1978 年就已经提出，但是直到 2009 年才找到了能够将全同态加密实现的具体算法，而由于受到同态加密算法累计运算次数有限、计算代价太大两个条件的限制，同态加密应用到真实场景中依然困难。2015 年，在将同态加密技术应用到罕见病研究的过程中，王爽和他的团队解决了三个关键问题：第一，通过算法优化，使得同态加密技术在有限次的累计计算次数下能够完成真实场景中基因数据比对和统计分析的任务；第二，通过对数据结构的改造，大大加快了同态加密的计算速度；第三，通过算法构建使得数据在密文下可以进行比较。这项研究成功之后，2017 年由王爽牵头，与 Gentry、Paillier 等人以及美国国家标准与技术研究院（National Institute of Standards and Technology，NIST）和国际标准化组织 ISO，以及一些国际大厂，如 IBM、微软等，一起成立了国际同态加密标准委员会，并且制定了同态加密应用标准。

王爽与其团队也首次将可信执行环境应用到医疗场景中。可信执行环境（TEE）的概念虽然在 2009 年由国际组织 Open Mobile Terminal Platform（OMTP）提出，但是由于缺乏认证协议、TEE 内存不够，一直没有找到在通用数据安全计算领域的商业化应用的可行性。2015 年底，英特尔发布了首款大规模商用的可信执行环境产品，王爽团队作为全球唯一的一个医疗团队，受邀与英特尔建立了深度合作，通过基于英特尔 TEE 内测版本展开研究。王爽将可信执行环境技术应用到了对全球跨国的罕见病的研究中。他联系了美国、英国和新加坡的多个医院，通过在不同医院部署本地的计算节点，在 TEE 加联邦学习的保护下，实现了跨国的多中心研究，这是可信执行环境在医学领域的第一次成功应用，这项研究成果也获得了"英特尔杰出贡献奖"。其中，王爽团队解决了三项应用问题：第一，通过设计协议，满足医疗数据交互的安全性；第二，通过压缩通信算法，优化数据跨国的传输问题；第三，通过优化与编排算法，实现了对海量基因数据的高效计算。

2. 隐私计算在中国医疗领域应用的开端

隐私计算在中国医疗领域的发展，根据零壹智库调研获得的信息，目前可以追溯到 2016 年。

在 2016 年，加州大学圣迭戈分校生物信息学教授王爽在贵阳参加国际转化生物医学信息大会的时候，开始在中国医疗领域尝试推动隐私计算技术的发展。他先后在 2016—2018 年与四川大学华西医院、同济大学附属医院、复旦大学附属医院、苏州大学医学院等开展隐私计算在医疗领域的科研工作。

但是，真正应用隐私计算技术在医疗领域开展商业活动是从 2019 年开始的。这一年，两家专注于开拓隐私计算在医疗领域应用的创业公司——翼方健数和锘崴科技都开始在中国市场开展业务。

翼方健数成立于 2016 年。2019 年 4 月，翼方健数正式发布其自主研发的医疗数据隐私计算平台 XDP 翼数坊 V1.0，旨在解决医疗数据所面临的"数据孤岛"问题，这是目前所知的隐私计算技术在中国医疗领域的第一个解决方案。

基于其自主研发的隐私计算产品，翼方健数落地了不少有关转换医疗数据价值的案例。

比如，分级诊疗就是其中之一。2017 年，国家健康医疗大数据首批试点城市之一厦门启动分级诊疗工作。基于 XDP 翼数坊，2019 年，翼方健数承建了厦门市健康医疗大数据应用开放平台。翼方健数建立了一系列基于深度学习的临床诊疗模型，利用海量的历史病历对于模型进行训练。通过对于原始病历进行筛选，优秀医生的诊疗经验通过模型沉淀下来，并以智能服务的方式回馈到医生的诊疗工作中，以此为基础建立了探路者（PathFinder）临床辅助决策系统。这套系统可供基层医生使用。对于基层医生来说，"探路者（PathFinder）"能够辅助医生进行患者症状体征观察，为医生提供疾病辅助诊断、用药推荐、检查检验建议等辅助功能，并在短时间内完成高质量病历书写。用新技术帮助提高基层医生诊疗能力，增强患者对基层医生的信任，促进基层医疗机构服务更多的患者。

同时，基于 XDP 翼数坊，翼方健数开发了一系列配合医疗行业中各环节的前端应用。在业务方面，翼方健数以医疗为切入点，布局医疗、生物信息、医药、医保等相关细分领域。

2019 年底，硅谷资深科学家郑灏和加州大学圣迭戈分校生物信息学教授王爽发动了在美国硅谷的同事、研究生、博士后，连同他们两人在内，一共 7 人回到中国，创立了锘崴科技。

截至 2021 年末，锘崴科技落地的场景（包括 POC 在内）已经超过 50 个——这个数量与 2021 年在金融领域落地应用较多的隐私计算厂商所落地的场景数量相当。锘崴科技的隐私计算平台目前已经在医疗科研、医院信息化、药厂研究、医疗保险、医疗营销等多个场景落地应用。

2021 年 11 月，锘崴科技与海南医学院合作，共同搭建新发和突发传染病早期预警系统。通过多源数据建立新发和突发传染病的预测模型，该系统可以使得未来对新发和突发传染病的预测更早、更精准。目前，这个项目正在部分区域进行试点，如果顺利，到 2022 年中或者年底即可向全国推广。

2021 年，锘崴科技与中国移动通信联合会、医疗卫生与法治研究中心、四川大学华西医院、深圳国家基因库、中国移动通信有限公司研究院、全球共享流感数据倡议组织（GISAID）等单位共同发起中国首届隐私保护计算大赛。

目前在中国，翼方健数和锘崴科技是"隐私计算＋医疗"场景下的头部企业，但是随着医疗领域的需求越来越大，一些互联网企业和其他隐私计算厂商陆续加入，隐私计算在医疗领域的探索队伍正逐渐发展壮大。

3. 隐私计算在医疗领域应用的现状与特点

（1）医疗领域数据处理的特点

根据零壹智库的调研，与其他领域不同，医疗领域的数据处理复杂度较高。

从对数据源的要求来说，医学研究通常有着较为严格和复杂的样本筛选条件，同时需要大量的数据样本，大多数研究中很难通过两个或三个医院的数据源来满足相关需求。不像金融领域，两方或者三方数据联合分析，就能够取得一定的业务效果。因此，医疗场景下的隐私计算平台的基本能力需要能支持数十方或者上百万数据源的联合计算。

从数据结构来看，医疗数据类型丰富，处理难度较大。医疗领域除了结构化数据，还有非结构化数据。比如，医生的医嘱就是一种很常见的医疗非结构化数据，需要通过运用自然语言处理技术，对医嘱进行语义识别，然后转化为结构化数据进行处理，这其中有诸多技术问题需要解决。再比如影像数据的处理，涉及病灶的勾画、识别，基因数据的对齐、比对、全基因组分析等，这都是非医疗领域的研究者没有触及的问题，在实际操作中需要专业的隐私计算工具的支持。

从数据量来看，医疗领域需要处理的数据量也极大。比如基因数据体量非常大。一个个体的全基因组数据大约为 300 GB，如果要做一个疾病的研究，即使样本只有 1000 个患者，需要处理的数据量也有 300TB，更别说研究需要更多的样本、更大量的数据了。

从数据的分析处理上来看，医疗领域需要运用的数据分析模型也比较复杂。比如，在医疗领域，相似病人的比较，就是一个比较复杂的问题。在金融领域，如果要定位多个数据源的用户，只需要运用隐私求交的技术（Private Set Intersection，PSI）找到两个机构重叠的客户就可以。但是，在医疗领域，要找到相似的患者来进行比较的话就复杂了，这个"相似"的定义非常广泛，需要进一步明确，是按照基因序列的相似性来寻找，还是按照病理数据的相似性来寻找，这就要结合医学知识和需要解决的问题来综合处理。

从对于业务的安全性要求来看，医疗场景下的应用涉及病人的生命安全、临床应用中的责任划分等问题，因此需要隐私计算能够提供无精度损失的隐私计算能力，而不是像大多数金融场景中采用的近似计算，这对于隐私计算团队的底层技术能力提出了很高的要求。此外涉及多中心的合作中，医疗场景下通常不能接受金融场景下常用的数据源之间不串谋的假设以及半诚实模型的假设，而是需要更高的安全保护，比如，对于恶意模型的支持，可以抵御数据源之间的串谋风险等。

（2）医疗数据源

在医疗领域，隐私计算平台要连接的数据源，这与金融领域不同。

目前，医疗领域的数据源可分为六大类：专病数据、临床数据、基因检测公司的数据、健康管理数据、体检数据以及药厂数据。

第一，专病数据。这类数据是指由 PI 或者专家组委制订的与疾病研究相关、药厂研究相关的数据，其中一部分包含在临床 HIS 系统中。

第二，临床数据。这类数据是指通过数据清洗治理方式从临床系统直接导入系统中的数据，可用于服务科研、医保以及其他一些智慧医院的应用。

第三，基因检测公司的数据。中国有上百家基因检测公司来服务医院医疗中的基因检测业务，这些基因检测公司积累的数据就是这类数据。

第四，健康管理数据。这类数据由个人上报或者相关传感器生成，如手机上的客户端收集的数据或者 iWatch 上传的个人用户的健康数据。

第五，体检数据。体检数据来自个人的身体检查，往往由医院或体检机构收集。

第六，药厂数据。药厂数据分为 3 类：一是临床试验数据，这种数据与专病数据类型相似，有规定的格式，由 CRO 公司（合同研究组织）和医院合作收集；二是真实世界数据，即从临床观察直接获得的数据；三是化合物数据，以化工化学研究为目的对药物成分进行分析获得，如蛋白质相关的数据。

（3）发展前景

隐私计算在医疗领域的发展是个先慢后快的过程，隐私计算在中国医疗领域的发展虽然面临挑战，但是前景广阔，后劲十足。

先慢后快的结论主要来源于锘崴科技创始人、董事长王爽在美国的经历。对隐私计算在中国医疗领域发展节奏和前景的判断，目前主要是通过中国与美国的对比来估算。

相较于美国，中国的医疗信息化系统复杂度更高。全美只有 3—4 个医院管理系统提供商，但中国却不止。中国头部的医院管理系统提供商只有几家，但是在头部的厂商之外，还有更多的位于中尾部的厂商。除了医院管理系统之外，针对不同的业务需求，每家医院都在使用更多种类的医疗信息系统。

这个问题带来的操作难度主要在于数据互联互通前期的数据清洗的工作量的增加，这会把时间拉长。但是，同时中国在处理这个问题上又有一个难得的优势，即人力成本低。这又使得这个问题的解决难度有所降低。

前景广阔，是因为中国医疗市场需求巨大。中国医疗支出在GDP中占比提升空间巨大。根据经济合作与发展组织2021年的报告，中国医疗支出占GDP的比重大约为5%。从全世界来看，医疗支出占GDP的比例都是持续上升的。发达国家目前的比重在13%左右，相比之下中国仍有很大的提升空间。同时，随着对数据监管的推进，通过隐私计算技术来发掘数据价值的需求将越来越大。

后劲十足，一方面因为隐私计算技术在医疗领域应用门槛较高，这个领域的竞争相对其他领域激烈程度更低；另一方面因为前期搭建的医疗网络在后期变现能力较强，而且可以在多个场景进行横向和纵向的复制。

翼方健数、锘崴科技正积极地探索隐私计算在医疗领域的应用，并实现了大量应用案例的落地。锘崴科技预测，到2025年前后，隐私计算在中国医疗领域可能实现大规模的应用。

（二）隐私计算在医疗领域的应用案例

案例1：锘崴科技完成中国首例带隐私保护的多中心全基因组关联分析

业务场景　某三甲医院需要进行有关强直性脊柱炎的全基因组关联分析以开展更好的疾病防治工作。基因数据具有高通量、高敏感度的特点，数据分析传输难度大。同时，单家医院或研究机构的数据量不足以支持一次样本量充足的全基因组关联分析研究，然而法律明确限制医疗数据的不安全共享,形成数据孤岛。

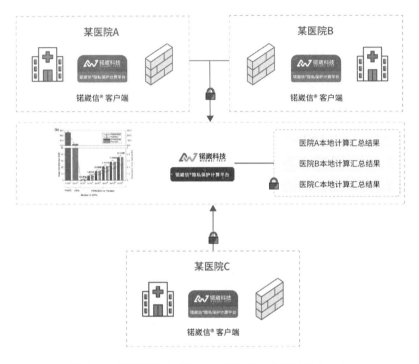

图 6-1　锘崴科技完成的中国首例带隐私保护的多中心
全基因组关联分析应用示意图

资料来源:锘崴科技

解决方案　依托锘崴信®隐私保护计算平台为该医院构建开发了一套跨省级多中心基因数据分析系统。该医院利用该套系统实现多家医疗机构数据虚拟聚合。

产品效果　所有数据物理分散,逻辑集中,满足个人信息本地化存储要求,保证用户的知情权、决定权、限制和拒绝权、删除权等,同时满足全基因组关联分析所需的大数据量,帮助该研究顺利完成,所构建的模型服务于临床上疾病的精准早筛和诊断。与此同时,该项目获得上海科技进步一等奖。

案例2：锘崴科技应用隐私计算技术为罕见病治疗提供帮助

业务场景 "川崎病"是一种儿童罕见病，至今找不到发病原因。要对这种疾病进行研究，每家医院的样本量非常有限。在这种情况下，就必须实现不同样本中心的数据连接，找到足够多的病例构建多中心样本。

解决方案 基于锘崴科技团队的隐私计算技术，通过与国际上的多个医院合作，找到了250个家庭的750个个体，开展多中心样本量研究。

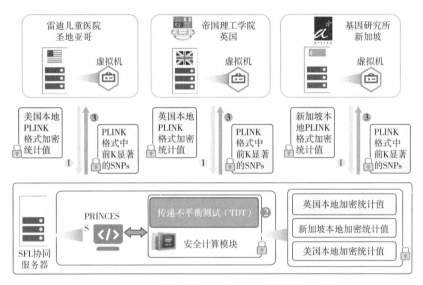

图6-2 基于锘崴科技团队的隐私计算技术完成的
跨国多中心罕见病"川崎病"研究示意图

资料来源：锘崴科技

产品效果 基于多中心的个体研究，可以发现罕见病症的相关性，统计效果较之前的单中心提高了一个数量级，同时，通过建立的模型去实现病人的预测、预警和筛查，降低了部分医疗成本，并为病人避免了一些非必要的痛苦。

隐私计算技术在疾病治疗方面的研究不仅限于对罕见病，而是对所有疾病的研究都可能有所帮助。锘崴科技通过隐私计算技术，已帮助多个病种，连接更多的数据源以提高样本量，帮助医院进行临床辅助诊断以及早期预警工作。

二、隐私计算在政务领域的应用

（一）隐私计算在政务领域应用的现状

政府机构应用隐私计算技术，在追求业务效果改善的同时，会更重视隐私计算所带来的社会效益和经济效益。

政务领域不同于其他领域，政务数据有着一定程度的封闭性，在推进政务信息共享过程中面临一些阻碍，阻碍主要体现在3个维度：行政管理维度、数据管理维度和技术管理维度。[①] 在行政管理方面，目前政务行业缺乏对数据共享的问责激励机制，而且政务部门在横向上缺乏有效的沟通，弱化了实现政务数据共享的共同利益基础；在数据管理方面，各地政府以及各个部门之间缺乏沟通协作，对数据的管理方式不同，政务数据面临着缺乏明确、统一的数据标准、数据所有权归属不明、数据存储不当的问题；在技术管理方面，部分地方政府所使用的信息系统依然封闭，甚至还存在不少政府边缘业务部门甚至尚未实现电子化办公，在技术方面无法实现数据的开放共享的情形。

自2020年中央发布文件《关于构建更加完善的要素市场化配置体制机制的意见》将数据纳入市场要素中，如何界定数据要素的收

---

① 魏巍，艾嘉欣.政务数据共享的核心议题、研究进路与实践应用[J].秘书，2021，（6）：15-25.

益分配问题已经在学术界引发众多讨论。而探讨数据要素的分配问题，明确数据确权是前提。

目前，在国外，发达国家普遍倾向于采用权利化模式进行数据确权。欧盟于2016年颁布GDPR，严格赋权个人信息主体对信息的访问、查询、更正等权利，倾向于以个人控制为核心方式创设用户数据权。而美国则以产业利益为主导，不强调在立法层面凸显个人数据权能，且适度地削弱个人信息主体的绝对控制权优势，更强调的是数据公司在应用个人数据时应该遵守哪些规则和规范，在促进平衡数据共享流动与商业价值利用方面高于对数据所有权的主体权利保护。

相比于欧美，虽然已经有数据立法，但是中国数据权利体系的构建仍不完善，并未有明确法律规定数据权利的内容属性。2012年，《关于加强网络信息保护的决定》实施，明确规定要保护公民的个人信息和个人隐私。而自2012年起，中国已经出台至少7部有关数据保护的法律规定。其中，《中华人民共和国民法总则》（2017年10月实施）首次在一般法层面提出保护公民个人信息。后来，《中华人民共和国消费者权益保护法》（2013年修订）、《中华人民共和国网络安全法》（2017年6月实施）开始对经营者进行规范，经营者和网络运营者要合法使用消费者个人信息，并不得对其进行泄露、出售、篡改、损毁。而2021年《中华人民共和国民法典》只是对《中华人民共和国民法总则》引领式规定的延续，9月实施的《中华人民共和国数据安全法》也囿于用户和商业机构之间的艰难博弈，不得不在数据确权问题上采用留白处理。

数据产权界定问题不仅在理论界未达成共识[①]，在实际应用中，一些个体用户和数据公司在进行数据采集与利用时也会出现利益冲突。一般来说，个人数据包括个人的姓名、性别、电话、地址、法人机构经营内容、自然人或法人在平台上注册并发布的内容等信息，这些数据的所有权属于个人或法人，争议较小，可以形成共识。公共数据如经济发展数据、医疗教育数据、行政执法过程中产生的数据，这些数据的所有权属于数据的收集或持有方，即政府相关部门，这样的划分往往也能被接受。而当下产生争议最大的是，平台商业数据的所有权归属问题，这些数据的所有权究竟是应该归属于数据产生者，即平台用户，还是应该归属于平台所有，目前尚未定论。[②]

政务数据开放共享实现的前提是数据有明确的所有权，然后才进行数据采集、数据脱敏、数据交换等过程。数据所有权的明确意味着责任人必须按照信息资源共享目录采集高质量数据，并利用专业能力进行脱敏，而由于专业能力的不足，目前政务部门很依赖第三方，在此过程中面临着较大的数据安全风险问题。

政务领域面临的种种问题，以及隐私计算对于数据"可用不可见"的技术保障，让许多厂商在政务领域看到了发展前景。

政务场景相比于金融、运营商等场景，是一个更加综合的场景，政务既是数据源也是数据需求方。政务数据具有高权威性、高准确率、高可信度，是从各级政府及委办局、基础设施营运单位等机构中采集而来。整合政务大数据资源，利用隐私计算技术和先进的评价模型，推进政务数据资源向社会分级分类开放和流通应用，可以

---

① 彭辉. 数据权属的逻辑结构与赋权边界——基于"公地悲剧"和"反公地悲剧"的视角 [J]. 比较法研究，2022，（1）：101–115.

② 谢人强，张文德. 基于区块链的数字资源确权与交易方案研究 [J]. 企业经济，2022，41（1）：65–73.

更好地支持普惠金融等领域发展。同时，政务领域借助外部数据对提升城市治理水平等政务应用领域也有重要意义，比如利用运营商数据可以有效支撑工信部、公安部等部门实施电信网络诈骗治理，降低了网络犯罪风险。

进入政务领域的隐私计算厂商，既有互联网巨头，也有创业公司，二者各有优势，在这个市场上是竞合关系。互联网巨头产品线较为全面，在智慧城市的建设中可以为政府机构提供多种服务。创业公司产品线不多，但是在细分领域可以为政府机构提供后续更多的服务。比如可以提供数据运营服务，帮助寻找数据产品的使用场景并给出解决方案等。

落地政务场景应用需要厂商能够快速理解需求，并完成需求分析、设计、实施、测试、上线和后期维护的信息化全生命周期，同时需要具备极强的集成能力，政务领域项目周期相对较长，对大部分属于创业期的隐私计算厂商挑战较大。

据零壹智库调研了解，在隐私计算创业公司当中，华控清交和洞见科技进入政务领域较早，从2020年开始探索隐私计算在政务领域的应用。2021年，隐私计算赛道崛起，之后越来越多的隐私计算厂商开始进入政务领域。

从目前的发展来看，隐私计算在政务领域的发展存在地域差异。沿海和一线城市经济相对活跃，市场需求相对旺盛，如经济较为发达的京津冀、长三角、珠三角、川渝等地区需求较多。但中西部地区数字经济发展迅速，隐私计算在政务领域落地应用也不断涌现。目前，大部分厂商侧重在华东、华南和华中市场进行布局，以省级和中心城市市场为主。

政务领域有区别于其他领域的独特性，在进行业务招标时，政府更青睐有公信力、有成功案例经验以及符合"国产自主可控"的服务机构。

入局政务领域的隐私计算公司包括华控清交、洞见科技、蓝象智联、同盾科技、富数科技、锘崴科技、同态科技、金智塔科技等。

目前,隐私计算厂商在政务领域提供服务的模式大致有两种。

第一,帮助政务机构实现数据共享。隐私计算厂商为政务机构提供技术,打通跨政务机构之间、机构内部不同业务之间的数据,实现数据共享流通。

第二,帮助政务机构实现数据开放。政务机构利用隐私计算技术,能够向外部机构、企业、社会机构等开放数据。

(二)隐私计算在政务领域应用的案例

案例1:同态科技与公安部合作建设反诈数据平台

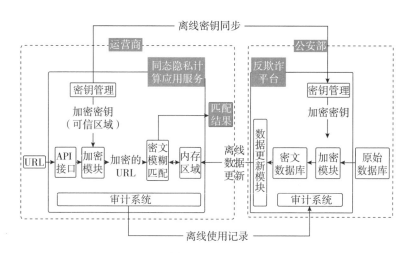

图6-3 公安部反欺诈平台业务逻辑图

资料来源:同态科技

业务场景 公安部计划开发反欺诈平台,通过该平台向反欺诈联盟成员共享涉诈数据情报。在实际业务开展过程中，主要有两方面的需求。第一，涉诈数据可用不可见。公安部若需要对外共享涉诈数据，则共享过程中需要保证联盟成员仅能使用涉诈数据，却不能获得原始数据或还原涉诈数据原始信息，从而保障公安部涉诈数据的数据价值和数据安全。第二，涉诈数据可审计。公安部为了监控反诈业务的整体运行情况，需要统计各个联盟成员对于涉诈数据的使用情况，因此反诈平台需要集成审计系统。

另外，在反诈数据应用中往往存在数据查询需求，数据查询通常是基于数据标识（手机号、身份证等）的哈希值进行的，在一定条件下，数据源能够通过哈希碰撞还原数据标识的原始信息，进而产生数据泄露等风险。

解决方案　针对上述需求，利用自主可控的同态加密技术可为公安部及反诈联盟成员提供数据隐私保护与数据合规应用能力，保障公安部在开展反诈业务时的数据安全及数据价值，解决反诈联盟成员在使用反诈服务时的隐私泄露问题，打通以公安部为核心的反欺诈业务。

对于数据查询，采取基于密文分享的方式。数据源将相关数据进行同态加密后，发送至查询方。查询方进行密文查询，不再需要将数据标识发送至数据源，进而保护查询方的数据安全。该模式适用于查询方有强隐私保护需求的业务场景。

产品效果　目前，公安部已经完成了对该平台的内部验收。经应用，该平台可支持在200ms内对50万条黑名单数据完成模糊查询。经过公安部第三研究所实践，同态构型算法相比于微软SEAL（公开最佳实践），速度至少快1500倍、扩展量小98%。同时算法还兼容格理论与现有PKI体系。

同态加密技术让数据在加密后依旧保有原有的计算价值，能够在数据层面实现数据可用不可见。因此数据流向、数据使用方式等关键环节都不受影响,且支持复用原有业务模式,无须定制化开发,有效降低了适配成本。

反欺诈平台未来将由公安部进行推广,逐步辐射至运营商、政府部门、国有企业等单位。

案例2:洞见科技与山东省政府合作建立国内首个基于隐私计算的省级政务数据开放平台

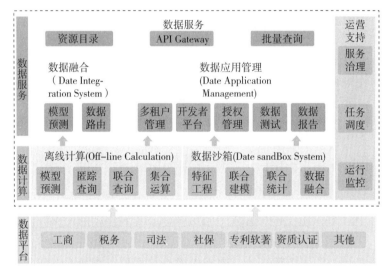

图6-4　洞见科技基于隐私计算的政务数据开放平台架构图

资料来源:洞见科技

业务场景　为贯彻国务院《要素市场化配置综合改革试点总体方案》及山东省人民政府颁发的《山东省公共数据开放办法》,更好地解决政务数据开放和隐私保护之间难以两全的问题,提升政务数据存储、计算、应用、通用支撑和服务管理能力,提高社会治理能力和公共服务水平,洞见科技联合智慧齐鲁公司为山东省大数据中心建设了国内首个基于隐私计算的省级政务数据开放平台,为政务数据开放、流通与应用提供技术基础设施,推动数字经济发展。

解决方案 基于洞见科技 InsightOne 隐私计算平台成熟框架开发,结合安全多方计算和联邦学习融合应用模式,通过数据计算、数据服务、运营支持核心模块的联动部署,实现计算资源、计算引擎、计算服务的多维管理,达到原始数据不出私域即能完成数据共享应用,为数据隐私保护与安全应用之间的矛盾提供了"技术最优解",在数据要素开放与流通过程中实现数据"可用不可见"。

产品效果 该平台作为国内首个省级政务数据隐私计算平台,行业标杆意义突出。平台以差异化的综合性信用评价能力,助力山东省中小微企业融资对接,有利于建立健全涉企数据信息共享机制并在其他省市进行复制,从而提升产业链各环节、各节点数据采集能力,加强上下游信用服务。

案例3:锘崴科技与安全部门合作建立跨行业多中心图像隐私保护计算系统

业务场景 某安全部门需要联合跨行业的多机构数据源进行人脸图像比对。然而,由于人脸图像敏感度高,容易导致隐私泄露,而且由于法律法规限制,数据无法直接跨机构共享,同时图像比对的计算模型属于客户机密,也需要保护。

解决方案 基于锘崴信®隐私保护计算平台为该安全部门开发了一套图像比对隐私保护计算系统。在系统构建的安全执行环境内运行客户的模型,图像的关键比对特征值加密后传入安全环境内,计算完成后返回加密计算结果。

产品效果 平台保持中立,不实际接触任何原始数据,保证数据和模型的安全。

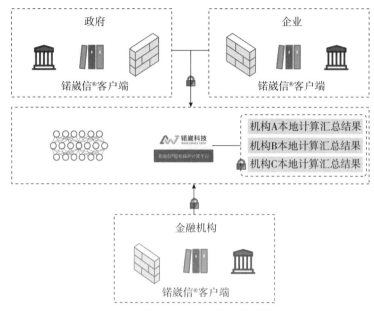

图 6-5 锘崴科技跨行业多中心图像隐私保护计算系统示意图

资料来源：锘崴科技

案例 4：同盾科技应用智邦 iBond 探索政务领域企业信用评估

业务场景 政务机构有企业的组织架构、法人、代表等企业注册、组织架构、纠纷、经营情况等信息，但无法获知更多企业经营状况信息，如何准确评估该企业的信用风险、实时监测企业经营风险？如果能通过安全合规的方式，结合政务机构的企业组织代表以及各企业代表的个人信用评估（比如企业代表人有大量信贷记录或被执行人记录，则企业可能存在亏空或被企业代表挪用资金等风险），以此来评估企业潜在信用风险等，实现对企业的实时风险监测。

解决方案 通过企业标签，分组筛选企业的代表人，在保护各方数据安全的前提下，与代表人特征信息互补，以企业代表人的信用风险来佐证企业的信用。基于同盾"智邦平台"使用 PSI 技术，在保证数据不出本地、计算结果无泄露的前提下，政务机构的企业代表人与外部信息进行分组安全对齐；基于交集结果，针对每个企业的代表人，融合个人信用风险等特征，进行联邦建模（模型各自持有，无须转移或集中到任何一方），以此补充评估企业的信用风险。

产品效果 在不直接拿到委办局单位数据的前提下，实现辖区企业的"数字画像"和企业健康度监控，实时掌握园区经济和区域经济发展状况，辅助政府决策。

案例5：金智塔科技——助力"最多报一次"重大应用

图 6-6 金智塔数据融合计算平台示意图

资料来源：金智塔科技

业务场景 某政府部门需要了解辖区内企业的经营状态，传统的人工一一核对，企业数量多，费时费力，成本高。同时，统计法规定统计局基层微观个体数据不对外服务，跨部门数据共享难。

解决方案 某政府部门应用金智塔隐私计算平台，采用MPC方式，利用差分隐私、秘密分享、同态加密、混淆电路和零知识证明等密码学技术，实现数据可用不可见，用途可控可计量，安全合规地对接征信公司社保等数据，实现对企业经营状态的智能判断，提升业务数据质量和审核效率，准确率从 85% 提高到 99%，工作效率提升 500% 以上。同时金智塔隐私计算平台建立数据分类分级、安全管控制度，在保障数据安全、保护数据隐私的前提下，对外提供基层数据共享使用服务。

产品效果　对接 15 家机构的 45 种数据，共有 6069 万条数据量，应用数据机构 26 家，累计共享 5800 万次，助力"最多报一次"的重大应用。

三、隐私计算在营销领域的应用

（一）隐私计算在营销领域应用的现状

随着国家政策对数据隐私保护的倾斜，隐私计算赛道崛起，营销领域对于隐私计算的需求逐渐为越来越多的企业所关注。

传统营销主要依靠代理商、经销商和直营这 3 种方式，受到地理条件和交通工具的限制，扩展市场网络代价很高。出于技术限制，企业整合多方信息资源的效率也比较低下，传统模式下的企业几乎不能为顾客提供个性化产品和定制化服务，只能不断经历"开发产品——制造样品——试制产品——营销产品"的阶段，成本高且收益低。

而后，随着互联网时代的到来，智能营销逐渐取代了传统营销。智能营销在诞生时，能够帮助企业节省很多重复行为产生的人力成本，如收集用户信息、推送广告等，在降低成本的同时提高了企业的获客效率；后来，随着不断发展，智能营销能够利用大数据进行精准营销，通过定向提炼用户的数据资料来制订更精准的营销策略，为用户提供定制化产品，满足多样化的市场需求。

智能营销是企业数字化转型中的重要一环。

企业数字化有3大方向：运营数字化、管理数字化和营销数字化。①

运营数字化主要是将大数据和算法应用到产品和服务的各个环节中，降低与用户之间的摩擦，优化资源配置效率，以增强企业核心竞争力。数字化驱使着企业运营走向精细化，这其中又包括用户运营、产品运营、活动运营和营销运营四个模块。运营涉及的问题比较繁杂，完全运营数字化面临着两方面的困难：第一，大多数企业从前端对接市场一直到后端做价值生产以及对接供应链时，如果没有做好充分的试错准备和准备好足够的资金，会面临很大的风险和不可控性；第二，目前运营数字化尚未实现方法论和技术上的成熟，行业仍在初期摸索阶段。

管理数字化是指利用计算机、通信等技术，通过对管理行为和管理对象进行量化，实现研发、计划、组织生产、销售创新等职能的管理活动和方法。但企业管理的信息化建设还涉及其他领域，如大数据征信，这种与其他行业协同的推进过程也较为缓慢。

在这种环境下，营销的数字化成为众多企业开启数字化进程的第一选择。

据《2022中国数字营销趋势报告》显示，目前超过95%的广告主认可营销数字化转型的重要性及营销数据在企业大数据中的核心地位。数字化智能营销是企业实现数字化转型的突破口。②

在"隐私计算+智能营销"出现之前，传统的智能营销面临着模型预测精度不够高的难题，企业自身掌握的用户数据信息十分有

---

① 虎啸数字商学院袁俊.从营销数字化开启企业数字化进程 [J].国际品牌观察，2020 (29)：51.
② 陈徐彬.营销数字化是企业数字化转型的突破口 [J].国际品牌观察，2022（8）：30—32.

限，无法获取用户在其他企业、医院、银行等机构的数据，仅仅从算法优化层面无法提高训练模型的预测效果。

企业对数据的规模、质量需求越来越大，而数据跨机构流通却越来越困难，随着国家越发重视对个人数据隐私的保护，想要获得明文的用户数据来帮助企业自身实现靶向营销已经不再可能，智能营销的未来也逐渐清晰，就在于打破各大平台的数据孤岛，实现互联互通，"隐私计算+智能营销"的时代正式到来。

联邦学习技术分为横向联邦和纵向联邦两种。所谓横向联邦，适用于不同参与方之间数据特征重复较多，但样本空间重叠较少的业务；而纵向联邦则适用于不同参与方之间样本空间重叠较多，但数据特征重叠较少的业务。

出于集聚效应，相同类型的企业倾向于在同一地点展开多种业务，用户在不同企业、不同业务之间如何进行选择就成为智能营销所要聚焦的问题。此时，不同的企业之间用户重叠度很高，用户特征重叠可能较少，纵向联邦学习将更加适用。

基于纵向联邦学习技术，隐私计算厂商为企业搭建隐私计算平台，联通各数据源信息，完善用户资料。在这个过程中，模型训练完全加密，数据样本不出域也完全加密，确保了对用户数据的隐私保护。加入隐私计算技术后的营销模型，由于样本数据的数据特征更多，数据规模和质量得以提高，模型训练的精度也会更高。[1]

隐私计算在营销场景的应用，往往从3个角度切入：

第一，智慧选址。利用隐私计算技术，帮助商家从商圈到楼盘再到楼层选取最有利的位置；

---

[1] 《实战 | 隐私计算在智能营销中的应用》，网址：https://mp.weixin.qq.com/s/7B69SV84yqIA3N7_M11wCw（上网时间：2022年12月12日）。

第二，智能获客。由于集群效应的存在，很多具有竞争关系的企业会选择在某特定区域集群营业，利用隐私计算技术，能够帮助企业实现精准营销，争取客群；

第三，销量预测。在进行精准营销后，企业管理层往往需要对公司运营进行长期规划，隐私计算厂商可以帮助管理层进行每年的销量预测以及财务预算，帮助企业可持续发展。

在营销领域的应用最显著的特点是见效快且场景可复制，隐私计算技术在刻画用户画像方面有着天然的优势，厂商通过提供数据要素平台，接入不同的数据源数据，帮助用户进行数据分析。但是目前，该场景也面临一些应用难点，如技术方由于对业务的不了解，难以由下至上从业务端倒推，将流程完全打通；在数据处理过程中，技术方需要对多方数据进行合适的统计分析、分级分类，并保障数据的安全性。因此，在企业应用方面，有高校科研背景且能够提供研究所资源支持的隐私计算厂商更具竞争优势。

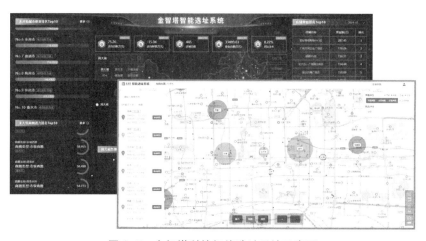

图6-7　金智塔科技智能选址系统示意图

资料来源：金智塔科技

（二）隐私计算在营销领域应用的案例

案例：金智塔科技赋能零售商智能营销

业务场景　由于数据缺乏，一般零售商在开店、选址方面需要做大量调研，甚至"看风水"，但是这些方式的可靠性有限，风险较大。

解决方案　某上市零售商运用金智塔隐私计算平台，接入移动运营商、高德、政府统计部门等数据进行联合建模，通过机器学习训练选址模型。

产品效果　合法合规实现全国范围内的钻戒销售城市潜力、商圈划分、销量预测和商圈推荐，监测城市从几十个扩展为全国所有城市；预测周期从几周缩短到几分钟，预测准确率从75%提高到90%以上。

四、隐私计算在其他领域的应用

值得注意的是，隐私计算不仅应用在前述金融、医疗、政务、营销领域，而且可以拓展到更多的领域。在调研中，我们也发现了在其他领域的应用案例。比如，在交通和电力领域。

案例1：同盾科技应用智邦PSI技术助力出行平台保护司乘安全

业务场景　某头部移动出行平台希望在司乘安全场景中通过多维数据模型，更高效地实时识别潜在欺诈风险、安全风险，从而更好地保护司乘人员安全。

第六章 隐私计算在非金融领域的应用

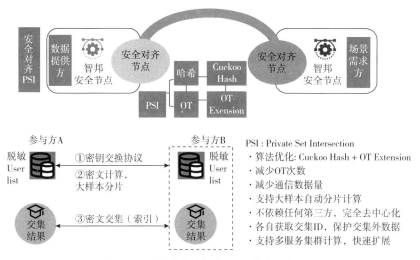

图 6-8 同盾科技智邦 PSI 技术示意图

资料来源：同盾科技

为此，该平台引入同盾科技所掌握的技术、算法及信息生态，与其风险管理技术系统有机结合。然而双方在技术对接中遇到了一个难题：由于监管政策、平台内部安全审计等合规性要求，该平台不能通过传统方式外发样本。这样一来，平台应用场景与同盾科技的技术、算法之间形成了事实上的割裂；即使是在测试环节，同盾科技的技术、模型也无法深入应用场景进行有效测试，项目效果也就无法保障。

解决方案 传统的联合建模计算，需要把多方数据汇集到一起，但数据和模型计算结果都涉及机构的商业机密。此前，这一问题的解决方式是将数据"脱敏"，然而脱敏得越彻底，数据的可用价值就越低，进而降低计算的准确性。

同盾通过 PSI 技术可在安全计算之前找出多方共有的样本，并且保证不泄露各方独有的样本，在客户数据完全不出本地的情况下，将算法、模型、信息生态与客户系统安全打通，赋能风险管理系统更高效地识别、处置潜在风险。PSI方案的设计关键点在于权衡性能、安全性、功能性、易用性,达到最佳结合。

第一,高性能:可对海量数据下内存、数据分片进行深度订制优化,支持10亿级别海量数据隐私求交,并实现亿级样本量分钟级对齐;

第二,高安全:采用业界最高安全等级的基于不经意传输的隐私集合求交(OT Extension Based PSI)等算法;

第三,可解释审计:数据使用的全生命周期可接受审计。其中,数据通信、数据计算可审计,数据加密存储、兼容可靠第三方流量审计工具,可对每一条外发数据用途进行验证,证明实际计算结果严格符合隐私计算算法要求。

产品效果 同盾科技运用PSI技术赋能移动出行平台的案例,既确保了机构合作过程中的数据隐私和最小权限原则,充分满足当前的安全合规政策,又实现数据安全流通与高效利用,为业务赋能。

案例2:同态科技探索电力大数据的密态安全应用

业务场景 随着电网数字化转型的不断推进,电网积累了大量高价值的敏感数据,其中除了包含居民的身份证号、住址等个人隐私数据外,还包含军工单位、科研院所等敏感区域的用电情况。若获取了这些用电数据,就能从一定程度上分析出敏感单位与机构的工作情况。因此,电网数据安全和国家安全是息息相关的。

目前,一方面,由于受到相关技术和法律风险等因素的限制,电网数据只能存储在电网内部,而很难在不泄露用户隐私的前提下,将电网数据开放共享,以催生更大的社会经济价值。另一方面,超算中心具有强大的算力,但是其算力往往无法得到充分利用。因此,计划研究一种方法,使得电网数据能够安全地交付给超算中心进行计算，是十分必要的，同时，还需要降低电网的运行成本，充分调用超算中心闲置算力，提升社会资源利用效率。

解决方案 在一定程度上，本案例中兼容了传统的密码方案体系架构，部分采用经典国密安全体系，与此同时，使用了新型的外包计算算法，构建外包计算加密模块以及密文运算模块。

站在数据上云的角度来考虑，要大范围推广数据上云，提升社会生产效率，就必须要保证云上数据的安全。外包计算，可以理解为一种云计算场景，数据拥有者借助云平台强大的计算能力，将数据外包到云上进行计算。因此，本案例中的电网数据既可以用于外包计算，又可以用于数据上云以及数据上云安全计算。

在某电网数据中心内部，部署一个身份认证服务系统及高效同态加密机，使用该身份认证服务系统对数据外包计算平台的操作人员进行访问控制，并在内部留存操作记录，从而证明系统操作者的身份真实有效，保证系统操作人员的可信度，以此保障系统安全。在确认操作者的身份之后，通过该外包计算平台，向计算中心发起数据计算请求。

操作人员的认证过程是基于一种匿名化认证的技术进行的，该技术中首先对人的生物因素进行认证，之后对人操作的设备进行认证，确保是合法的操作者在常用的设备上发起操作。

在发送数据的过程中，一方面，用户先在平台上配置计算或加密需求，自定义需要使用加密技术进行保护的敏感字段，通过高性能同态加密技术对用户配置的字段进行加密，再将密文数据发送至计算中心。

另一方面，向计算中心提供密文分析能力，实现在"数据不可见"的情况下对其完成分析计算。通过计算中心与电网的双方操作人员进行身份认证，生成会话密钥，以此实现计算结果的加密传输。

除此之外，该服务系统中提供自定义隐私策略配置与可视化操作界面等功能，提升系统的可用性和灵活性，简化非技术人员使用电力数据实现密文数据的外包安全计算与应用。

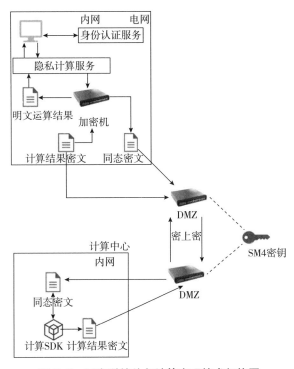

图 6-9　同态科技外包计算密码技术架构图

资料来源：同态科技

产品效果　本案例可实现对电网数据的全生命周期进行保护，能够保障电网数据在云上的安全，使得数据能够安全上云，或者外包给计算服务方进行计算，实现电力企业的降本增效。在保护电力大数据隐私安全的前提下，实现电力大数据经济效益的充分发挥，与社会生产力、社会资源的大幅提升，因此具有广泛的应用前景。

一方面，通过对数据源提供高性能密态运算能力的支撑，数据需求方能够实现在"可用不可见"的数据金矿上进行数据分析、推动数据汇聚、释放数据价值。在保障数据原始内容不外泄的情况下，完成数据价值的充分挖掘，构建电力数据的有效安全保障体系。并且，本案例提出的匿名性多模式多因素身份认证系统，具有匿名性和更加优秀的安全性，在市场上具有一定的竞争优势，拥有良好的经济适用前景。

另一方面，新的安全框架能够实现数据在加密状态下的运算，配合访问控制措施，实现数据在云场景中全生命周期的安全防护，很大程度上加强了云上数据的安全性，并对部分流行的传统数据保护方法起到替代作用。综上所述，该技术在云安全市场具有广泛的应用前景。

| 第七章 |

BigTech 的隐私计算布局

第七章　BigTech 的隐私计算布局

BigTech 是"大型科技企业"的简称，泛指那些拥有庞大用户、具有广泛业务的科技企业。

入局隐私计算的不仅有为数众多的创业公司，还有 BigTech，它们是隐私计算领域不可忽视的力量。

本章，我们将一一介绍 BigTech 在中国的隐私计算布局。

一、阿里巴巴

阿里巴巴集团体系内的 3 个板块——阿里安全、阿里云及达摩院均涉足隐私计算研究。

（一）阿里安全

在阿里安全，涉足隐私计算业务的是其旗下的双子座实验室。

双子座实验室目前主要开展同态加密、安全多方计算[①]和机密计算的研究,其研发的技术已经被阿里、蚂蚁体系内的多个其他业务板块使用。目前,双子座实验室在隐私计算部分技术的研发方面,已经达到业界的领先水平。

2020年12月,阿里安全的论文《Pegasus(飞马):同态密码上的多项式与非多项式计算》(简称"'飞马'方案")入选世界信息安全领域四大顶级会议之首的Oakland S&P,这是中国工业界首次在这一信息安全顶级会议上发表的第一作者论文。

"飞马"方案在全同态加密技术上实现了重大突破。

由于在无须解密的情况下即可对密文进行任意计算,在保护数据隐私的基础上充分发挥数据的价值,全同态加密一直被誉为密码学的"圣杯"。但全同态加密在应用上面临计算转换等许多障碍。目前大部分全同态加密算法(A类)只支持加法及乘法等多项式计算,而难以有效支持除法、根号等非多项式计算;少部分(B类)同态加密算法可以支持任意计算,但是其性能显著低于A类。

"飞马"方案是可以高效桥接A类和B类全同态密文技术的全新转换方案,实现了自由切换加密模式,发挥两类技术长处,使得全同态加密技术大幅提升了运行速度,并降低了运算成本。

从运行速度来看,以机器学习中常用的操作sigmoid为例,"飞马"方案使得加密计算速度比当时最好的同态加密计算方法CHIMERA快64倍,将原本数小时的加密计算提速至几分钟内完成。

从运算成本来看,"飞马"方案在提速的同时,密钥体积减小了2个数量级,可减少公钥传输成本和计算的成本,如内存和硬盘的

[①] 业界有"多方安全计算"和"安全多方计算"的不同提法,未统一。阿里采用国外原样翻译的提法"安全多方计算"。

使用等。此前密钥需要占据100G左右的内存，现在只要1G。普通电脑的内存是8G左右，手机内存是1G左右，以前需要使用高性能服务器进行计算，在"飞马"方案的技术方案下，完全可以使用普通电脑，甚至手机进行全同态加密的密钥传输、储存以及加密计算。

（二）阿里云

2021年4月，阿里云正式发布DataTrust隐私增强计算平台。DataTrust属于阿里云数据中台的产品矩阵的一部分。阿里云数据中台已形成了以"Dataphin"为基座，承载"Quick系列"的场景化核心产品矩阵。DataTrust是与前两者并列的新的产品。

DataTrust基于同态加密技术，以TEE为技术核心，并应用了MPC、FL联邦学习等安全技术，是国内首个公共云、SaaS化、云原生加密计算产品，可在保障数据安全及隐私的前提下，在云上完成多方数据的联合分析、训练、预测，不受数据超量级、复杂性影响。此前在2020年10月，阿里云业内首发基于SGX2.0和TPM的可信虚拟化实例，完成了芯片级硬件安全的落地。

2021年6月，在中国信通院第十二批"大数据产品能力评测"会上，DataTrust通过了"多方安全计算基础能力""可信执行环境基础能力""联邦学习基础能力"及"联邦学习性能"四项测评。说明阿里云在隐私计算的三个技术上达到商用级别，包括技术通用性和业务适用性。

在产品方面，DataTrust作为基于云的隐私计算平台，稳定性好，拥有云的伸缩性、弹性、可快速部署和使用等优点，可支持超大数据量，能更好地满足金融以及电商等拥有海量复杂数据的场景需求。

DataTrust的特点可以总结为以下几点。

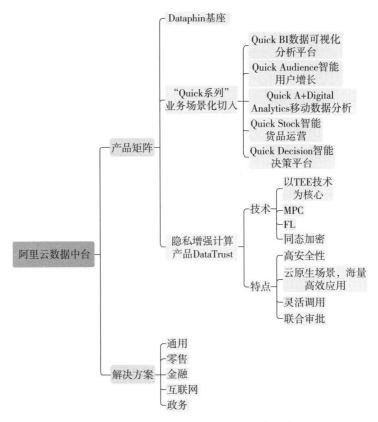

图 7-1　阿里云数据中台产品与解决方案

资料来源：零壹智库

高安全性：芯片级硬件的不可篡改性决定了其可以作为最高等级安全的基础，再将硬件层安全虚拟映射到整个目标环境，形成软硬结合的安全体系。

云原生场景，实现海量高效应用：基于新一代 SGX2.0 技术实现公共云 SaaS 化部署，针对企业级大数据业务化场景，平台满足 TB 级以上数据进行复杂计算的高效处理需求，同时保证全链路数据安全。

灵活调用：SaaS 化数据安全流动，数据提供者可随时退出数据应用,保持数据控制权,同时保证敏感数据随用随消。

联合审批:通过公私钥体系,对审批进行签名认证,确保高价值数据在联合使用场景中审批透明。

2019年至2020年,DataTrust主要服务于阿里体系内部,已经应用在联合营销、联合风控等场景。从2021年上半年开始,DataTrust的应用将拓展至阿里体系之外更多的场景。

阿里云"显赫"的行业地位为DataTrust的市场拓展提供了广阔的空间。

根据Gartner数据,2020年全球云计算市场中,阿里云位列第三,排在亚马逊AWS、微软Azure之后;根据市场研究机构IDC,以2020年收入计,阿里云是中国最大的公有云服务(包括PaaS和IaaS服务)提供商;2021年第一季度,阿里云占国内公有云40%市场份额,远高于第二位的华为云和腾讯云的11%市场份额。据阿里巴巴2021财年财报显示,2021财年(截至3月31日)阿里云收入601.2亿元,同比增长50%。

行业云方面,在市场规模较大的政务云和金融云领域,根据赛迪顾问发布的《2020—2021中国政务云市场报告》,阿里云在政务云市场跻身前五;2021年阿里云峰会上,阿里云智能总裁张建锋表示"阿里云为全面服务政企市场做好了准备";在金融云市场,根据IDC发布的《中国金融云市场跟踪报告》,2020年阿里云以18%以上的市场份额,排名第一;并在银行、互联网金融等垂直细分领域位列第一。据2021年IDC发布的《中国金融云市场(2021上半年)跟踪报告》及《中国金融云市场(2021下半年)跟踪报告》显示,2021年上半年,阿里云继续位列第一;下半年让位于华为位居第二。

由于数据跨云迁移的难度,云服务的客户有较大黏性。阿里云的行业地位和客户群为DataTrust打下了市场基础。

(三)达摩院

阿里巴巴达摩院成立于 2017 年 10 月,在全球多地设有工作地。达摩院官网介绍,其"致力于探索科技未知,以人类愿景为驱动力,立足于基础科学,创新性技术和应用技术后研究",目前在机器智能、数据计算、机器人、金融科技、量子计算、5G/6G 及 XR 等领域设立了 16 个实验室。

2022 年 5 月,达摩院发布了旗下智能计算实验室研发的新型联邦学习框架 FederatedScope,向全世界开源。该框架使用事件驱动的编程范式来构建联邦学习,即将联邦学习看作参与方之间收发消息的过程,通过定义消息类型以及处理消息的行为来描述联邦学习过程。通过这一方式,FederatedScope 实现了支持在丰富应用场景中进行大规模、高效率的联邦学习异步训练。

同时,达摩院团队对 FederatedScope 训练模块进行抽象,使其不依赖特定的深度学习后端,能兼容 PyTorch、Tensorflow 等不同设备运行环境,大幅降低了联邦学习在科研与实际应用中的开发难度和成本。

为进一步适应不同应用场景,FederatedScope 还集成了多种功能模块,包括自动调参、隐私保护、性能监控、端模型个性化等。FederatedScope 支持开发者通过配置文件便捷地调用集成模块,方便快速入门;也允许通过注册的方式添加新的算法实现并调用,支持定制化及深度开发。

二、蚂蚁集团

蚂蚁集团从 2016 年起致力于隐私计算的研究,融合不同的隐私计算技术,已在蚂蚁内部及合作伙伴方的智能信贷、智能风控等业务领域中落地应用。蚂蚁内部的数据需要融合应用，以满足多元的业务需求，而在与外部金融机构的合作中，也有内外部数据融合的要求。欧洲议会于2016年4月通过的《欧盟一般数据保护条例》（GDPR），是世界范围内加强数据安全和个人隐私保护立法的开端。蚂蚁的隐私计算研究在同一年启动，是对数据合法合规利用的前瞻性技术布局。此外，蚂蚁集团在2019年曾入股以色列隐私计算开发商QED-it Systems（QEDIT）。2022年3月，蚂蚁集团关联公司上海云钜创业投资有限公司入股隐私计算创业公司融数联智，融数联智创立于2019年，致力于研发隐私保护芯片。

以专利数量衡量，蚂蚁在隐私计算领域处于全球领先地位。根据权威知识产权第三方机构IPRdaily与incoPat创新指数研究中心联合发布的2022年《全球隐私计算技术发明专利排行榜（TOP 100）》，截至2022年3月8日，蚂蚁集团以1152件专利数排名第一，这是蚂蚁集团连续两年位列排行榜第一，且专利数量遥遥领先；第二至第十依次为中国平安（423）、Microsoft（374）、阿里巴巴（313）、IBM（252）、华为（206）、国家电网（206）、微众银行（204）、英特尔（180）、Samsung（154）。

蚂蚁同时积极推动国际以及国内行业标准的制定。2019年，蚂蚁在IEEE（电气和电子工程师协会）、ITU-T（国际电信联盟）中牵头推进"共享学习技术框架和技术要求"和"共享学习系统技术框架"国际标准的制定，以及CCSA共享智能行业标准的制定；2019年，蚂蚁集团主牵IEEE《基于可信执行环境的隐私保护机器学习的国际标准》（IEEE Std 2830™），这是国际上首个基于可信执行环境的隐私保护机器学习技术框架与要求的国际标准，于2022年1月通过；2020年，由蚂蚁牵头的共享智能联盟标准在AIIA（中国人工智能产业发展联盟）正式发布，这是全国首个共享智能的联盟标准；

2021年8月，国际电信联盟（ITU）首次发布隐私计算技术领域的国际标准"隐私保护机器学习技术框架"（Technical Framework for Shared Machine Learning System），该框架由蚂蚁集团、中国联通及之江实验室共同参与制定，是以蚂蚁集团的隐私保护机器学习技术为蓝本，定义了参与方角色、功能要求、安全要求，并给出了中心化和分布式两种隐私保护机器学习模式的架构和计算流程。2021年12月，蚂蚁集团向IEEE-SA（电气和电子工程师协会—标准化协会）提交了《隐私计算一体机技术要求》的立项申请，针对隐私计算一体机框架、功能要求、性能要求和安全要求等问题提出标准解决方案，2022年3月IEEE-SA正式通过该立项评审。

以下从技术体系、商业产品和服务案例3个维度详细展开介绍蚂蚁隐私计算的发展。

（一）技术体系

蚂蚁隐私计算技术体系的出发点起步于探索数据"可用不可见"安全保护模式，能够在不泄露数据明文的前提下，完成各种业务场景、各种数据量级、各种部署形态下的数据计算需求。随着《中华人民共和国个人信息保护法》正式施行，蚂蚁再次明确"可算不可识"是实现个人隐私保护的关键技术模式，在模型训练、数据分析等场景下确保个人身份不会被重识别，满足法律法规的匿名化要求。

为了在众多的业务场景中实现"可用不可见、可算不可识"，蚂蚁探索研究了几乎所有可能的隐私计算技术，包括：多方安全计算（MPC）、可信执行环境（TEE）、联邦学习（FL）、全同态加密（FHE）、差分隐私（DP）等；并且首创了新兴的隐私计算技术，比如可信密态计算（TECC）、受控匿名化技术等。同时蚂蚁积极在软硬件一体全栈可信、多协议互联互通、隐私计算与区块链融合FAIR

等技术产品化方向积极探索。这些技术主要通过蚂蚁可信隐私计算开源框架"隐语"(SecretFlow)、可信执行环境隐私计算操作系统Occlum 和蚂蚁隐私计算一体机技术进行承载。

1. 可信隐私计算开源框架"隐语"(SecretFlow)

蚂蚁的技术路线从最早的基于矩阵掩码的数据变换方案,到基于多方安全计算和可信执行环境的两套技术路线,发展到后来的多种技术融合的路线,并催生了可信隐私计算框架"隐语",旨在解决不同业务场景所面临的不同需求。针对隐私计算的使用者,隐语具备以下三个重要特点。

支持多种隐私计算技术。隐语支持目前几乎所有主流的隐私计算技术,如 MPC、TEE、FL、HE、DP 等,同时也在探索 TECC、受控匿名化等新技术方向,并且积极支持互联互通。用户可基于不同业务场景来选择合适的技术方案。

支持全链路的数据分析和处理能力。可以满足用户在选定的技术方案下(如 MPC/FL/TEE/TECC),对数据进行数据分析、预处理、建模、预测的全流程数据处理需求。

支持业务全生命周期的孵化。隐语既支持业务在早期 POC 阶段的快速迭代,也支持 POC 验证成功后的业务的规模化推广,确保业务在规模化推广过程中的高可用。

针对隐私计算的开发者,隐语框架可以分成 5 层,支持不同背景的开发者共同参与开发共建。最上面是产品层,它提供黑/白屏的原子化产品能力,可以方便业务平台进行集成和二次开发。第二层是业务算法层,它通过屏蔽隐私计算的概念,让算法开发者可以像使用传统机器学习和数据分析一样使用隐私计算。第三层是隐私计算算法层,这一层不会屏蔽隐私计算的概念,但是会屏蔽掉隐私计算各种技术的实现细节，降低开发者的门槛，当业务算法层不能满足开发者对性能或场景的需求，开发者可以在隐私计算算法层进行更深度的开发。第四层是引擎层，这一层会面向安全背景的开发者，深入隐私计算各种技术的实现细节，通过密态虚拟机的抽象，为上层提供明密文混合计算的能力。最后一层是资源调度管理层，它用于解决跨域协作之间的生产高可用问题。

2. 可信执行环境隐私计算操作系统 Occlum

Occlum 开源 TEE 操作系统提供兼容 Linux 环境的 API，使现有应用几乎不需改造即可运行于可信执行环境，大大降低了 TEE 应用开发门槛。Occlum 支持几乎所有主流编程语言，如 Python、Java、Go、Rust、JS 等，从而能够支持主流 AI 或大数据框架。在安全性上，Occlum 基于内存安全语言 Rust 开发，可排除大部分内存安全问题，并提供了加密文件系统及加密镜像的支持。围绕 Occlum OS，蚂蚁还研发了信创 TEE 平台 HyperEnclave 和 TEE 集群管理软件 KubeTEE。HyperEnclave 是蚂蚁自研的开放跨平台 TEE，可信根构建于中国金融认证中心（CFCA），为 TEE 应用提供隔离执行、远程证明、内存加密、数据封印等完备的安全防护能力，兼容各种体系架构和工具链，结合自主硬件可满足信创 TEE 平台要求。KubeTEE 在业界率先将 TEE 和现代集群软件如 Kubernetes 有机结合，使得 TEE 节点可以纳入 Kubernetes 的统一伸缩和容错框架，同时利用 TEE 特有的远程证明机制支持集群规模的远程证明和密钥管理。

3. 隐私计算一体机技术

隐私计算一体机技术（以下简称一体机）提供集软硬件全栈可信于一体的系统平台，旨在为组织机构之间的数据联合计算提供一站式安全解决方案。在产品设计之初，一体机就秉持安全与可信并重的原则，将安全和可信贯穿产品设计开发的始终，提供数据安全和隐私保护的可信数据交换平台。一体机以硬件安全芯片为信任根基，以密码学方法为主要手段，通过度量、检测、证明等手段，构建贯穿硬件、虚拟层、系统层和应用层的完整信任链，为上层隐私计算应用和区块链应用构建可信的安全底座。

如图 7-2 所示为一体机的架构图。一体机提供一站式安全可信的隐私计算解决方案，整体分为 IaaS 层和 PaaS 层。

在 IaaS 层，可信根作为一体机可信的源头，支持可信平台实现可信链传递；国密卡为蚂蚁自研的国密认证密码卡，支持国密算法，给一体机提供最高加密级别的密钥管理；GPU 和 FPGA 实现算法加速能力；量子随机数发生器 QRNG 通过产生真正随机和不可预测的数字，进一步提高芯片安全性；可信平台提供全方位可信能力，为主机启动、主机运行、应用运行以及应用数据等提供全链路的可信审计以及保护等功能，构建了一体机的可信平台；安全操作系统基于 TPM 可信启动，对操作系统访问控制、权限管理等进行加固，有效防止一体机被暴力破解、漏洞利用及容器逃逸等攻击；容器管理平台提供对安全容器的管理功能；安全容器提供轻量级容器方案，结合了容器和虚拟化优势，利用硬件虚拟化隔离不同容器的运行时环境，使一体机可以完全阻隔容器内的恶意代码对主机以及相邻容器的攻击，提供文件保护、应用隔离、实时阻断等功能；HyperEnclave 基于虚拟化技术，解决 TEE 部署环境问题；TEE 提供与操作系统隔离的安全计算环境；此外，一体机还具备智能监控功能，提供系统健康诊断、异常进程检测报警等能力。

PaaS 层基于 IaaS 层的基础能力，提供远程认证服务、密码服务、隐私计算平台和算法加速服务等。

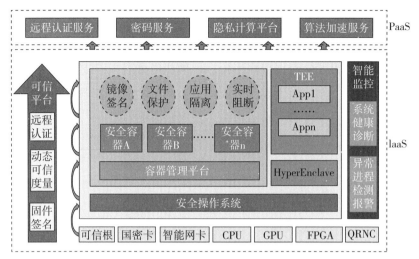

图 7-2 蚂蚁一体机技术架构图

资料来源：蚂蚁集团

4. 蚂蚁隐私计算行业地位

在国家认证方面，蚂蚁隐私计算通过了中国通信标准化协会（CCSA）"基于多方安全计算的数据流通产品评测"，以及国家信息技术安全研究中心"数据隐私保护技术检测"。蚂蚁集团研发的国内首个金融级信创 TEE 系统 HyperEnclave1.0 通过了北京国家金融科技认证中心实施的金融科技产品认证。TEE 操作系统 Occlum 在 2020 年成为机密计算联盟的官方项目，并入选了 2021 "科创中国"开源创新榜单，是该榜单中唯一聚焦隐私计算领域的产品。

蚂蚁隐私计算在行业内获得了较高的认可，在 2019 年获得多个奖项，包括在中国人工智能峰会上获得"紫金产品创新奖"，在全球人工智能创业者大会上获"应用案例示范奖"，在世界人工智能大会上获"世界人工智能产业安全十大创新实践"称号，在中国计算机学会（CCF）上获"科技进步优秀奖"，以及被收入"2019 中国国际软件博览会案例集"。

2020年9月，蚂蚁集团发起成立"共享智能技术联盟"，该联盟初创成员近30家，包括光大银行、网商银行、众安保险等金融机构，蚂蚁集团、阿里巴巴、联想、浪潮、联通大数据、英伟达、光之树、万达信息、易华录、思必驰、富算科技、锘崴科技、优城联合、信大捷安、隔镜科技等科技公司，中国电子技术标准化研究院、浙江大学、上海交通大学、中科院信工所、之江实验室、对外经贸大学等科研机构。联盟提出三大目标——促进共享智能的技术发展，推动共享智能的标准制定，构建共享智能的技术生态。

在行业地位方面，蚂蚁链摩斯是业内首家通过多方安全计算产品测评（信通院MPC测评）的产品和首批通过金标委MPC测评的产品；通过了国家信息技术安全研究中心系统安全性认证、公安部等保三级；先后在IDASH 2019、IDASH 2021国际隐私计算大赛中获得多方安全计算、同态加密、联邦学习赛道冠军，是首家在该项赛事获得冠军的中国队伍。

5. 蚂蚁对于隐私计算的展望

关于隐私计算的未来展望，蚂蚁从社会行业发展角度判断数据明文任意流通即将成为过去，数据密态时代已经来临。为了支撑数据要素在各种业务各类应用场景下的安全性、性能、可靠性、适用性和成本效能需求，行业需要共同构建未来数据密态流通共享的基础设施。

在技术方面，蚂蚁认为可信隐私计算技术是未来最有潜力的技术方向。可信隐私计算是指在应用过程中，安全性、可用性和隐私保护符合设计申明预期的隐私计算，以满足数据需求方、数据提供方和监管方等各方的需求。可信隐私计算的特征包括安全可验证、过程可审计、满足数据要素流转场景的隐私保护、可靠性等要求。

在可信隐私计算框架下，业界可有效应对当前面临的合规、业务支撑、安全适用这三方面的挑战。

在该方向上，为解决传统隐私计算技术在计算效率和保护数据安全之间的平衡问题，蚂蚁集团于 2021 年起推动发展新一代隐私计算技术可信密态计算（Trusted-Environment-based Cryptographic Computing，TECC），创新性地将密码技术（MPC、FL）和全栈可信计算技术（TEE、TPM）融合在一起，突破了使用单一技术的局限，获得了更高的综合能力。TECC 技术在远程验证的 TPM/TEE 环境中使用高速全密文计算，一方面在性能、可靠性、适用性等方面比传统跨网隐私计算（MPC/联邦学习）有显著提升，另一方面能够有效抵抗困扰 TPM/TEE 的供应链攻击、侧信道攻击、明文数据泄露风险，同时有效抵抗困扰多方安全计算和联邦学习的合谋攻击、恶意敌手攻击与信息熵泄露风险。

TECC 在研发的过程中，诞生了多项优势技术，在一年多时间内获得六项专利授权，包括 2022 年 6 月获得的"分布式多方安全计算系统、方法和节点"专利授权。该研究结果根据资源消耗和任务可并行拆分程度的不同，可将 TECC 的计算速度提升 10 倍到 100 倍，实现在 1 小时内完成亿级样本密态 GBDT（Gradient Boosting Decision Tree，一种树模型集成算法）建模训练，在 10 分钟内完成亿级数据密态 SQL 分析，可以为顶级数据规模带来非常友好的计算体验，达到了隐私计算现阶段最佳性能效果，也使得 TECC 计算效率接近于数据非加密的明文计算。与其他隐私计算技术相比，TECC 更加适用于对数据安全需求高（如重要数据）、数据规模大（如百万个人信息）、计算逻辑复杂、参与方数量不固定的场景，并支持跨地域数据中心的密态计算需求。

(二)商业产品

蚂蚁隐私计算商业化通过蚂蚁链旗下品牌摩斯实现产品化。

蚂蚁链是蚂蚁集团数字科技板块对外品牌。蚂蚁链致力于用科技链接信任,通过融合区块链、隐私计算、AIoT、数据分析和智能风控等技术,为产业互联网提供可信、高效的技术解决方案,促进产业协作和价值创造。

1. 摩斯多方安全计算平台

2017年蚂蚁链自主研发的摩斯多方安全计算平台(MORSE)正式应用于内部业务。2018年云栖大会上,摩斯多方安全计算平台(MORSE)正式公开发布。该平台提供安全模型、安全统计、安全查询、安全匹配、安全策略、安全脚本、安全联盟等安全计算能力。目前已在信贷风险分析、个人信用评估、精准广告营销、多方联合科研等多个场景应用,在金融、电信、汽车等十多个行业上百家机构落地。

摩斯将蚂蚁隐私计算技术结合实际应用场景,解决机构数据协同计算过程中的数据安全和隐私保护问题,其特点可以概括为以下5点:

一是安全合规,原始数据可用不可见,数据输入、运算、结果输出全流程密态保护。数据经授权后方可进行安全计算,最小化利用,数据调用可追溯审计;

二是一站式服务,与多家优质合规大数据公司、媒体等伙伴达成合作,客户可一站式完成多方数据及业务合作,大大降低客户的时间成本。从数据测试、模型构建到完成投放和风控,最快只需一周时间;

三是图形化界面,操作便捷,使用门槛低,简单高效地完成建模、统计、服务部署任务。没有算法和开发经验的人也能快速上手使用；

四是多样化部署，Docker 化部署，支持多种操作系统，支持主流数据源和数据服务，支持云及本地部署，机构可灵活投入硬件与计算资源。

五是技术先进，核心技术自主研发，依托蚂蚁在隐私计算、可信计算、软硬件安全、区块链等领域的深厚积累，软硬件结合深度优化性能、提升安全性。

在应用场景上，以医疗保险赔付为例，借助摩斯多方安全计算平台，医院根据理赔申请人的原始诊疗数据计算得到理赔结果，仅将是否赔付及赔付金额输出给保险公司，理赔过程中的数据摘要、判断结果均可加密存证于区块链，便于后续的计费、审计和监督。由于双方数据不互通，仅输出结论，在保护医疗数据安全和患者个人隐私的前提下实现了数据共享，同时提高了保险赔付的准确率和效率。

在政务领域，通过摩斯多方安全计算平台，政府无须将各种政务数据汇集整合，而只需将运算模型或规则部署在各部门的数据域内，根据业务请求实时进行加密计算，实时调用，从而在数据安全和隐私保护的前提下实现数据共享，政务数字化。

在搭建行业数据联盟场景下，摩斯在保护各参与机构的数据权益与数据安全的前提下促进数据共享和利用，让参与方通过查询接口获取包括黑名单、多头贷款、多头逾期、多头查询等在内的统计数据，打造行业内的联防联控机制，降低企业经营风险。

在营销场景下，摩斯帮助广告投放商基于自有数据、第三方数据、行业伙伴等多方数据进行联合安全建模、部署、预测，多方数据精准刻画用户需求，提高广告投放转化率，同时各方明细数据不出域，保护数据安全。

根据蚂蚁链官网，富民银行利用摩斯多方安全计算平台与合作方联合风控，实现模型预测效能提升 25%，有效降低了业务风险和不良资产率。

2. 蚂蚁链链上数据隐私服务

2020 年 4 月，蚂蚁区块链自主研发的全球首个可商用落地的链上隐私保护技术正式对外开放。该技术论文入选数据库顶会数据管理国际会议 ACM SIGMOD 20，是中国科技公司区块链原创技术在 A 类会议的第一篇独立论文。

该技术方案是一个基于硬件 TEE 的链上隐私保护计算模型，在确保业务数据高速增长的情况下，将隐私保护计算代价压缩到最低，用户隐私数据可以在蚂蚁区块链上零成本得到保护，无性能损失。其核心是由数据加密传输协议、数据加密存储协议、远程认证及密钥协商协议和一个基于 TEE 的智能合约引擎组成的。该方案作为蚂蚁链平台的核心组件，提供可自定义的隐私权限、数据授权模型。同时，不需要开发者具有密码学理论背景，极大地降低了使用门槛。该技术方案已经规模化应用在数字物流、金融风控等领域。

2020 年 12 月，蚂蚁链数据隐私服务通过了中信通院的全项能力测评。

3. 摩斯隐私计算一体机

在隐私计算的软硬件结合方面，蚂蚁处于行业领先地位。在 2021 年 9 月世界互联网大会"互联网之光"上，蚂蚁集团正式发布了摩斯隐私计算一体机。摩斯隐私计算一体机基于蚂蚁隐私计算一体机技术，深度整合了隐私计算、可信硬件、区块链等多种自主研发的技术，内嵌蚂蚁多款自研芯片等硬件，实现了安全性及性能的提升。

在提升安全性方面，摩斯隐私计算一体机有多处创新。

第一，在操作系统上，一体机做了大量的安全加固，包括蚂蚁内部使用的安全容器与 Linux 系统。通过这些技术，可以把应用与基础设施做很好的隔离。同时一体机内置的可信软件栈将可信计算和隐私计算做了充分的结合。

第二，在软件方面，摩斯一体机内置了蚂蚁自研的算法库，能够支撑一些通用协议及密码算法。同时，一体机结合多种处理器提升了 TEE 的易用性。此外，一体机为隐私计算的应用提供了一套容器管理平台以及安全容器，在基础安全上集成了可信计算、远程证明等功能。

第三，在芯片层面的创新上，摩斯一体机搭载了蚂蚁自研的 TPM 可信根芯片，该芯片实现了可信计算组织 TCG 的 TPM 2.0 标准协议，通过自研固件提升了芯片的安全性。这颗芯片的创新之处在于，蚂蚁与芯片厂商定制了动态度量功能，从而在系统运行期间，能够对内存中的核心数据进行度量，如果某些核心的代码段被别人篡改，可以及时发现并阻断恶意代码。这颗芯片已经在蚂蚁内部数据中心得到了应用。此外，一体机的密码卡使用的是自研的蚂蚁卡，它搭载了一颗已获国密二级资质的 ASIC 芯片，具备 SM2、SM3 与 SM4 的加速能力，同时提供密钥管理服务。

在提升性能方面，一体机内置了隐私计算加速卡，这张卡同时有 FPGA 和 GPU 两个版本，分别适用于不同的场景。与前述 ASIC 芯片相结合，从目前国内市场看，摩斯一体机的加速性能处于第一梯队。

摩斯隐私计算一体机的优势在于，其所搭载的技术和产品，都在蚂蚁的真实业务中进行过运行和验证，可靠性经过实践考验。在应用上，摩斯一体机可以即插即用，一键和合作伙伴建立安全的数据连接。

此外，蚂蚁与外部厂开展技术合作。2022年2月，隐私保护计算技术提供商锘崴科技发布了与蚂蚁集团联合打造的锘崴信一体机。

4. 数据隐私协作平台 FAIR

2021年10月杭州云栖大会上，蚂蚁链推出数据隐私协作平台FAIR。FAIR平台是面向数据隐私计算与协作融合的一体化产品，基于区块链和隐私计算技术，提供包括数据接入发布、协作计算、价值分配和流转的全生命周期处理能力，是面向未来数据要素流通领域所设计的数据交付平台。FAIR基于智能合约编排、调度，实现数据从分类分级导入、发布注册、授权计算到价值流转分配全链路的可信、可证和隐私安全。

基于蚂蚁链在底层技术的积累，该平台融合了多方安全计算、可信执行环境、联邦学习3类主流的隐私计算技术。作为蚂蚁链区块链架构的全新升级，FAIR是业内首个提出将隐私计算作为原生能力的区块链网络平台。在未来，这有可能成为数据资产流转的"高速公路"。

FAIR融合多种软硬件技术，系统化地解决了区块链技术和隐私计算技术相结合支持的数据资产交付过程的可审计和可验真问题。其特点包括：

第一，不同类型、不同格式的数据源都可以接入。在实际应用场景中，不同机构和部门的数据各不相同，很难要求所有的数据源有同构的数据库。FAIR平台将不同行业、不同类型的数据做了分级分类，方便各类数据接入。

第二，FAIR平台是一个开放平台。FAIR平台上的隐私计算算法分为两类：一类是蚂蚁研发的偏通用和常见的算法；一类是可以由用户贡献的算法。未来，FAIR平台可以自由加入，提供隐私计算算法的公司加入FAIR平台，能够得到FAIR的生态支持。

第三，FAIR平台围绕区块链和隐私计算的技术特性，提供软硬件一体机产品。该一体机"集成"了蚂蚁链的软硬件能力：一是自研的具备国密三级资质的密码卡，支持密钥生成、公钥导出，用于保护计算节点私钥安全；二是自研的隐私计算硬件，该硬件已获得CFCA中国金融认证中心的资质。这个资质的核心是防信道攻击，可应用于智能合约的隐私保护，通用机密计算，同时支持国产化基于CPU的通用TEE机密计算能力；三是自研的全同态加密加速技术，蚂蚁链推出面向全同态加密算法的定制计算加速器，提升基础算子两个数量级以上的性能，同时还推出高性能智能网卡，支持大规模组网和隐私计算密集数据通信的加速。

第四，在性能提升方面，FAIR平台联合达摩院计算技术实验室和阿里安全双子座实验室等团队设计的全同态硬件加速，实现了百倍以上的性能提升。

在政务领域和大型企业，FAIR平台已经被广泛应用于多个市县的数据开放共享的管理流程中，已适配多个行业、区域的数据管理条例，并逐步沉淀多个创新的数据场景服务。

与此同时，2021年6月，蚂蚁链发布了区块链高速通信网络BTN（Blockchain Transmission Network）。BTN是数字世界的"高速公路"，它通过智能路由算法、高效传输协议、传输优化算法、虚拟专线保障等技术，在全球多个城市间架起了高速通信网络，提升区块链网络的稳定性、连通性和实时性，通过在传输层和应用层两侧加密，保障数据在传输链路上安全不泄露，为可信数字时代的大规模互联互通打下基础。

（三）服务案例

根据知乎账号"支付宝科技局"发布的题为"蚂蚁金服凭什么发布全国首个共享智能联盟标准？"的文章，共享智能是蚂蚁内部做得非常成熟，而且应用落地实践非常好的一项技术。根据公开信息，其共享智能平台已经在联合信贷、联合支付风控、国际营销风控等场景得到规模化应用和验证。

案例1：中和农信

中和农信项目管理有限公司（以下简称"中和农信"），是一家拥有小贷牌照，专注服务县域内中低收入群体的普惠金融机构，2016年蚂蚁曾宣布对其进行战略投资。2017年蚂蚁与中和农信进行合作，通过TEE模式下的共享智能，将双方信息聚合到一块，联合构建模型，对用户风险精准识别。该合作驱动中和农信从线下走到线上，贷款决策从一个月降到5分钟，同时违约率大幅下降，服务范围也得以拓展。蚂蚁与中和农信的合作开拓了信息融合下的新的农村小微金融模式。

案例2：联合风控与联合信贷

通过MPC共享智能，聚合蚂蚁金服和江苏银行双方信息，进行联合建模并实现联合信贷，使得KS[①]提升50%以上，有效降低了银行的风险。

浦发银行和蚂蚁针对零售贷款业务开发了一整套风险评估解决方案，采用多方安全计算的风险模型。该模型基于浦发银行及其合

[①] KS值普遍用于评估风控模型的效果，一般KS值越大，说明正负样本区分的程度越好，意味着模型精准识别风险的能力越强。

作方的数据构建而成，蚂蚁为双方提供技术服务，在训练和运行两个阶段内均采取了分布式部署，且双方都应用了加密算法。这意味着，任何一方的原始数据都不会泄露给另一方，并且也无法通过对训练结果的反向工程来推导原始数据。

通过与蚂蚁集团在多方安全计算技术领域的合作，浦发银行提升了模型性能。与单一数据源模型相比，多方数据协作模型可以将模型的 KS 值提高 12%—23%。在识别高风险客户、阻止高风险贷款发放的同时，该模型还识别出低风险客户，拓展了零售信贷服务可支持的客户面，在之前的缺少多元数据的传统模型下，这些客户无法得到相关贷款支持。

案例3：RiskGo 联合风控

为有效打击灰黑产，更好地净化支付环境，让企业互利共赢弥补自身安全风控能力短板，在支付交易联合风控上，蚂蚁牵头成立了商业生态安全联盟（BESA）。由于企业间安全信息不互通，风控能力参差不齐，黑客往往利用信息不对称和时间差，进行流窜作案，导致企业之间出现欺诈风险流窜的现象。利用 TEE 共享智能技术，将多方数据纳入"不可见"的可信环境，从源头上保障数据出域的私密性，实现了安全共享，做到了风控模型的精细化和个性化部署。通过联合风控，使得商家平均交易额日新增 1500 万元，风险防控系统准确率提升 30%，月资损降低 90% 以上。

以上案例均属于金融领域，蚂蚁认为，医疗将是隐私计算的下一个竞争点及爆发点。在医疗领域的落地应用方面，蚂蚁的案例包括医保理赔、医院数字化运营及医疗辅助决策等。

案例4：医保理赔

蚂蚁在2018年尝试了将隐私计算技术应用到保险理赔场景。保险机构在理赔过程中，通过向医疗机构明文查询被保险人的诊疗情况，将会获得不必要的原始数据。而蚂蚁的解决方案是将保险公司接入一些数据接口，通过设定数据逻辑查询，利用多方安全计算等隐私计算技术，使得保险公司只获得是否理赔的查询结果，不会获得各种原始数据，从而实现数据可用不可见（不出域），保护理赔用户隐私，对于保险机构而言，能够安全合规地连接医疗诊断数据实现智能理赔，降低核赔成本，提升效率。

案例5：医院数字化运营

在医保支付改革的背景下，蚂蚁隐私计算平台和阿里云数字医疗团队合作，为医院搭建了面向医院运营管理的数据融合平台。该平台利用智能算法，包括图像识别、知识图谱及文本挖掘等技术，动态规范整个医护的临床行为，为管理者提供数字化绩效管理分析，帮助医院建立精细化运营管理体系，减少医院的经济风险或临床风险。

隐私计算在其中发挥的作用体现在两个方面，一是基于多家医院数据构建联合模型，解决单一三甲医院的数据量和数据的丰富程度不充足的问题；二是在跨医院合作中，保证联合建模的模型达到调优，保证在数据安全可控、可用不可见的前提下，更好地发挥自身价值。

从应用效果看，该数据融合平台在医院的病历质量控制及DRG（Diagnosis Related Groups，疾病诊断相关分组）管理方面都发挥了价值。上线后医院的[①]病历质量控制水平得到提升，甲级病案提升了10%—20%，提高了医院管理效率。同时，通过数字化提升了患者DRG分组的精准度和效率，据介绍，该方案上线后DRG入组准确率可达97%以上，在新医保支付政策下也为医院减少了结算损失[②]；在2021年三个月时间内，阿里云团队与某三甲医院合作，最终累计优化数十万结算，并通过编码入组，将医保反馈分析工作量显著降低。

案例6：临床辅助决策

针对我国医疗资源不均衡，三四线社区和乡镇卫生所等基层医疗机构对疑难杂症诊断水平不足，地市级及省会城市医疗资源拥挤等问题，某卫健委提出，通过数据的方式，帮助基层医疗机构对疑难重病进行初筛，再通过和省会大医院联手的方式做出更好的诊疗。针对这一需求，蚂蚁团队提供了一个基于隐私计算服务的临床辅助决策方案。由该卫健委牵头，在每家医院部署隐私安全计算节点，构建了一个联合模型，保证三甲医院相关科室的大量病案数据在原始数据不出域的情况下，通过数据训练建立某些病症的临床辅助决策系统，提升诊断的准确率。该系统利用大型医院沉淀下来的数据，帮助三四级地市、社区医院和乡镇卫生所等基层医疗机构提高诊疗能力、疑难重病的初筛能力，降低误诊率。

---

① 病历作为对患者诊疗的完整记录，在临床医疗、教学科研及医院管理等方面起到重要作用。病历在转交病案室归档后即成为病案。医院根据病历评分标准按100分制对病历进行评分，一般90分以上的为甲级病历。

② 新的医保支付政策将DRG作为重要的支付工具。

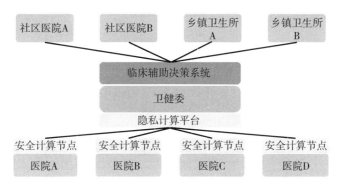

图 7-3 蚂蚁集团基于隐私计算服务的临床辅助决策方案示意图
资料来源：蚂蚁集团

案例 7：药械厂商的数据平台

蚂蚁通过隐私计算，包括多方安全计算以及联邦学习等方式，帮助药械厂商和合作医院尤其是垂直的大的科室之间，构建以药械厂商为核心的数据价值共享平台。通过该平台，医院的数据回流并提升其智能算法的精准程度，从而进一步提升药械厂商的诊疗能力，并反哺到相关的合作医院。药械厂商在各大合作医院自建的这种隐私计算平台，在完成 POC 后会逐渐做规模化推广，被更多的头部医院所认可。

三、微众银行

在微众银行，所做业务涉及隐私计算的团队有两个：微众银行人工智能团队、微众银行区块链团队。前者发布了隐私计算开源平台 FATE，后者发布了基于区块链技术的 WeDPR-PPC 多方大数据隐私计算平台。

（一）微众 FATE

据中国信通院、隐私计算联盟等单位联合发布的《隐私计算白皮书（2021年）》，在当前的国内隐私计算产品中，开源类和自研类分别占比55%和45%，尤其是FATE，2020年及之后出现的很多联邦学习类产品或多或少地都吸收和借鉴了FATE的成果。

1. 微众FATE的发展历程

FATE（Federated AI Technology Enabler）开源社区是面向隐私计算、联邦学习开源生态中的开发者、贡献者、用户以及生态伙伴而建立的学习与交流平台，是微众银行自研开源的全球首个工业级联邦学习框架，旨在有效帮助多个机构在符合数据安全和政府法规的前提下，进行数据使用和联合建模。

FATE提供了一种基于数据隐私保护的分布式安全计算框架，为机器学习、深度学习、迁移学习算法提供高性能的安全计算支持，支持同态加密、SecretShare、DiffieHellman等多种多方安全计算协议。同时，FATE提供了一套友好的跨域交互信息管理方案，解决了联邦学习信息安全审计难的问题。简单易用的开源工具平台能有效帮助多个机构在满足用户隐私保护、数据安全和政府法规的前提下，进行多方数据合作。

2018年，在业务实践和行业观察中，微众银行人工智能团队发现训练AI所需要的大数据实际上很难获得，"数据孤岛"问题严重，政策法规对数据隐私和数据安全的要求让数据共享和合作更加困难。自此，微众银行人工智能团队开始关注隐私计算技术。

针对实际的业务痛点，微众团队发现联邦学习是一种有效的解决方案，并开始进行研究探索。从2018年到2019年初，微众银行发表了多篇联邦学习相关论文，对于联邦学习的概念、分类、基本原理等基础理论进行系统性研究。同时，2018年起，微众银行人工智能团队基于联邦学习理论研究进行相关开源软件研发。经过探索，微众银行搭建起了理论研究、工具软件、技术标准、行业应用的多层级联邦学习生态框架，并且开始有腾讯、华为、京东、平安等生态合作伙伴加入。

2019年初，微众银行正式开源全球首个工业级联邦学习框架FATE，并开始尝试将联邦学习应用于金融业务中。FATE的开源，使得联邦学习的应用门槛大幅降低。

2021年4月，微众银行AI团队和富数科技隐私计算团队联手破解了不同联邦学习平台之间互联的技术难题，在行业内第一次实现了异构联邦学习平台的互通，初步验证了正在制定中的联邦学习技术互联互通技术标准的可行性。

同年6月，在中国银联的提议下，FATE TSC发起成立互联互通工作组，初始成员包括来自微众银行、中国银联、VMware、中国电信等的TSC成员，标志着联邦学习正式进入互联互通阶段，联邦数据网络正在形成。[①]

自正式开源以来，FATE已经连续迭代了多个版本。

2022年，FATE开源社区技术指导委员会主席、微众银行首席人工智能官杨强教授及其团队对联邦学习的理论做了进一步拓展，在2022年3月"机器之心"举办的AI科技年会上提出了"可信联邦学习"概念，将隐私计算与联邦学习发展和应用中面临的安全、效率、性能问题统一在共同的理论框架下。

杨强提出，可信联邦学习是安全可信的联邦学习，是能够满足用户和监管等各方面需求的分布式机器学习范式；隐私保护、模型

[①] 《FATE：工业级联邦学习开源平台》，网址：https://zhuanlan.zhihu.com/p/424465305。

性能、算法效率作为该范式的核心三角基石，与模型的决策可解释性和模型的可监管性两大支柱，共同构成了更加安全可信的联邦学习。其核心特征包括数据安全可证明、模型性能可使用、机器学习效率可控、决策可解释、模型可监管、普惠。

针对联邦学习技术安全性与效率之间的矛盾，杨强及其团队提出了隐私与模型性能的"No-free-lunch 安全—收益恒定"定律，在数据安全、性能和效率之间寻求平衡。

杨强表示，任何多方参与进行人工智能建模的过程，都绕不开可信联邦学习这一通用的机器学习范式。基于此理论框架，能够量化分析隐私计算各种技术保护方案的优劣，进而指导隐私保护算法设计。合理运用包括安全多方计算（MPC）、同态加密（HE）、可信执行环境（TEE）、差分隐私（DP）等技术手段来进行合理配置，结合分布式机器学习和人工智能算法，找到联合建模可信、可行及可控的解决方案，这就是"可信联邦学习"的核心命题。此外，通过可信联邦学习中模型的"版权保护"（FedIPR），实现数据版权的保护和结果可溯源、可审计、可解释；通过开源、开放和共享，实现普惠。这些方面将共同构建起可信联邦学习的内涵和外延。可信联邦学习将在各种场景下使隐私计算应用成为现实，极大地降低隐私计算的成本，提升隐私计算应用质量，推动隐私计算的加速发展。

2. 微众 FATE 隐私计算落地应用

截至 2021 年，以微众银行数据为例，FATE 开源平台已经汇集了 800 多家企业机构、300 多家高校和上万名开发者，在金融、医疗等领域均有了落地应用。

案例1：FATE 在小微企业信用风险管理中的应用

小微企业贷款难一直是难以解决的问题。目前，大多数银行都将白名单机制用于小微企业贷款的风险管理，而白名单是通过筛选规则和风险模型来实现的。不管是规则和风险模型，都需要依赖于对小微企业及其控制人的相关数据了解。

为了实现在保护数据隐私的同时对小微企业相关数据进行模型训练，微众银行与外部公司展开了合作。

通过使用 FATE，微众银行与有发票数据的合作公司一起完成了纵向联邦建模。使用的联邦训练模型为纵向逻辑回归（Hetero-LR）。与传统的逻辑回归不同的是，微众银行和合作公司利用各自的数据一起训练模型，使用加密的中间结果进行交互，并且各自维护属于自身的模型，当需要预测的时候，需要结合两边的模型共同预测。整个模型训练的过程保证了数据和模型的安全性。

与只使用微众银行拥有的央行信用评分来训练标签 Y 相比，联合了发票数据的 Hetero-LR 模型的 AUC 增加了 12%，并且随着模型效果的改善，贷款不良率明显下降。[①]

案例2：FATE 在医疗领域的应用

2020 年 8 月 21 日，微众银行携手腾讯医疗健康成立了联合实验室，结合腾讯天衍实验室在医疗影像、医疗机器学习与自然语言处理的技术积累，以及微众银行 AI 团队在联邦学习上的领先技术，双方共同攻坚医疗联邦学习（Medical Federated Learning），搭建隐私保护数据平台，探索医疗领域的智能化应用。

联合实验室成立后，双方继续汇聚优势及资源，集中在医疗影

---

① 来自 FedAI 官网，网址：https://www.fedai.org/cases/。

像辅助诊断、医疗大数据、医疗机器学习模型等多个方面展开深度合作，双方研究在保护多方（如医院、企业等）数据的情况下协作学习，从而打破数据孤岛的限制。

基于大数据及人工智能联合实验室合作项目，联合实验室在医疗联邦学习框架下对新冠肺炎的追踪、诊断、预后做出积极的探索，例如在疫情中常态化检查和病情的溯源工作中，探索在保护用户隐私的情况下对用户是否具有感染风险并以绿码和红码两种形式进行表征。

此外，联合实验室还针对新冠肺炎CT影像建立基于联邦学习框架的辅助诊断模型，让世界各地的医院可以在不泄露隐私的情况下共同学习、联合建模，从而极大地提升病例稀缺的医院的诊断准确率。

同时，医疗联邦学习作为基础技术框架，可以挖掘并利用医疗健康数据，构建不同的医疗场景应用，如通过联邦学习助力电子健康卡实现保护用户隐私建模、医保基金控费、个人与机构拒付识别等，以助力医疗健康产业发展，提升医疗服务的质量。

早在2019年，腾讯天衍实验室和微众银行在医疗大数据、医学影像辅助诊断等领域便展开了合作，通过AI技术赋能的成果转化切实提高了医务工作者的效率。联合实验室研究员赵瑞辉和鞠策联合研发了基于医疗联邦学习框架的"脑卒中发病风险预测模型"，该模型成功破解了医疗行业信息孤岛和隐私保护难题，实现了在保护不同医院数据隐私下的疾病精准预测，其预测准确率高达80%。另外，通过联邦学习技术，大型三甲医院数据资源帮助医疗服务匮乏、病例少的小型医院在模型预测指标上提升了10%—20%。该工作以论文形式陈述，并被FL-IJCAI'20高分录用。同时，该工作获得腾讯公司十大微创新项目奖。[1]

3. 微众银行的金融科技

微众银行于 2014 年 12 月获得由深圳银监局颁发的金融许可证，是由腾讯、百业源和立业等多家知名企业发起设立、国内首家开业的民营银行，致力于为普罗大众、小微企业提供差异化的普惠金融服务。

微众银行自成立之初即将公司定位于"连接者"，不仅是腾讯客户群与银行等金融机构之间的连接者，也是金融机构之间或与其他平台之间的连接者。微众银行始终表明自己与银行业是互补关系而非竞争关系，它选择了跟同业深度合作的方式，把客户分享给同业，甚至把账户开在其他银行，并提供科技和数据分析支持，负责产品设计和推广创新。

微众银行的金融科技战略十分明确，即在"ABCD"4 个领域重点发力，也就是人工智能（AI）、区块链（Blockchain）、云计算（Cloud Computing）和大数据（Big Data），旨在降本增效，进行商业输出，创造营收，助力客群下沉。相较银行业近 2% 的平均水平，微众银行的不良率一直保持在 0.5% 左右，就是由于大数据风控发挥了关键性作用，微众借助先进的技术工具，建设全行高风险客户名单数据库，构筑了强大的风控能力。据了解，在微众银行 2019 年的全部公开专利申请中，80% 以上来自于"ABCD"4 大领域。

4. 微众银行的数据生态

微众银行传统银行业务下的产品可以分为贷款类产品和普惠金

---

[1] 《腾讯医疗健康携手微众银行成立联合实验室，联邦学习破解隐私难题》，网址：https://news.yaozh.com/archive/31247.html（上网时间：2022 年 12 月 12 日）。

融类产品两类。

在贷款类产品中,针对 C 端的产品主要有"小鹅花钱""微车贷—车主贷""微粒贷"3 种;针对 B 端的产品主要有"微业贷""微闪贴"两种。

在普惠金融类产品中,针对 C 端的产品主要有"微众银行 App"和"We2000",针对中小微企业的产品有"微众企业爱普"。

微众银行拥有 QQ 和微信两大王牌流量平台作为 C 端流量入口,据腾讯 2019 年财报披露,微信及 Wechat 的合并月活跃用户人数达到 11.65 亿次,QQ 智能终端月活跃用户人数达到 6.47 亿次。基于海量的用户社交数据,微众银行的获客成本几乎为零。

海量的用户基数正是微众银行迅猛发展的基石。2017 年末,成立仅 3 年的微众银行授信客户已经达到 3400 万户,实际贷款客户 1200 万户;2018 年末,微众银行的有效客户数超过 1 亿户,微众银行服务个人客户超过 2 亿户;2019 年末,微众银行管理贷款突破 4400 亿元;到 2020 年,微众银行有效个人客户数已经突破 2.7 亿,而同期的招行,截至 2021 年 6 月末的零售客户数量也只有 1.65 亿户(含借记卡和信用卡客户)。[①]

(二)微众区块链 WeDPR-PPC 多方大数据隐私计算平台

1. 微众银行"区块链+隐私计算"发展历程

早在 2015 年,微众银行便开始探索区块链。2017 年,微众银行将成果全面向产业开源。截至 2021 年 5 月,已经正式发布了超过

---

① 《张化桥:微众银行——互联网流量巨头的泡沫难复制》,网址:https://baijiahao.baidu.com/s?id=1708238053818707663&wfr=spider&for=pc(上网时间:2022 年 12 月 12 日)。

10 个主要开源项目。微众银行在区块链领域已经构建了"一揽子技术",支持各种产业应用。

近年来,微众银行深耕隐私计算。在区块链领域,如何对隐私计算技术进行融合应用成为微众银行关注的重点。

研究隐私计算技术并非偶然,隐私计算与区块链有着相辅相成的关系。

隐私计算与区块链都需要多方参与,共同协作,这种共同点成为两种技术融合的基础。隐私计算在多方协作中需要数据确权,而区块链能够通过分布协作、共识机制以及智能合约等工具实现数据的互信,同时帮助衡量参与多方的贡献价值。因此,区块链可以很好地辅助隐私计算。相对而言,区块链本身作为分布式账本数据库,在数据流动的过程中也存在隐私问题,参与多方有可能暴露交易过程,隐私计算也可以反过来支撑区块链。

而相比传统信息化技术,隐私计算目前仍处于早期发展阶段,属于一类技术门槛较高的前沿数据处理技术。行业中缺乏可开放访问的相关基础设施和体验环境。

如何兼顾发展和安全、平衡效率和风险,在保障安全的前提下发挥数据价值,是当前面临的重要课题。微众银行选择创新。

2020 年,微众银行率先开源 WeDPR。

WeDPR 是一套由微众银行自主研发的场景式隐私保护高效技术解决方案,依托区块链等分布式可信智能账本技术,融合安全多方计算、同态加密、零知识证明、选择性披露等算法。WeDPR 满足多变业务流程,可应用于开放数据平台、敏感黑名单互通、联合风控、匿名投票、安全支付和隐秘竞拍等典型场景。

WeDPR 首次提出了 5C 隐私保护,即 Credible 透明可信、Controllable 易用可控、Compliant 合规可管、Composable 集成友好、

Concentrated 场景聚焦。5C 模式能够对用户数据生命轮回地收集、存储、披露、遗忘、恢复进行全方位保护，提供多场景的隐私保护解决方案，有效解决了业务需求多样化和部署异构化的矛盾，为隐私保护提供了新的解决思路和落地模式。

2021 年，微众银行开放了自研的多方大数据隐私计算平台 WeDPR-PPC。

WeDPR-PPC 平台结合了区块链和安全多方计算的优势，在确权、授权和维权的全生命周期管理下，能够完成多方数据的联合报表、联合计算、隐私查询、联合建模和预测等功能。WeDPR-PPC 平台具备十亿级别的大数据处理能力，支持任意多方的隐私数据跨域协作。同时，WeDPR-PPC 提供横向通用性计算能力和纵向定制型计算能力覆盖全域场景，满足海量数据商业应用场景需求。

在工信部信通院最新一批"大数据产品能力评测"中，WeDPR-PPC 首批通过"区块链辅助的隐私计算产品"权威评测，安全性、性能、功能全面符合国家级测试标准。

2."区块链+隐私计算"业务流程

区块链和隐私计算作为与数据安全密切相关的两大类前沿技术，为金融行业带来了传统信息处理技术难以实现的数据安全保护效果。在金融领域，微众银行应用"区块链+隐私计算"的业务流程主要有三大类：授权管理、黑名单对比和联合计算。[①]

第一，授权管理。核实数据授权信息的有效性，是开展数据相关业务的首要前提。传统的基于纸质文件的授权流程，无论是授权

---

① 《区块链+隐私计算：科技驱动数据安全体系建设》，网址：https://mp.weixin.qq.com/s/Y-8oCl ADrqY7rucSYn8kVw（上网时间：2022 年 12 月 12 日）。

中签署还是授权后核实，都存在显著的效率瓶颈。授权电子化之后，虽然解决了效率问题，但同时也带来了授权记录容易被篡改的风险。区块链技术能够大幅降低被篡改的风险。针对链上权限治理复杂和敏感信息难以直接上链的问题，可以进一步融合分布式数字身份、链上链下数据协同、密文审计等配套技术，结合实际业务和合规需求，构建数据分布式可信分级授权治理系统。

第二，黑名单比对。基于名单比对的业务异常检测，是反洗钱、反欺诈合规流程中的主要手段。鉴于金融机构客户名单的敏感性，对于高敏感和获客成本高的业务，金融机构并不想泄露任何客户名单明文信息或者可以被技术破解的密文信息。但是，为了完成黑名单比对，必然需要在多个金融机构之间交换各家机构的黑名单客户信息。传统的流程手段和信息处理技术难以满足此类数据安全要求，但是基于隐私求交、匿踪查询的前沿隐私查询技术可以完全支持，实现黑名单比对过程中的数据最小化披露。

第三，联合计算。风控和营销目前是其主要的金融应用场景，对应的目标分别是识别高风险客户和发掘潜在客户价值。本质上，两者都是联合多方数据进行计算，提升用户画像的效率和准确性。但是，基于数据安全合规要求，不同机构之间甚至同一集团下的不同子机构之间的金融数据往往无法互通。传统信息处理技术需要对数据明文进行汇集，因此难以应用。此时，应用安全多方计算和联邦学习技术可以在满足数据明文不离开本机构的合规要求下，实现跨机构隐私安全的联合计算。

第四，以风控为例，目前主要存在两类协作模式。第一类模式中，发起机构拥有完整的风控模型，对于每次风控请求，发起机构将风控模型发送到合作机构，合作机构将自身数据注入该模型进行本地计算之后，向发起机构返回最后的评分结果。对此，可以基于安全多方计算技术，对发起机构的关键模型参数与合作机构的数据明文进行保护，同时还能进一步对每次联合风控评分计算过程的正确性进行验证，杜绝因模型误用带来的操作性风险。第二类模式中，发起机构只拥有部分风控模型，对于每次风控请求，发起机构需要基于联邦学习技术，请求合作机构进行协同计算，最终获得评分结果。

3. "区块链+隐私计算"落地应用

案例1：隐私计算+联合风控评分

数据方在进行风控、定价、营销时，缺乏相应模型来分析、评估用户各维度数据，而模型方，则希望能持续使用外部数据来检验并更新自身风控模型，以提升模型质量。双方诉求的满足，需数据方与模型方协作进行联合预测。然而，各机构的数据对于本机构来说属于核心资产，数据、模型直接互通牵涉利益和合规风险，实际场景中，各机构数据往往不能出库，难以实现跨机构的数据互通。

微众银行"隐私计算+联合风控评分"场景解决方案，为上述难题提供解题思路。该方案中，数据方与模型方优势互补，开展协作预测，可基于安全多方计算（MPC），在密文形式下进行数据、模型参数的传输与计算。同时，借助区块链的可信数据治理机制，将隐私计算全流程涉及的参与方身份、数据源、模型源、关键中间计算结果与隐私计算结果的哈希进行存证审计，合法合规地最大化了自由数据价值，支持大数据多方协同生产。

联合风控评分的应用具有以下优势：

业务提效：汇集多数据源与模型源，实现优势互补的数据协作，降低坏账率，提升风控评估质量；

第七章　BigTech 的隐私计算布局

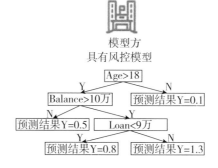

图 7-4　联合风控评分示意图

资料来源：微众银行

功能完善：支持多种主流的模型预测算法，包括逻辑回归、神经网络、决策树等；

性能优异：可支撑大规模数据下的金融风控预测；

安全合规：数据与模型参数的原文均不出库，保护数据安全与模型安全，满足合规要求；

灵活易用：支持多种部署及调用方式，模型方可直接载入现有模型，实现对模型的高效调用。

案例 2：匿踪查询

匿踪查询，也称隐私信息检索，是指查询方隐藏被查询对象关键词或客户 ID 信息，数据服务方提供匹配的查询结果却无法获知具体对应哪个查询对象。数据不出门且能计算，杜绝数据缓存、数据泄露、数据贩卖的可能性。

WeDPR-PPC 匿踪查询方案基于不经意传输、隐私求交等隐私计算技术，当数据方对查询方所查用户进行隐私检索时，仅返回是否检索成功，但无法获知所查用户身份，实现匿踪查询的目的。区块链有助于实现可信身份验证、数据治理与存证审计。

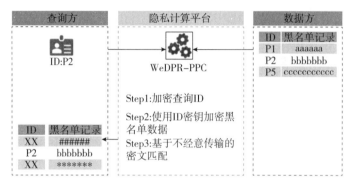

图 7-5　WeDPR-PPC 匿踪查询方案示意图

资料来源：微众银行

WeDPR-PPC 匿踪查询方案应用场景广泛，如金融反洗钱反欺诈、疫情健康数据查询、身份核查等多个业务场景，适用于在查询过程中需要保护所查信息隐私的各类场景。

4. 未来发展

微众银行一直走在人工智能、区块链以及隐私计算的行业前沿，拥有丰富的成果，如联邦学习全球首个工业级开源框架 FATE、行业主流的国产区块链底层开源平台 FISCOBCOS、隐私保护解决方案 WeDPR 及其多方大数据隐私计算平台 WeDPR-PPC。

区块链与隐私计算的融合是必然趋势，对于其未来发展，微众银行做出三点规划：

第一，关注 C 端、B 端、G 端主体，缺一不可。这个关注不仅是自己使用数据时的便利性，更强调全流程，穿透数据的上下游。

第二，重点关注场景，聚焦痛点、难点，逐步稳健构筑完善的隐私保护体系。

第三，实现标准化和普及化，以推动新技术和新理念的规模化落地。这里包括相关的行业标准、评测体系。

在未来，微众银行将持续创新数据安全保护方案，打破数据保护与价值流转难以兼顾的困局。微众银行将借助分布式可信分级授权治理、数据最小化披露和全密态数据计算等核心技术能力，减少事后追责成本，以提升数据安全流程可行性和实施效率，促进数据生产要素价值的发掘创新。

2022年4月，微众银行发布全新品牌"微众区块链"，提出了"构筑ESG可信基础设施，促进公平与可持续"的新使命。针对ESG对可信数据与隐私保护等方面的需求，微众区块链将集中攻关隐私计算、可信治理、分布式数字身份等关键技术。

四、腾讯集团

腾讯集团目前以两种方式参与隐私计算：作为数据源加入联邦学习生态和通过腾讯云平台搭载隐私计算产品。其中，Angel Power FL、腾讯云安全、Tecent Blade 负责产品研发，而腾讯云部门下设团队和腾讯广告负责产品的市场推广。

（一）Angel Power FL

1. Angel Power FL 的发展历程

隐私计算技术是腾讯在研发第四代大数据平台时融入的核心技术。

腾讯作为拥有多款国民级应用的企业，每日接收各软件活跃用户产生的海量信息。为了挖掘信息价值，腾讯自 2009 年便自主研发大数据处理平台。

2009 年，腾讯开发的第一代数据平台实现离线计算，可以支撑小时或天级别的处理任务；2012 年，第二代数据平台完成离线到实时计算的转变，平台处理性能优化为毫秒级别；2015 年，第三代大数据平台以自研的 Angel 高性能计算平台为标志，向机器学习、深度学习演进。相比于前两代平台，Angel 框架可以支持 10 亿维度的算法训练并处理非结构化的数据。

由于 Angel 框架被广泛铺设于微信支付、QQ、腾讯视频、腾讯社交广告及用户画像挖掘等业务中，多部门、多方企业对联合建模提出了更高的隐私保护要求。以业务驱动，腾讯于 2020 年筹划第四代大数据平台"天工"并于 2021 年 4 月正式发布。该平台希望以安全的形式打通数据孤岛，打造安全、智能、统一的新型数据基础设施。其中，隐私计算技术确保机器学习和大数据分析在各个场景中落地时调用数据的安全。

2. Angel Power FL 的产品特点

Angel Power FL 安全联合计算平台是第四代大数据平台"天工"的核心产品。

Angel Power FL 能够为用户提供领先的隐私计算能力。

首先，平台使用同态加密算法，采用更安全的去中心化的架构。研发团队使用同态加密算法处理多方交互的模型参数，随后直接发送给数据接收方；数据接收方仅在密文上完成训练所需的计算，然后将结果返回；研发团队对计算结果解密后能获取与对原始数据执行同种计算后相同的结果。在整个协同建模中，接收方始终无法获知研发团队的原始数据，因此有效避免了单点数据泄露的风险。其中，Angel Power FL 采用 3072 bit 高强度同态加密计算，远超金融监管的 2048 位加密级别要求。

其次，Angel Power FL 安全联合计算平台能轻松处理海量数据。Angel Power FL 平台构建于腾讯开源的 Angel 分布式机器学习框架之上。Angel 机器学习框架采用参数服务器架构，本身解决了上一代框架扩展性的瓶颈；同时 Angel 框架可实现异步并发计算，相比于 Spark（上一代分布式计算平台），更适用于超大规模的数据训练。例如，基于 Spark，跑一次模型需要一天，并产生 1k 的话题；而在 Angel 上，200 多亿个文档、几百万个词、3000 亿的 Token，1个小时就跑完了。当 Angel 框架结合隐私计算技术后，Angel Power FL 平台可以在安全的环境下，在一小时左右完成千万级数据的 XGBoost 模型训练，十分钟左右完成千万级数据的预测。

除此之外，Angel Power FL 平台的功能完善、简单易用。Angel Power FL 平台提供从安全样本对齐、特征工程、联邦算法打分到模型训练等全自动化功能组件。另外，底层框架 Angel 提供丰富的算法库，例如 LR、SVM、LDA、GBDT 等，和友好的编程界面，能与 MR、Spark（两种常用开源分布式计算平台）对接。因此，用户可以在同一平台上搭建深度学习、图计算等多种框架，开发多种应用；实现多方、单项、非对称等多种联邦模式并且避免了框架替换的不适应。

当前，Angel Power FL 安全联合计算平台已应用于金融风控、广告、医疗、政务等场景，并取得了较好的应用效果。

以金融风控场景为例，某大型金融服务机构与腾讯建立合作，在原始数据不出本地的情况下，联合多方数据构建信贷风控模型。相比于传统单侧数据建模，联邦建模在 AUC 和 KS（模型准确度判断指标）上分别有 5%、16% 的提升。即隐私计算技术既提升了模型准确度，又满足了金融场景下更为苛刻的数据隐私要求。

在视频推荐场景中，传统情况下，由于视频 App 的新用户首次登录时不存在历史浏览、播放记录，因此无法生成用户画像，也就不能对其实现精准视频推荐。基于 Angel Power FL 平台，利用另一方（或用户画像库）中存有的该用户的样本标签数据，就可以帮助 App 实现针对新用户的智能推荐，帮助解决新用户"冷启动"问题。同时用户数据不出本地，充分保证了隐私性。在实际场景中，Angel Power FL 平台实现了新用户次留率 21.82% 的增长，新用户使用时长 3.47% 的提升，以及曝光成本和转化成本 13.48%、3.23% 的降低，有效解决了新用户召回问题。

基于在大数据、机器学习、分布式、安全加密等技术领域的技术积累，Angel Power FL 团队在国际顶级隐私计算比赛 iDASH 2020 中斩获冠军。为未来以安全的方式实现多方数据协作，解决数据孤岛问题，进一步释放数据价值提供技术可能性。

（二）腾讯云安全

"神盾—联邦计算"是"天工"大数据平台系统内另一个核心产品，并于 2021 年初升级为"腾讯云安全隐私计算平台"。

"腾讯云安全隐私计算平台"是针对数据孤岛难题研发的。当前，法律合规要求和信任问题严重阻碍了企业间的数据流通。各行业用户获取成本居高不下，银行信用卡不良用户占比全面上升，金融信贷审核成本陡增，AI 发展也遭遇了前所未有的瓶颈。为了实现企业间合规、高效、无损的数据合作，"神盾—联邦计算"于 2019 年诞生，并在当年年底通过了信通院的安全测评。

腾讯云安全隐私计算平台是一个基于联邦学习、多方安全计算、区块链、可信执行环境（TEE）等安全技术的分布式计算平台。产品使原始合作数据不出本地便可实现联合建模、安全求交（PSI）、隐匿查询、安全统计分析等功能。

腾讯云安全在隐私保护技术领域做了深入的基础研究，取得多项突破性成就。

第一，腾讯云平台首创非对称联邦学习框架。纵向联邦学习包括 ID 对齐和加密模型训练两个步骤。对于 ID 数偏少却包含较多业务信息的参与方而言，在样本对齐环节，ID 信息泄露的风险较高。为了解决此难题，腾讯云将 ID、特征、标签 3 要素的全方位保护作为第一要务，即非对称联邦学习，降低了参与方暴露样本 ID 的风险。

第二，腾讯云改造原始的联邦协议，实现多方联邦且剥离了中间方。业内现有的联邦协议和算法涉及可信第三方。为了规避合谋风险，腾讯云排除任何中间方，包括云安全隐私计算平台本身，最大化保障合作双方数据安全。另外，腾讯云通过对联邦协议定制化的改造，目前已稳定支持三四方联邦。

第三，腾讯云平台首创单项网络策略。主流联邦协议要求参与方的网络实现多方互通，但造成数据敏感行业被恶意攻击的概率攀升。如果银行开放了外界访问内部网络的入口，黑客很可能通过扫描端口，伪造数据包来源 IP 等方式对银行发起恶意攻击。然而，在腾讯云安全隐私平台上，银行只开放出口权限，如动态出口 IP、动态端口映射，而腾讯提供单项联通架构。金融机构通过私有化部署可以进入访问数据合作方，但合作方无法反向访问，最大化地保障了金融机构环境安全。

目前，腾讯云隐私计算平台已实际应用于跨机构数据合作、银行信贷、保险、广告 RTA（实时应用程序接口，决定是否投放广告）、政务、在线教育等多个场景。

（三）Tecent Blade

2005 年，Tecent Blade 团队由腾讯安全平台部成立，是一支建设和维护网络基础设施、对抗黑客攻击的团队。目前，Tecent Blade 在账号安全、反欺诈，以及可信计算、人工智能、物联网、移动互联网、云虚拟化技术、区块链等前沿技术领域积累了丰富的安全研究成果。

Tencent Blade 团队基于对各系统漏洞的研究，服务腾讯全线的产品。世界上的黑客分为攻击网络系统的"黑帽子"和防御攻击的网络安全专家"白帽子"，Tencent Blade 的团队便是由 200 人以上的"白帽子"组成的。当团队发现部分厂商和开源社区的软件和设备存在安全漏洞时，Tencent Blade 将形成报告发送给厂商，并积极建立合作，共同修复安全漏洞。当漏洞修复方案确认无误，且厂商发布安全补丁后，Tencent Blade 有可能会对其披露更多的漏洞细节。如果厂商在发送首版漏洞报告后仍未表达实质性的合作意向，或厂商仍未修复漏洞，Tencent Blade 将保留公开漏洞细节的权利。但，Tencent Blade 会将前期对漏洞的分析和披露细节提供给腾讯内部的业务和安全团队，帮助内部建立主动防护措施，保护腾讯 10 亿用户的安全。

对外，Tencent Blade 团队目前已向 Apple、Amazon、Google、Microsoft、Adobe 等诸多国际知名公司报告了 200 多个安全漏洞，并与之建立了长期友好的合作关系。以 Google 为例，2017 年 Tencent Blade 团队打破了 TensorFlow 框架零漏洞的纪录。当时 TensorFlow 深度学习框架已被不少人使用，但少有人关注其安全问题，腾讯安平内部兴趣小组却一连发现七个安全漏洞。典型的是，黑客构造恶意的虚拟文件，框架一旦读取文件就会被攻破，黑客从而控制整个系统；另外，框架使用的第三方库涉及的处理协议也会溢出，导致框架被黑客控制。之后，Tencent Blade团队将问题报告给Google。由于Google缺乏漏洞的反映渠道，腾讯不仅协助其系统的安全维护，也帮助其建立了完善的漏洞报告机制。

对内，Tencent Blade在隐私计算领域，对TEE技术的研发成果服务于Angel Power FL安全联合计算平台和腾讯云安全隐私计算平台。据了解，Angel团队治理通用平台的搭建，腾讯云团队主要收集客户端需求对通用框架作定制化改造，但其工作限于软件范围。目前两种平台能保证硬件上的安全性，得益于Tencent Blade TEE研究成果的运用。

（四）腾讯云数链通

数链通是腾讯云区块链推出的结合区块链和隐私计算技术的数据共享与可信计算平台。在保证数据安全和隐私保护的前提下，腾讯云数链通实现了多参与方数据可信共享、协同计算，包括数据目录共享、数据项管理、数据授权管理、可信交换管理等功能；利用区块链技术，连接数据使用方、提供方和监管方等，实现身份数据、数据目录授权、可信计算、密文数据交换和共享等链上操作，从而保障数据流通的有序性、安全性。

2019年11月，在中信通院、中国通信标准化协会、可信区块链推进计划共同主办的2019可信区块链峰会上，数链通入选了2019可信区块链高价值案例。

在2021年11月的2021腾讯数字生态大会上，腾讯与英特尔联合发布了数链通升级版本，新版本在可信执行环境中采用英特尔SGX（Intel Software Guard Extension，软件防护扩展）技术。

根据介绍，数链通有以下几个特点：首先，对数据进行一致性表达，支持多种数据表述方式，包括数据目录、元数据描述、数据样例等，这些在链上均可获取；其次，通过数据的实时计算，数据内容和结果加密上链，链上授权和链下权限进行对接，实现链上数据隐私保护；再次，支持联合建模，通过多方数据操作实现可信安全计算；最后，操作全程可追溯，从而能够满足对整个数据链路、数据处理、数据交换过程的审计及监管需求。

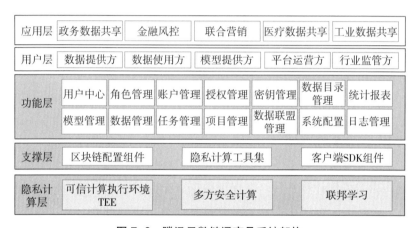

图 7-6 腾讯云数链通产品系统架构

资料来源：腾讯云区块链

据介绍，腾讯云数链通产品的核心优势包括：一是安全性上，原始数据不出域，数据输入、运算和结果输出全流程可信环境密态保护；二是性能上，结合芯片级可信安全计算能力，能快速满足业务迭代变化，支持亿级海量数据计算；三是使用便捷性上，开发接入门槛低，支持主流数据源和数据服务，部署方便，使用简单；四是扩张性上，可基于不同场景做模块化定制和能力拓展。

数链通已经在政务数据、医疗数据、金融数据、气象数据、出行数据、广告数据等多个领域实现了落地应用，帮助数据提供方、业务需求方和增值服务方实现更多数据价值。

五、百度集团

作为拥有强大互联网基础的领先 AI 公司，百度探索和应用多种隐私计算技术，其中包括联邦学习、可信执行环境、多方安全计算等。2012 年 3 月，百度发布《数据安全策略》，数据安全被首次纳入百度安全管理体系建设。2018 年 5 月，百度正式成立数据隐私保护委员会，承担数据合规管理责任，负责数据隐私相关重要问题的战略决策。隐私计算技术已经成为百度重要的底层技术基础，目前已经被部署在百度智能云、百度安全、百度超级链等平台上，并结合多种技术推出各种解决方案实现落地应用。

除了百度智能云、百度安全、百度超级链，百度旗下度小满也利用隐私计算来使用不同企业的数据，以更好地理解用户。

（一）百度智能云

1. 平台介绍

百度智能云于 2015 年正式对外开放运营。为提高数据安全流通与隐私保护，百度智能云部署了多种隐私计算技术，包括多方安全计算、联邦学习、可信执行环境等技术能力。在多种技术的支持下，百度智能云还支持多方数据安全共享、开放、融合及建模计算，进而赋能政务、金融、营销、医疗等行业客户，以满足多场景的业务需求、解决数据融合应用难题。

百度智能云安全持续接轨全球法规政策、行业标准要求。目前已通过了几十项权威认证，其中包括 ISO 29151（国际个人身份信息保护标准指南）、ISO 27018（公有云服务商保护个人信息安全的标准）、BS 10012（个人信息管理体系标准）和 ISO 27701（隐私信息管理体系标准）等。

此外，百度智能云与区块链平台融合，推出了可信存证、可信版权保护、可信跨链平台、可信计算平台、可信数字身份等解决方案。这些平台通过将区块链技术纳入云计算与隐私计算的过程，推动隐私计算在各种场景中落地。以可信计算平台为例，通过在服务层融入多方安全计算、联邦学习、可信执行环境、安全隔离域、区块链等技术能力，保障数据安全和用户隐私，并支持多方数据安全共享、开放、融合及建模计算。目前，该解决方案已被应用到联合征信、联合政务和联合营销场景。

2. 隐私计算技术优势

可信执行环境 TEE 保证计算数据安全：加密数据仅在 TEE 能够解密，不受外界干扰和监控。计算结果定向加密上链，数据处理算法可验证，只有接收方能够解密。任务完成后，TEE 销毁相关数据，降低数据泄露的风险。

区块链降低协作成本：作为存证账本，保证数据公开透明、不可篡改，智能合约实现自动结算。

多方协作提高合作灵活性：任务请求数据经混淆处理，隐藏确切的计算目标。协作方验证存储数据的 TEE 合法性，保证贡献的数据不会泄露。

（二）百度安全点石隐私计算平台（MesaTEE）

1. 平台介绍

百度安全是百度公司旗下，以 AI 为核心、大数据为基础打造的安全品牌，是百度在互联网安全 21 年安全实践的总结与提炼下的产物。百度安全首创 AI 安全 Security、Safety、Privacy 3 大维度，研究方向涵盖 AI 安全、云安全、数据安全与隐私保护、物联网安全等前沿安全领域。

百度点石数据安全及隐私保护方案是基于百度内部数据安全及隐私保护业务场景以及合作伙伴业务实践，整合数据脱敏技术、多方安全计算、机密计算、联邦学习、安全数据沙箱等技术，沉淀形成的数据安全及隐私保护解决方案，可以在"原始数据不出域""可用不可见"的基础上实现政务数据共享与开放。

2019 年百度安全实验室推出 Teaclave 隐私安全计算平台，并在 Apache 软件基金会中孵化开源。Teaclave 成为业界首个包含远程认证、多方隐私安全计算等多种安全能力的开源隐私计算平台，服务数十家公司和多个开源项目的核心组件。

目前，MesaTEE 安全计算平台是百度安全在隐私计算面向企业落地的重要平台。在 2018 年百度世界大会上，百度和英特尔共同宣布推出了百度安全点石隐私计算平台（MesaTEE）内存安全的可信安全计算框架。通过结合百度 Hybrid Memory Safety 高级内存安全技术模型和英特尔 SGX（Software Guard Extensions）的硬件安全保护，MesaTEE 安全计算平台是强安全、高性能、易扩展的芯片级数据安全计算解决方案。

2. 落地应用

跨部门、跨机构的政务数据共享：某市级政府机构，采用百度点石数据安全及隐私保护方案，打造全新的安全技术防护体系，在"数据不出域""可用不可见"的基础上，安全拉通近 50 个委办局、社会面机构，打破部门信息壁垒，形成政务纵向互联、横向互通、与社会面数据融合开放的数据共享与开放网络。

金融机构贷款风控：银行对客户缺乏全面的了解，通常只有央行征信报告；数据分布倾斜严重，有重复表现的客户小于10%，70%的客户无任何信用表现。通过百度点石数据安全及隐私保护方案，利用票据公司的发票数据、××征信分等标签属性的交易数据进行联合建模，预测小微企业信贷逾期概率。达到小微企风控模型AUC提升12%，模型日均调用量50万多，贷后不良率低于业界水平均值10%，坏账率大幅度降低的效果。

3.隐私计算技术优势

安全稳定：借助芯片级硬件的保护方案和独创的混杂内存安全模型，从根本上解决各类非法攻击和内存安全问题，最大限度保障数据机密性与完整性。

性能突出：基于分布式安全计算架构，相比传统密码学MPC技术快数十倍以上，在没有参与方限制的情况下，支持亿级海量数据计算。

操作灵活：内置多种常用机器学习算法和特征工程工具，以及标准的Python语言和SQL操作，通过可视化操作满足大部分场景的数据计算问题。

灵活部署：容器化部署方式，支持私有化、云端化以及安全一体机，且支持可信区块链以插件化方式连接。

（三）百度的超级链（XuperChain）

1.平台介绍

百度的超级链技术是百度拥有完全自主知识产权的区块链技术，该技术从2019年5月起开源。隐私计算是百度超级链提供的结合区块链技术的数据安全计算服务,通过可信执行环境、安全多方计算、区块链、联合计算等技术嵌入计算引擎,实现数据的生产、存储、计算、应用的全流程安全可审计,保证多方协同中数据"可用不可见"和过程"可信可追溯"。

该平台能够帮助客户打破数据孤岛,并已建起活跃的开源社区。目前应用场景已经覆盖联合征信、政务数据、联合营销、智能选址、医疗数据、科研项目等。在政务、司法、医疗等20多个领域广泛落地。

2. 落地应用

浦发银行生态建设:百度超级链的可信计算平台赋能浦发银行多方数据生态联盟,与其共同建设可信任的数据协作生态联盟。该落地促进社会层面的更大范围的数据互联互通,建设浦发银行开放银行战略下的可信、安全、隐私、繁荣。

某银行支行选址:百度超级链基于多方、多维度数据及隐私计算技术,为某行提供专业的支行选址解决方案。通过行业领先的大数据、区块链、隐私计算模型算法助力快速精准选址,使得选址效果更全面、更科学、更高效。

3. 隐私计算技术优势

区块链全流程保全:通过百度自研区块链技术实现数据存储、传输、计算、结果全程上链。所有数据操作记录链上可查,确保数据无篡改、可追溯,使得多方数据协同计算过程更加可信。

软硬件方式结合:隐私计算包含可信计算、安全多方计算、联合计算等多种方式,可进行软硬件结合,实现数据原文不出本地即可在可信硬件环境中完成安全高效的计算、建模任务。

丰富的生态基础：百度拥有很好的生态基础及丰富的合作伙伴生态能力，通过将数据生态和隐私计算相结合，为客户提供更全面、更完善、更安全的数据计算服务。

丰富组件：提供去中心化随机数、去中心化密钥管理等丰富组件功能。各组件间相互解耦，可对用户系统进行功能强化，并可根据用户个性化需求定制开发。

（四）百度的数据生态

在原有的搜索与信息流基础上，百度推出移动生态，并提出X+Y战略。在X的横向层面，丰富搜索、信息流、长视频、短视频、直播等多场景流量获取入口。在Y的纵向层面，深入拓展医疗、知识等多个垂直领域，培育优质内容与应用场景。

作为中国最大的以信息和知识为核心的互联网公司，百度的搜索大数据能够真实地记录用户搜索行为的变化，揭示当下民众真实的消费需求与消费意愿。因此，挖掘这些流量也能够为企业预测市场趋势、把握消费需求演变提供极大的参考价值。如今百度在包括百科、知道、文库等内容方面已积累了超十亿条高质量内容。百度百科、百度知道、百度文库仍然分别是全球最大的中文百科全书、互动问答平台和文档分享平台，作为百度移动生态的重要组成部分，其价值也被二次释放。围绕用户对信息和知识的需求，百度构建了一个以信息和知识为核心，以百家号、智能小程序和托管页为3大支柱的移动生态。

根据2021年百度发布的第二季度财务报告，百度App庞大的用户规模和其"搜索+信息流"双轮驱动的分发渠道，正在吸引更多的内容创作者，目前达到420万，形成了供需相长的正向循环。百度智能小程序入驻智能小程序的数量达到66万，月活超百万的智能小程序有 233 个。百度 App 月活跃用户人数达到 5.8 亿，每天登录用户超过 77%，来自百度 3 大支柱之一的托管页收入占百度核心在线营销服务收入的比重进一步提升，比例增长至 40%。

纵向来看，百度深入如健康、教育、电商零售等诸多行业。如在健康数据中，百度健康问医生单日在线问诊量突破 200 万，同比增长 47%。此外，百度还和公立医院、医生合作建立了公立医院医生信息库，目前百度健康每日服务超过 1 亿用户，日均内容检索量达到 2 亿次。又如，从物流来看，用户搜索快递信息涵盖营业点电话、小程序、表单填写、交易流程等。这样的明确服务类诉求，每天超过了 10 亿次。

（五）百度隐私计算未来发展规划

百度将持续把隐私计算融入多种技术发展，智能技术及云计算是百度研发和应用隐私计算的重要技术，百度将继续推动隐私计算与云上 AI 安全技术的融合。此外，区块链技术是隐私计算的有效配套技术，百度超级链将继续加速融合区块链与隐私计算技术，推动隐私计算的快速且安全应用。

目前，百度共主导开源 1000+ 项目、10000+ 社区贡献者、30 万 + GitHub Star，多个项目已经广泛应用于实际业务生产。在未来，百度将继续推动隐私计算开源，协同行业一起发展。

六、华为集团

根据目前的公开资料，华为集团的隐私计算业务主要是分布在两个板块：华为手机和华为云。

（一）iTrustee

iTrustee 是华为提供的终端可信运行环境 TEE，可以保证加载到该环境内部的代码和数据的安全性、机密性以及完整性。华为手机将指纹解锁、指纹支付、手机盾、天际通、华为钱包、查找我的手机等功能置于 iTrustee 的保护下，保护用户的隐私和数据安全。2018 年 2 月，华为 TEE OS–iTrustee V2.0 获得全球权威信息技术安全性评估标准 CC（Common Criteria for Information Technology Security Evaluation）EAL2+ 级别认证，这是国内手机首次获得该认证。

（二）华为云可信智能计算服务 TICS

2021 年 4 月，在华为开发者大会 2021（Cloud）上，华为云推出可信智能计算服务 TICS（Trusted Intelligence Computing Service）。根据华为云官网，TICS 基于可信执行环境、安全多方计算、联邦学习、区块链等技术，实现隐私数据"可用不可见"以及跨行业的可信数据融合与协同。

华为云官网展示了 TICS 的四个优势。

一是多域协同，支持在分布式、信任边界缺失的多个参与方之间建立互信联盟；支持跨安全域的多方数据联邦 SQL 分析和联邦建模；支持华为云（同 Region、跨 Region）、边缘节点、混合云多种部署模式。

二是灵活多态，支持对接多种异构数据源，打通分散数据，灵活进行多方数据安全计算；支持对接主流机器学习和深度学习框架。支持控制流和数据流分离，采用有向无环图实现多个参与方数据流自动化编排计算。

三是自主高效，自研 UTEE 系统，实现高级语言（JAVA 等）跨 SGX、Trustzone 等平台可信运行环境；支持标准 SQL 语法，实现多方数据安全可控联邦分析。建模算法与安全算法深度协同优化，建模效率领先业界标准。

四是安全隐私，自研 LR、Xgboost、神经网络等 AI 算法与密码学算法深度结合，实现联邦建模数据深度加密保护；运用联邦 SQL 分析和联邦建模全链路隐私保护策略，实现数据"可用不可得"；基于区块链智能合约的数据确权和存证，实现数据使用的可审计溯源。

华为云官网还介绍了 TICS 的应用场景：包括政府数据共治、金融联合营销、政企联合风控及使能数据交易（交易数据使用权而非数据本身）。

2020 年 12 月，TICS 通过了中信通院的可信执行环境计算平台全项能力测评。

七、京东集团

（一）京东隐私计算发展历程

京东是最早部署隐私计算的巨头公司之一，也是中国隐私计算行业发展的重要参与者。2020 年 12 月 18 日，由中国信通院牵头发起的隐私计算联盟正式成立。京东云作为中国隐私计算联盟首批成员，也参与了工信部、信通院、金融产业联盟等行业的隐私计算标准制定工作，在基础技术产品方面持续地推进隐私计算在新产品和新技术上的应用。

早在此前，隐私计算就已经被纳入京东的技术端。京东数科于 2019 年 7 月推出了资管科技品牌 JT2 智管有方 2.0。JT2 智管有方平台是基于京东大数据及 AI 能力，为客户提供"科技＋服务"一体化的云地结合资管系统，围绕客户服务能力、投研、投资管理能力提升,形成中后台管理专业性和效率提升的价值链,助力客户资管领域的数字化战略实施。其中,JT2智管有方2.0的架构包括共识与加密的隐私计算技术。

除了内部积极开发隐私计算技术,京东也同时积极向外部寻求发展隐私计算技术。2020年7月,京东数科宣布与中国专注隐私的分布式账本提供商ARPA联合开发一个基于区块链的网络,以保护其客户的财务数据。ARPA是一家专注于隐私计算的研发型企业,公司的核心产品为基于密码算法的大数据隐私计算平台,赋能企业间高价值数据的安全查询、联合分析与模型训练,可应用于金融联合风控、黑名单查询、跨部门数据协同等众多场景。在隐私计算技术的协助下,京东数科的资管科技平台可以为金融机构(即客户)提供多种类型的金融模型,用于产品定价、风险控制等。

目前,除了在技术端的应用,京东的隐私计算还成为产品端的重要应用。2021年2月,京东科技集团自主研发的联邦数字网关系统顺利完成信创环境兼容性测试与适配认证——这是业内首个获得信创兼容性认证的智慧城市安全数据共享、隐私计算类产品。京东科技联邦数字网系统支持跨域建模,对模型和数据等服务联合运营,在设计架构上也整合了大量数据交互和安全相关功能。6月,联邦数字网关系统已获得飞腾、龙芯、兆芯、申威、海光、鲲鹏等全部6大主流国产信创芯片版操作系统的兼容认证,成为智慧城市安全数据共享领域获得全面信创适配认证的产品。

2021年7月,京东云峰会上发布的产品京东万象+隐私计算平台,代表了隐私计算进入了被应用到商业模式上的一个重要阶段,也是京东在隐私计算产业落地的重大突破。京东万象是京东云在已有的云计算平台基础上,融合了隐私计算技术,围绕数据提供方、数据需求方、数据服务方等多方,构建了以数据开放、数据共享、数据分析为核心的综合性数据开放平台。该平台已通过了中国信通院的隐私计算产品能力的评测。

（二）京东的数据生态

从京东的数据生态方面看，京东推出的京东万象平台旨在为引入全行业数据，为数据服务方和数据需求方、数据提供方三者间建立平台互动，实现各自对数据价值的体现。据京东万象数据平台统计，京东万象目前已拥有超过 400 个数据提供商，超过 1 000 个数据源，和超过 100 个数据标签，所拥有的数据权威且全面，类型主要涵盖金融征信、电商、质检、海关、运营商等领域，并且正在逐步开放和引入政府各种权威的数据。京东万象是京东旗下一个数据资源的集合平台，了解京东万象的数据产品能够很好地了解京东数据生态。

京东万象的数据来源主要分为三部分：第三方数据、京东内部数据（京东金融和京东云）、合作伙伴数据[1]。

第三方数据来源。一些生产大数据的商家会直接入驻万象平台，如有官方备案企业征信机构数据的企查查、专业分析海外市场商业情况的微观互联数据、深耕商业决策服务领域的艾瑞咨询、以 AI 赋能投资的通联数据等。

京东内部的数据。京东云实际上是承载了全球最大的一家产业互联网，拥有管理超过 500 万商品 SKU 的能力，中间是一个海量的仓储网络系统分解中心，直到末端的服务网络，面向 5 亿消费者[2]。

---

[1] 《京东万象数据平台》，网址：https://wx.jdcloud.com/help/center/6（上网时间：2022 年 12 月 12 日）。

[2] 《京东造云新思路：除了融合进产业，还有开放的基础设施》，网址：https://baijiahao.baidu.com/s?id=1705401842542062936&wfr=spider&for=pc（上网时间：2022 年 12 月 12 日）。

又如，京东金融推出近万支金融产品，已积累的四亿个人用户数据、交易数据等，这些在京东集团的日常业务运作过程中产生的非敏感数据会在京东万象上对外开放[①]。

合作伙伴的数据。比如，京东商城合作的供应商提供的数据，京东金融与银行、保险公司、基金公司等近千家金融机构共同推出的金融和理财产品的数据。京东和有关政府部门、企业合作，收集到的数据包括，例如和公安部及金融相关机构的合作获得了个人和企业的征信报告、黑名单数据、失信数据等金融数据。京东万象和前海云游数据公司合作，获得了航空、旅游、地理位置等的航旅数据。

（三）京东隐私计算技术优势

区块链与隐私计算是互补的技术体系，而京东万象是国内率先应用区块链技术的大数据平台，也是全国首个能够有效保护数据知识产权的大数据平台。区块链技术通过网络中多个参与计算的节点来共同参与数据的计算和记录，并且互相验证其信息的有效性，既可以进行信息防伪，又提供了可追溯路径。京东数科自主研发的JDChain（国产开源区块链底层引擎）、JDBaaS（区块链即服务平台）两大技术核心平台从底层技术方面切实保障着多重数据安全。京东在区块链技术的率先研发和使用有助于其搭建隐私计算在产品和技术上的应用。

隐私计算开始于可信赖的技术融合，京东将技术融合作为发展策略为隐私计算提供了良好的发展环境。京东推出的万向+隐私计算平台融合了京东的人工智能和云计算技术。一方面，随着自动机

---

① 百度百科：https://baike.baidu.com/item/ 京东金融 /17506023?fr=aladdin（上网时间：2022 年 12 月 12 日）。

器学习的发展，隐私计算的门槛会大大降低，更多隐私计算的商业化应用或将落地。京东推出的万向+隐私计算平台致力于发展人工智能平台，旨在推动隐私计算自动化。另一方面，云和隐私计算不可分割的伙伴关系，依托云的算力、存储及资源，隐私计算才真正实现云端海量数据安全计算。京东云会将京东内部的企业总线服务云化并对外提供，帮助企业实现内部各应用系统之间的数据互联互通，解决企业内部数据孤岛以及多系统之间的数据整合问题。

京东是业内少数能够为隐私计算提供多场景应用的企业之一。京东深耕产业互联网，在零售、物流、城市、健康、采销供应链、金融服务、品牌制造等多个领域都积累了第一手的产业经验。在各种商业模式和海量的数据下，从技术端到产品端，京东为隐私计算提供大量的应用场景，包括品质溯源、数字存证、信用网络、金融科技、价值创新等，打破了隐私计算应用方面的行业壁垒。

（四）京东隐私计算未来发展规划

在开源方向方面，京东希望吸引、赋能更多的开发者，共同推动隐私计算的发展，打通不同平台和产品之间的技术壁垒；京东平台将携手政府有关部门、企事业单位、研究团队共建数据生态，并为其提供更优质的数据服务。

在技术融合方面，京东将继续推动隐私计算与区块链、人工智能、云计算技术融合。

八、字节跳动

（一）字节跳动隐私计算发展历程

字节跳动在隐私计算中最主要的产品是联邦学习平台 Fedlearner。

截至 2020 年底，字节跳动旗下产品全球月活跃用户人数达到 19 亿，覆盖全球超过 150 个国家和地区，支持超过 35 种语言。由于拥有海量的用户数据，字节跳动在利用隐私计算技术构建商业平台中有天然的优势。基于公司在推荐和广告领域拥有的机器学习建模技术积淀，团队决定以广告为切入点，探索联邦学习在广告场景中的落地。2019 年 10 月，字节跳动联邦学习平台 Fedlearner 项目启动。

Fedlearner 项目一开始的做法是针对单个企业进行定制化适配。基于神经网络纵向联邦的方案，项目主要协助企业提高广告投放效率。该平台后续向通用化、平台化、建设行业解决方案方向发展。Fedlearner 于 2020 年 3 月迭代完成一个面向更多客户的通用模型，基于神经网络纵向联邦的方案，并采用了基于 PSI 数据求交和 SecureBoost 加密联邦树模型建模的方案，Fedlearner 开始往电商领域、互联网金融和教育行业落地。

联邦学习平台 Fedlearner 在 2020 初开源，并逐渐完善平台的配套技术。团队设计了基于公有云一键部署、可视化 WebUI 操作、工单预授权任务的解决方案，解决部署中的问题。目前，平台上支持多类联邦学习模式，整个系统包括控制台、训练器、数据处理、数据存储等模块，各模块对称部署在参与联邦的双方的集群上，透过代理互相通信，实现训练。

此外，字节跳动也是推动隐私计算行业发展的企业之一。隐私计算联盟（CCC）成立于 2019 年 10 月 17 日，是 Linux 基金会的一个项目社区，联盟采取开放式治理和协作，聚集了全球顶尖的硬件供应商、云提供商和软件开发人员，致力于定义和加速采用隐私计算。字节跳动作为联盟成员之一，也参与推动隐私计算市场的发展，影响技术和法规标准，建立开源工具等，协助提高下一代互联网的计算信任度和安全性。

（二）字节跳动隐私计算落地应用

目前，字节跳动推出的 Fedlearner 联邦学习平台已应用在电商、金融、教育等多个落地场景。在推动技术沉淀的同时，落地应用也对 Fedlearner 的效果和收益进行了有效验证。

在一开始的尝试中，联邦学习平台 Fedlearner 主要依靠公司在广告行业的优势，为用户提供一对一解决方案，靠业务驱动去发掘目标、数据、平台功能等。首次与电商合作的案例中，Fedlearner 在 3 个月内帮助合作方取得了 10% 以上的投放效率增长，跑量消耗提升 15% 以上，电商平台 ROI 提升 20% 以上。

随着通用模型的建设，Fedlearner 开始探索互联网金融以及教育行业。在首个服务互联网金融客户的案例中，模型上线后，客户反馈成本降低 15%，授信通过率提升 10%。此外，后续的教育行业客户通过采用平台化的方式接入，部署和运维成本显著降低。在与教育行业头部客户的合作中，帮助教育客户广告跑量提升 124.73%，正价课续报人数提升 211.54%，续报率提升 32.69%，正价课续费用户获客成本降低 11.73%。

（三）字节跳动的数据生态

字节跳动的数据生态涵盖 C 端和 B 端。字节跳动旗下的 App 如抖音、今日头条等累积了大量 C 端用户的数据和资源。巨量引擎、飞书和火山引擎面向企业 B 端，为企业提供对内治理和对外增长的解决方案。

在 C 端，字节旗下有今日头条、抖音、飞书、懂车帝、皮皮虾、图虫、激萌、悟空问答、剪映等几十个 App 和社区，积累了大量的 C 端数据。以抖音为例，2021 年 9 月 27 日官方宣布，每月有超过 10 亿人使用 TikTok，其数据范围涵盖直播、社交、电商、搜索等全新的用户服务场景。据 Trustmobile 的数据显示，2021 年第一季度（Q1）今日头条的月活跃用户人数超 2.8 亿，平台上累积了年龄群喜好、关注热点、阅读习惯等多种数据标签。

在 B 端，巨量引擎是字节跳动的数字化营销平台，依托今日头条、抖音的数据优势，基于 600T+ 的海量用户群体画像，对用户行为特征进行动态分析、深度建模，拥有超过 220 万用户标签。这些数据对于很多行业和企业都具有极高的商业价值。承载着将抖音、今日头条等产品的海量流量变现的任务。飞书则是办公协同工具，是企业服务的轻量级入口。从互联网、高科技到金融、地产建筑、制造、零售等众多行业，越来越多的先进企业选择从传统办公软件迁移到飞书。火山引擎则更偏中后台，是用大数据、人工智能等技术服务企业级客户的平台。火山引擎在零售、金融、文旅、视频云、数据平台、云原生 6 个方向推出重点合作计划，涵盖各个行业领域。

（四）字节跳动的隐私计算技术优势

字节跳动在广告领域应用联邦学习的优势明显。字节跳动有强大的数字化营销平台，有利于其探索联邦学习在广告场景中的落地。以广告为切入点，更清楚广告的痛点在哪里，并能够针对性地进行优化。对投放过程中出现的问题，也能够提出一对一的解决方案。此外，得益于在推荐和广告领域长期积累的机器学习建模技术，字节跳动的隐私计算能够向通用化、平台化、建设行业解决方案方向发展。

字节跳动为隐私计算搭建了通用的框架，从商业价值层面推动隐私计算落地。字节跳动联邦学习找到了帮助企业客户取得可感知商业价值的方向，即基于字节跳动的个性化推荐算法、模型优势，探索、寻找落地场景。其中，Fedlearner 已经与多个行业头部客户合作，在电商、金融、教育等行业多个落地场景实际应用，并带来可见的商业收益。

字节跳动搭建并积极研发多种技术攻克隐私计算的难关。其中包括创新机器学习算法和框架，解决模型训练过程中可能发生的泄露用户行为的统计信息等问题；快速部署物理服务器、私有云、各种公有云，提升一站式通信和训练和一键式的服务能力等，不断降低参与联邦建模的技术门槛；针对公网环境做了容错优化和通信加密，并通过分布式系统提升数据处理和训练的效率；自研算法并发布专利，提升联邦场景下联邦神经网络学习中的建模能力。这些技术都将作为隐私计算的技术协助，帮助解决隐私计算的技术瓶颈。

（五）字节跳动隐私计算未来发展规划

字节跳动正在探索新的机器学习算法和框架，以面对严峻的大规模数据和训练效率的挑战。例如，尝试在彼此数据不可见的情况下，在若干小时内完成超过几十亿行训练样本集合的对齐和预处理，并且通过有限且不稳定的网络连接在数小时内完成全部样本的多轮训练。在这方面，字节跳动将继续推动研究新的隐私计算技术，以兼顾和平衡数据的安全与效率。

字节跳动将隐私计算落实到多个维度，帮助其机器学习技术实现更大范围的传递。除了通过隐私计算平台 Fedlearner 为广告客户提供不同的行业解决方案，字节跳动接下来将促进数据安全的深度转换建模、提高投放效率，通过 To B 合作为广泛的外部客户加强 AI 建模能力。

字节跳动将继续推动隐私计算的开源。一方面，通过开源 Fedlearner 及其他相关平台，字节跳动能够吸引更多行业伙伴协同充实平台的资源，推动隐私计算在更多场景的应用。另一方面，在保护用户数据安全的同时，也能够建立自身平台开放透明的机制，提升客户的信任度。

九、平安集团

据全球权威知识产权第三方机构 IPRdaily 与 incoPat 创新指数研究中心联合发布的 2022 年《全球隐私计算技术发明专利排行榜（TOP 100）》，截至 2022 年 3 月 8 日，全球有八家企业隐私计算专利数量在 200 件以上，其中，中国平安排名第二，有 423 件隐私计算技术发明专利，仅次于蚂蚁集团。

（一）平安集团隐私计算发展历程

2017 年，中国平安开始在隐私计算领域进行探索。

经过多年的沉淀，中国平安旗下平安科技完全自主研发了旗下全方位数据服务商业解决方案——"蜂巢"联邦智能隐私计算平台，还成功落地监管科技、金融风控等应用场景。

"蜂巢"联邦智能隐私计算平台能够让参与方在不共享原始数据的基础上联合建模，从技术上打破数据孤岛，从而综合化标签数据，丰富用户画像维度，从整体上提升模型的效果，实现 AI 协作。

"蜂巢"联邦智能隐私计算平台具备 4 个维度的特点：

第一，在建模方面，平安科技蜂巢有横向联邦建模和纵向联邦建模两种建模方式。

第二，在数据加密方面，蜂巢采用 GPU 等异构计算芯片来加速联邦学习的加密和通信过程，在最大限度减损平台计算资源消耗的基础上提高效率。

第三，在算法支持方面，蜂巢平台可运行机器学习和深度学习算法，同时支持横、纵向的多样化建模场景，兼容百万级规模的数据训练。

第四，在平台 SDK 部署方面，平台支持部署基于容器的快速部署应用，有效地将部署时间由周量级降低为短短 1 天。

除此之外，平台具有多样化的建模需求定制化服务，包括联邦数据处理、联邦特征筛选、在线实时推理、离线批量推理等。①

不同行业对于用户数据隐私保护有着不同的加密要求。在银行领域，银保监会建议对数据进行国密加密，对加密的稳定性、安全性、合规性要求更高。蜂巢是国内为数不多的支持国密级加密的企业平台。蜂巢平台具有多样化的加密技术，包括同态加密、国密 sm4、差分隐私在内的多重加密机制，有效地在以保障用户数据的安全为前提的状况下，高效地满足企业对于不同业务场景的数据交互需求。

到了 2022 年 1 月，中国平安的另一个隐私计算平台再次获得行业关注，由中国平安的子公司金融壹账通推出的"加马区块链隐私计算协作平台"通过了中国信通院"区块链辅助隐私计算—基础能力转向测评"。

该平台从技术安全、多元适应、部署可靠、稳定高效 4 个主要建设目标出发，将区块链技术与隐私计算技术结合，打破传统的数据共享机制，使得多方之间共享数据时源数据不出本地，密文共享、密文使用，充分保护了数据的隐私性，提升了数据的安全性，为多方合作提供了可信可靠的数据协作基础设施。

"加马区块链隐私计算协作平台"在密文计算支持的数据类型、性能、数据安全性等测评点上在参测产品中处于领先位置，与区块

---

① 平安科技"蜂巢"联邦智能平台入选 2020 网络技术应用试点示范名单。

链的深度融合是"加马区块链隐私计算协作平台"区别于其他同类产品的独特之处。

该平台可为跨机构数据流通提供"可用不可见，相逢不相识"的安全服务。满足数据管理各方在政务服务、市民服务、金融服务中对数据隐私查询、联合比对、联合统计、联合预测等场景的数据安全和隐私保护需求，实现数据价值极大释放。

在未来，"加马区块链隐私计算协作平台"将继续探索多方数据安全协作的实际场景应用，并丰富数据治理能力，形成金融壹账通更加灵活、安全、易用的区块链+隐私计算数据协作、治理、监管的综合服务能力，满足各类型金融机构、政府客户的数据管理和使用需要。

（二）平安集团隐私计算落地应用

2022年初，中国平安旗下的金融壹账通成功中标招商银行"隐私计算平台互联互通"的项目。该项目是中国首个由大型股份制商业银行牵头，与多家主流隐私计算厂商共同合作的跨平台互联互通项目。

金融壹账通的前身是2008年成立的平安金科，是中国平安旗下面向金融机构的商业科技云服务平台，在平安的科技金融对外战略中扮演着至关重要的角色，于2019年在美国纽交所上市。

该合作基于"蜂巢"联邦智能隐私计算平台与招行的慧点隐私计算平台展开，旨在打造出多方跨异构隐私计算平台互联互通的项目模式。合作将围绕互联互通场景展开，即在单一隐私计算平台打破"数据孤岛"的基础上，进一步打破"计算孤岛"。

在监管数据的隐私计算领域，金融壹账通已有多项成功落地的合作案例。例如，金融壹账通帮助中保登落实保险资产管理领域监管数据标准化工作，构建了以信托、保险、存款等 8 大维度为基础的近 1600 项监管标准，解决了保险资管公司缺乏数据治理管理工具等痛点，推动保险资产管理业数据治理稳步前行。

在合规端，金融壹账通辅助了多家商业银行及保险机构构建智能监管的整车平台，利用近 4400 项站在监管视角的检核规则，辅助国开行、华夏银行、北京银行、深圳农商、天津银行等银行实现自检自查以及监管数据专项治理能力的提升。金融壹账通通过旗下的隐私计算平台，能够为银行提供基于云的一整套数字化解决方案，搭建前、中、后台完备的全数字化银行大"整车"方案，"整车"输出的模式是技术的升级，更是服务的升级，最终目标是实现赋能对象的"自动驾驶"。

为了更好地落实银保监会有关加强信贷资金流向管控的要求，金融壹账通还辅助深圳银保监局构建了基于监管数据的智能监管实验室，帮助其从主体监管目标出发，利用图技术、机器学习等先进技术，实现外汇管理局外汇资金交易及支付渠道研判中心的搭建，并承建了证监会私募基金监管与信息服务系统，集中形成了私募机构信息数据库，同时成立私募机构服务中心。

在未来，该项目还将应用于金融风控、反欺诈、黑名单查询等金融场景，未来将拓展至医疗、营销等更多领域。金融壹账通将通过多方隐私计算平台联合协作，在满足监管数据隐私保护要求的基础上，共同激活数据潜力，提升客户业务价值。①

（三）平安集团的数据生态

中国平安正积极地布局汽车、医疗等生态圈，以更好地和保险、

---

① 隐私计算前景广阔，金融壹账通多项应用成功落地［N］.财经时评，2022-3-1.

银行主业协同，真正打造个人金融生活综合服务集团。

在"汽车+金融"生态中，中国平安拥有"汽车之家"和"平安好车主"两个高流量入口。2020年12月汽车之家移动端日均活跃用户人数达4211万（年报口径）。2021年7月，"汽车之家"App独立设备2133万台（艾瑞咨询口径），在汽车资讯类App中排名第一。截至2020年12月末，平安产险的"平安好车主"App注册用户数突破1.26亿（年报口径），12月月活跃用户人数突破3000万。根据国家统计局数据显示，2020年我国私人汽车保有量2.4亿，平安好车主的渗透率达50%。

在"医疗+金融"生态中，中国平安拥有最大的互联网医疗流量入口"平安好医生"。截至2020年底，平安好医生累计注册用户量达3.73亿（年报口径）。2021年7月平安好医生独立设备数达811万台（艾瑞咨询口径），于在线医疗类App中排名第一。

中国平安在医疗健康领域已经探索超过20年，目前通过12家机构有机合作，正全面构建医疗健康生态圈，服务医疗产业各环节的参与者（包括医疗管理机构、用户、服务、支付、科技端）。

| 第八章 |

创业公司与风险投资

第八章 创业公司与风险投资

一、隐私计算投融资分析[①]

随着数字技术的飞速发展，新平台、新模式、新算法不断出现，数据安全的重要性日益凸显，需求与政策的驱动也吸引了众多风险资本的涌入。

2016 年前后，隐私计算领域初创公司开始受到风险资本的青睐。据零壹智库不完全统计，截至 2022 年第一季度，隐私计算初创公司累计融资规模达到 65 亿元。

考虑到互联网巨头、第四范式、医渡云、联易融等较为成熟的公司在融资之后仅将部分资金用于隐私计算产品的研发和推广，前述融资规模应在数百亿元级别。下文仅以隐私计算垂直厂商以及隐私计算业务占比较大的公司为统计对象，从一些维度进行分析。

---

① 本部分对于未披露具体金额的融资处理方式：未透露 =0，数十万 =50 万，数百万 =300 万，近千万 / 千万级 =1000 万，数千万 =2000 万，数亿 / 近亿 / 亿元及以上亿 =1 亿；为了方便统计，在进行货币换算时，本报告按 1 美元 =6.5 元来计算。

（一）融资数量节节攀升，融资金额在 2018 年达到峰值

据零壹智库不完全统计，截至 2022 年第一季度，隐私计算初创公司累计获得 72 笔股权融资，公开披露的融资总额达到 65.0 亿元（16 笔未透露金额）。近年来，隐私计算领域融资活跃度整体向好，融资规模受少数公司影响波动较大。

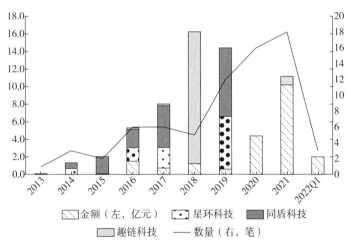

图 8-1　2013—2022 Q1 隐私计算初创公司融资情况

资料来源：零壹智库

从数量上看，2013—2015 年仅有同盾科技和星环科技两家公司获得零星的投资[①]；2016—2018 年开始增多，每年达到 5—6 笔；2019 年后攀升到 12 笔以上。从金额上看，每年波动较大，2016 年开始超过 5 亿元，2018 年高达 16.1 亿元，创下年度最高融资纪录，2019 年回落到 14.4 亿元左右，2020 年仅为 4.4 亿元。究其原因，主

---

① 目前进入隐私计算领域的公司，有些是在 2018、2019 年之后逐渐涉足隐私计算业务的，但是难以完全剔除此类数据进行统计，因此，他们最初获得融资的时间会比进入隐私计算领域的时间更早。同盾科技初创时的业务方向更偏向金融科技，星环科技初创时的业务方向更倾向于大数据，趣链科技最初的业务方向为区块链。

要是少数明星公司获得较大数额融资：2018年，趣链科技获得15亿元B轮融资；2019年，星环科技获得6亿元D轮系列融资，同盾科技获得1.1亿元D轮系列融资。

2021年，隐私计算初创公司融资数量继续增长至18笔，披露的融资总额约为11.2亿元，活跃度和整体规模依旧向好。

（二）八成融资处于早期阶段，四家公司完成C轮融资

整体而言，A轮及其之前的融资数量为45笔，公开披露的融资总额约为11.4亿元；B轮融资12笔，对应的金额高达30.3亿元。早期阶段（B轮及其以前）的融资数量占72.2%，大多数企业尚未形成成熟的商业模式。C轮和D轮融资各4笔，融资总额分别为9.1亿元和13.8亿元。

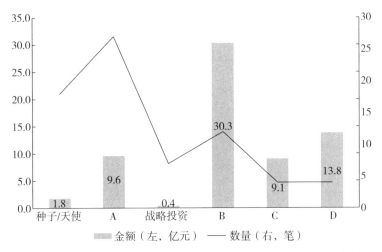

图8-2　2013—2022 Q1隐私计算初创公司各融资阶段数量及金额分布

资料来源：零壹智库

注：A轮包含Pre-A、A、A+，其他同理；到目前为止战略投资均发生在种子/天使轮到B轮之间；下同。

隐私计算：数字经济新基建

从时间维度上看，2017年有两家隐私计算公司进入C轮融资阶段：星环科技和同盾科技。它们在2019年又各自完成了两轮D系列融资。时隔近四年，趣链科技和富数科技相继在2021年完成数亿元C轮融资。早期融资持续活跃，中后期融资陆续出现。

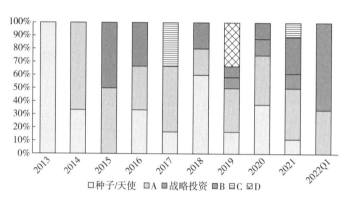

图 8-3 2013—2022 Q1 隐私计算初创公司各融资阶段数量走势
资料来源：零壹智库

（三）隐私计算公司聚集在北上杭，杭州和上海发展更为成熟

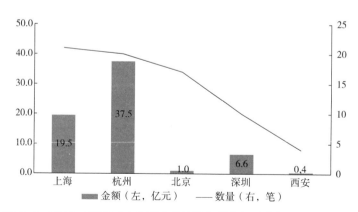

图 8-4 2013—2022 Q1 各地隐私计算初创公司融资数量及金额分布
资料来源：零壹智库

获得融资的隐私计算初创公司注册地主要在上海、杭州和北京三个城市，其次是深圳和西安。上海有八家公司获得 21 轮融资，杭州有六家公司获得 20 轮融资，二者融资总额分别为 19.5 亿元和 37.5 亿元。杭州互联网基因强大，同盾科技、趣链科技等数据服务类公司起步早、发展快，整体更为成熟。北京有八家公司合计获得 13 轮融资，但融资总额仅为 0.5 亿元。

（四）IDG 资本和红杉资本投资最多

从投资机构来看，IDG 资本投资次数最多，达到六次，但只投了同盾科技和冲量科技；红杉资本（红杉中国）、启明创投均投资五次，前者投了星云 Clustar 和数牍科技，后者投了星环科技、同盾科技和锘崴科技；基石资本投资四次，也只投了两家公司：星环科技和星云 Clustar。投资达到三次的有深创投、华创资本、宽带资本等五家机构。

此外，腾讯领投了星环科技 2.35 亿元 C 轮融资，上市公司新湖中宝旗下智脑投资在趣链科技 15 亿元，B 轮融资中投入约 12.3 亿元，蚂蚁集团关联公司上海云钜入股融数联智。

表 8-1 隐私计算领域活跃投资机构（投资次数 ≥ 3）

投资机构	投资次数	投资标的（投资次数）
IDG 资本	6	同盾科技（4）、冲量科技（2）
红杉资本	5	星云 Clustar（2）、数牍科技（3）
启明创投	5	星环科技（1）、同盾科技（2）、锘崴科技（2）
基石资本	4	星环科技（2）、星云 Clustar（2）
深创投	3	星环科技（2）、数牍科技（1）
华创资本	3	同盾科技（3）
宽带资本	3	同盾科技（3）
信雅达	3	星环科技（2）、趣链科技（1）
晨山资本	3	富数科技（3）

资料来源：零壹智库

表 8-2 隐私计算初创公司融资记录（金额 ≥ 1 亿元）

公司简称	披露日期	轮次	金额	主要投资方
同盾科技	2015 年 5 月	B	3000 万美元	IDG 资本，华创资本，宽带资本，启明资本
星环科技	2016 年 3 月	B	1.55 亿元	基石资本，国中创投，深创投，上海瑞力投资
同盾科技	2016 年 4 月	B+	3200 万美元	IDG 资本，华创资本，宽带资本，启明资本，尚城投资，元禾控股
矩阵元	2016 年 8 月	A	1.5 亿元	万向控股
星环科技	2017 年 5 月	C	2.35 亿元	腾讯投资，基石资本，勤智资本，兴瑞智新
同盾科技	2017 年 10 月	C	7280 万美元	淡马锡，尚城投资，天图资本，信达汉石
趣链科技	2018 年 5 月	B	15 亿元	国投高新，汇仁文曲投资，景喆投资，兰石投资，理想国际，新湖中宝，永滴投资
富数科技	2018 年 5 月	A+	数亿元	伯藜创投，晨山资本，达泰资本，麦达数字
星环科技	2019 年 2 月	D	数亿元	TCL 资本，中金佳成，深创投
同盾科技	2019 年 4 月	D	1 亿美元	纪源资本，光大控股，国泰创投，信达汉石，招商局资本
同盾科技	2019 年 6 月	D+	数千万美元	广发全球投资基金，浙商创投，中航资本国际
星环科技	2019 年 10 月	D+	5 亿元	中金资本，渤海中盛，金石投资
翼方健数	2020 年 7 月	B	数千万美元	复盛创投，奇绩创坛，中芯聚源
富数科技	2020 年 12 月	B	数亿元	晨山资本，亚信安全
趣链科技	2021 年 4 月	C	数亿元	易方达，银宏基金
富数科技	2021 年 7 月	C	数亿元	同创伟业，中网创投
翼方健数	2021 年 7 月	B+	近 3 亿元	未透露
锘崴科技	2021 年 8 月	B	数亿元	致远互联，连宇投资，海南然格，黎刚资本，启明创投

续表

公司简称	披露日期	轮次	金额	主要投资方
数篷科技	2021年9月	B+	5000万美元	Tiger Global，金沙江创投，高瓴创投，时代资本，经纬创投
数牍科技	2021年11月	Pre-A & A	3.08亿元	招商局创投，纪源资本，上海人工智能产业基金，深创投，红杉中国，恒生曦域产业基金等
蓝象智联	2022年2月	A	约2亿元	熙诚金睿，联想之星，元禾重元

资料来源：零壹智库

二、创业公司典型案例

（一）蓝象智联 —— 数据运营商业模式的推动者

蓝象智联创立于2019年底，正式注册于2020年3月，公司定位为隐私科技与数据要素生态服务商，团队超一半成员出自阿里巴巴和蚂蚁集团。

蓝象智联创始人兼董事长童玲曾是蚂蚁金服首席架构师、中国工商银行总行研发中心总架构师、芝麻信用CTO，也是蚂蚁区块链及隐私计算平台的创始人。创始人兼CEO徐敏曾是阿里云副总裁，阿里金融云的创始人、总经理，一路将阿里金融云业务带到行业第一，此前也曾任职于中国工商银行总行科技部。

蓝象智联创立之后，致力于隐私计算技术的落地应用，初期主要专注于隐私计算技术在金融领域的应用。公司先后获得万向区块链种子轮融资、金沙江创投和联想之星天使轮融资、由熙诚金睿领投的A轮融资。其中，A轮融资近2亿元人民币，刷新隐私计算赛道A轮单轮融资纪录。

与其团队背景高度相关，蓝象智联有几个突出的特点：第一，产品技术相对领先；第二，建立了隐私计算平台"数据运营"的商业模式；第三，在金融业的落地应用处于业内头部。

1. 产品技术特点

蓝象智联自主研发的国内首个金融级隐私计算平台 GAIA（音：盖亚）基于多方安全计算和联邦学习等技术能力，实现数据要素交易平台、营销风控反欺诈应用、行业数据联盟等多类型平台及应用。

蓝象 GAIA 产品系列中，包括：

GAIA·Cube 是一站式联邦学习建模平台，主要功能是让用户可以利用机构内外的数据训练模型。

GAIA·Edge 是多方安全计算平台，主要功能是数据交互。用户在 GAIA·Cube 上训练好模型之后，要在真实业务场景中跑数据，需要在 GAIA·Edge 上进行。

GAIA·Edge-X 是隐私计算联盟共享平台，致力于实现联盟数据的安全共享。

GAIA 数据要素流通平台：以数据要素市场平台，数据要素支撑平台，隐私计算能力平台等 3 大系统构建数据要素流通平台，在底层技术架构上通过融合密码学与 AI 大数据技术，实现"域外流转可控，密文可计算，数据可确权，隐私可审计，计算可计量"。

GAIA 系统在技术方面有几个特点：

第一，高安全。在安全性方面，GAIA 有 3 个特点：其一，在与数据源或者数据使用方进行数据交互时，蓝象智联实现了"去第三方直连"，即不用通过第三方，而是在数据交互的两方之间既实现数据交互，又能保证数据安全，这是通过密码学算法组合来实现的；其二，GAIA 不仅保护数据安全，同时还保护模型安全；其三，GAIA 能够满足系统安全的要求，并已经通过"三级等保"认证。

第二，高性能。GAIA 目前具备处理亿级数据的能力，这也与蓝象智联的团队背景有关。目前，在国内，具备亿级数据处理能力的基本都是互联网大厂。

第三，高精度。隐私计算是基于密文的计算，一般来说密文计算的精度比明文计算要低。通过算法的优化，蓝象智联在很多时候能够做到几乎"无精度损失"，也就是密文计算与明文计算的精度几乎是一样的。

第四，易用性。在设计隐私计算产品时，需要将"可用不可见"的原则深入融入产品设计中去，面向初级算法人员或者建模人员的能力视角，极大地降低产品使用和操作的门槛，通过拖拉拽的可视化建模过程，完成建模、预测的一站式联邦学习平台。

第五，高可用。对于金融级隐私计算平台，需要满足至少99.9%的可用率。同时要有数据计算的可靠性保障机制，支持计算任务全链路的可回滚、可灰度、可监控能力。

第六，推出图联邦技术。蓝象智联将该项技术在自研GAIA隐私计算平台上落地，服务于银行、保险、运营商、互联网平台等行业的营销和风控场景，尤其在需要跨域进行图结构数据的联合建模场景下，可以实现完全去中心化的联邦建模。该项技术在确保无中心化节点进行图联邦建模的基础上，收敛性和训练时长也能够满足具体场景的业务需求，有效推动了跨域图数据的联邦建模。

2. 数据运营商业模式

蓝象智联在商业方面取得的最大突破在于——在真实场景中验证了隐私计算平台"数据运营"的商业模式。

该模式的开创，对隐私计算领域具有关键价值。它将使得隐私计算技术的应用不只意味着技术成本投入，还意味着业务收入的大幅提升，这会提升更多机构应用隐私计算技术的积极性，这会从根本上提升隐私计算的商业价值。

数据运营的核心，在于构建用数据要素创造业务价值的最佳路径，其中包括几大要素：数据、算法、流量、风控、合规。在金融场景的精准营销、用户增长、反欺诈、信用评估、合规审查等一系列场景中，数据运营能够有效地让数据去产生更大的业务价值，如提升用户活跃度、放大信贷规模、管理不良风险等。数据运营服务的主要内容是数据和运营工具、解决方案及方案落地相关服务的提供，其中包括一系列的营销投放策略、客户运营策略、相应的运营流程和规则等。

需要指出的是，目前不少隐私计算公司都致力于让数据流通起来，在提供隐私计算软硬件产品的同时，也为数据源和数据使用方提供一些相关的服务，蓝象智联所指的"数据运营"与其他隐私计算公司在金融场景中提供"解决方案"的方式有所不同。

首先，数据运营服务的提供以业务目标为导向。隐私计算服务商与金融机构商定业务目标之后，根据目标来决定引入哪些数据源、采用什么样的策略和模型。其中，隐私计算厂商一部分商业回报来源于为金融风控场景创造的业务价值，比如提高了多少资产规模、降低了多少坏账率等。

其次，提供"解决方案"是对产品的技术和服务本身收取费用；"数据运营"则增加了可以按照业务效果收费的收入模式。

比如"数据运营"可以帮助银行的信用卡中心大大降低发卡成本。某城商行在头条、抖音等渠道进行信用卡营销时，在曝光、点击、填表、进件、核卡、开卡等一系列流程中，由于支撑数据的不足，往往在某些环节有较大的用户流失，蓝象智联通过隐私计算将不同来源的数据安全、合规地联合建模、联合预测后，可以极大地提升某些环节的转化率。例如在该城商行的项目中，通过结合中国电信、今日头条和该行自有数据,将信用卡营销环节中的核卡比例提升了近一倍,将整体发卡成本降低近半。蓝象智联也可以从业务效果中取得一定的收入。

目前,业内具备数据运营能力的隐私计算团队并不多。数据运营服务的核心在于,需要有丰富的经验,特别是要有成功经验的积累。因为数据运营思路需要经历现实的考验,不断获得反馈、进行调整,最后才能探索出现实中最佳的实践方案。

比如,由于具备丰富的成功经验,蓝象智联一项独特的能力在于——清晰地知道不同数据在不同场景下的定价。这里的"定价"既包含价值,也包含价格。例如,一条运营商数据的调用,在一个场景中定价为一次 0.35 元,但是在另外一个场景中可能是 0.25 元,需要根据数据在不同场景中产生的价值(即给业务带来的价值)来确定价格。要做这样精准的定价,需要数据运营团队有真实数据运营经验,能够准确把握数据在场景中的实际价值。

3. 落地场景数量居于行业头部

作为隐私科技与数据要素生态服务商,蓝象智联在 2021 年的商业落地高度聚焦在金融领域,并且落地商业场景数量居于行业头部。

同时,在初期落地场景的选择上,蓝象智联也并非随意落子,而是有三个依据:是否有标杆效应,是否可复制,是否可以推动产品进化。

依据这三个标准,蓝象智联在 2021 年落地的案例当中有三个最具代表性。

第一个案例是与工商银行合作推出"基于隐私计算的小微商户普惠金融服务"。蓝象智联为中国工商银行和中国银联提供隐私计算技术支持,在双方数据不出库的情况下,实现"工行+银联"数据融合，创新打造面向小微商户的开放式融资服务新模式，将工商银行小微金融服务群体拓展至数千万银联收单商户，进一步扩大服务面，提升金融普惠性。

工行与银联的合作，所探索的是隐私计算技术在普惠金融场景下的应用实践，工行和银联的合作探索在行业的示范意义巨大。同时，工商银行与银联对产品要求非常严格，这也有利于蓝象智联对隐私计算产品进一步提升优化。该项目在中信通院、中国通信标准化协会大数据技术标准推进委员会共同组织开展的2021大数据"星河"案例评选中被评为"标杆案例"，这也是"星河"案例中的最高级别认证。

第二个案例是与新网银行、银联数据合作发布"实时多头"共享平台，探索解决风险数据覆盖不全、更新不及时、数据污染严重等行业瓶颈问题，满足众多金融机构信息共享、风险控制的需求。2021年12月21日，新网银行副行长兼首席风险官徐志华出席2021金融界未来银行年会时透露，目前已有包括银行、消费金融公司等100多家持牌金融机构接入，平台日均计算次数超过60万。该项目目前已经纳入人民银行的金融科技创新监管试点。

新网银行是银行业中科技创新最为活跃的银行之一。这个平台是最早用隐私计算技术支持的数据共享联盟，也是迄今为止参与机构最多的基于隐私计算支持的数据共享联盟，是隐私计算进入实际应用的"现象级场景"。同时，项目落地过程需要"实时多头"共享平台与多家银行对接，有助于提升蓝象智联产品在多样性环境下的适配能力。

第三个案例是基于业务场景和今日头条、中国电信、某头部城商行3家实现了不同隐私计算产品的互联互通并且投入应用。该项目通过隐私计算互联互通，实现了更大范围的数据价值交互，并在

2021年"双十二"期间发出第一批数字信用卡,帮助银行在今日头条、抖音等渠道上实现了发卡的数据化营销。

这是金融领域内首个基于真实业务场景实现的隐私计算平台的互联互通,即在今日头条和蓝象智联的隐私计算平台上可以实现数据和算法的隐匿互联互通。基于蓝象智联的数据运营能力,运营商数据和今日头条数据通过联邦学习建模,更精准地确定营销目标人群,帮助该银行大大降低营销成本。在此模式下,蓝象智联可以实现与业务效果挂钩的收入模式。

在标杆案例的基础上,预计未来蓝象智联隐私计算产品在金融场景中的应用将迎来更快的增长。

在金融场景落地方面,蓝象智联的股东熙诚金睿可能为蓝象智联带来不小的帮助。熙诚金睿是由金融街资本运营集团有限公司联合中国国有企业结构调整基金股份有限公司、中国国新基金管理有限公司发起设立的具有国资背景的市场化专业投资机构,同时也是知名风险投资机构GGV与金沙江创投的母基金。北京金融街已入驻数百家金融及运营商行业总部机构,是中国首都金融主中心区。

(二)洞见科技 —— 技术与场景深度融合的实践者

洞见科技独立注册于2020年初,由中国最大、世界第四大信用产业集团"中诚信"孵化、网信事业国家队"中电科"投资。定位于以隐私计算和区块链等技术赋能数据价值的安全释放,用以帮助政府机构、金融机构及其他企业客户更加安全合规地使用数据智能。

不同于隐私计算赛道上的一般初创公司,背靠中诚信集团,洞见科技有深厚的行业积累和成熟的团队。虽然公司成立仅短短两年,但洞见科技对隐私计算技术的探索从2017年就已开始。

从创立开始,截至2022年6月末,洞见科技已经先后获得4轮融资，累计金额在 2 亿元人民币左右，是隐私计算赛道上拿到融资金额最多的公司之一。同时，洞见科技也是隐私计算赛道上国有资本持股比例较高的一家创业公司。未来，隐私计算平台将成为支持数据要素流通的基础设施，数据要素关乎国家战略安全，国资背景可能对行业格局有重大影响。

与其他隐私计算公司相比，洞见科技有几个显著特点：第一，数据与场景双轮驱动；第二，技术与场景深度融合；第三，商业落地居于行业头部；第四，积极推动隐私计算平台互联互通。

1. 数据与场景双轮驱动

不同于单纯从技术理论出发的隐私计算初创公司，洞见科技因为传承自中诚信集团体系，所以除了具备深厚的技术积累外，还有着丰富的大数据应用与金融行业服务经验，这使得洞见科技在数据资源与业务场景方面具备独特的优势。

对于数据资源，洞见科技将其分为三类：市场化数据、生态数据、政府数据。在基于隐私计算链接这三类数据的布局上，洞见科技有其独立观点。

市场化数据当中包含了通信运营商、第三方支付机构以及互联网公司等数据。这些数据资源虽然在开放程度、服务模式和定价方面有所不同，但是商业化程度很高，只要满足合规应用条件，就可以获得相应服务。在市场化数据方面，洞见科技的团队此前就与这些数据源机构通过 API 等形式进行过长期合作，现在转变为通过隐私计算平台来对接，曾经建立的商业信任关系仍可延续。

生态数据，指的是商业体系通过业务沉淀下来的数据，这些数据出于保护隐私安全和商业利益等方面的考虑，往往开放程度与合作意愿非常有限。例如互联网大厂的体系内数据，即属于这一类别。

在这方面，由于背靠中诚信集团，洞见科技是中诚信生态数据资源的指定合作伙伴，其无疑在评级和征信相关的信用数据资源方面，有近水楼台之利。

政府数据，指的是工商、司法、税务、海关等各政府职能部门日常运行积累的数据。据了解，政务数据往往散见于各地政府的各职能部门，难以互联互通，只有少数部门的数据是全国性的，其他数据都较为分散，即使是已经公开的信息很多也并不完整。要想释放这些数据价值，需要与相关职能部门独立谈判，较为困难，代价很大。在这方面，洞见科技与中诚信保持着高度的战略协同，设有专门的团队负责合作推进。据悉，洞见科技与中诚信协同参与了诸多地方政务数据流通开放平台的建设和运营，因此资源积累的优势明显。

深入场景，是洞见科技的另一个特色标签。洞见科技的创始管理团队此前均为中诚信高管，具有丰富的金融业务知识和场景服务经验，是中国大数据征信与智能风控行业最早的践行者，曾经领导中诚信征信拿到了中国企业征信的第一张备案牌照、成为首批开展个人征信试点工作的八家机构之一，并最终与中互金等机构联合成为中国首张个人征信牌照机构"百行征信"的创始股东，建设推出了中国第一套互联网大数据征信服务平台和覆盖全信用产业链条的智能风控体系，在不到3年的时间内就实现了对中国几乎全部国有银行、股份制商业银行、头部城商行与农商行的服务覆盖。

在具体业务场景方面，洞见科技正在以隐私计算为新的支点，面向政务金融、信贷风控、资产管理、债券指数等众多场景构建更全面的产品服务体系，在赋能政务数据与市场数据、生态数据融合服务于金融的同时，解决数据智能合规应用的最后一公里问题。

2. 将技术融入场景

连接数据与场景的是技术平台。基于数据与场景的双向积累，洞见科技的隐私计算技术引擎能够与场景深度融合。

第一，洞见科技的技术平台迭代以面向场景服务为核心。其着力点在于，如何运用不同的技术组合成为通用解决方案，从而解决场景的实际问题。

在隐私计算领域，有不同的技术流派，最为主流的是安全多方计算、联邦学习和可信执行环境。在市场早期，因为认知差异或精力局限，有些公司会主要着力发展其中一类技术。

洞见科技的隐私计算技术平台洞见数智联邦平台（InsightOne）从一开始就设计为混合引擎架构，该平台前瞻性地将安全多方计算、可信联邦学习、可信执行环境、差分隐私和零知识证明等技术融合以形成面向计算场景的自适应融合计算引擎，创新实现了"数据智能管理平台+数据智能计算平台+数据智能服务平台+异构互联互通容器+区块链可信网关"的技术架构。目前，InsightOne是唯一通过国家金融科技测评中心"安全多方计算+联邦学习"金融应用双评测和中国信通院"安全多方计算+联邦学习"功能、性能、安全、区块链辅助等全系列评测的产品。

InsightOne特有面向场景应用的引擎，将隐私计算的工具属性延展到场景工具赋能，能够使用户更安全便捷地体验到隐私计算带来的业务效果改善。例如在金融信贷市场场景中，提供"隐私计算+决策引擎""隐私计算+知识图谱""隐私计算+建模平台"等；在金融资本市场场景中，提供"隐私计算+资产证券化""隐私计算+债券指数分析"等；在保险市场场景中，提供"隐私计算+精算引擎"等。通过更多场景工具的提供，使得隐私计算技术的使用更加便捷，尽可能不影响原来金融科技工具的使用习惯。

第二，洞见数智联邦平台（InsightOne）的计算架构是支持完全去中心化的，包括其联邦学习算法也都支持无可信第三方的计算模式。这有许多好处：一方面，对于需要进行数据协同的各方来说，去中心化的设计对双方来说更加公平可信，因为计算是在完全对等的网络中进行的，无论机构规模大小、强势与否，都能遵循同样的安全规则和信任机制；另一方面，去中心化的计算不需要第三方，这就避免了因第三方的信任风险导致新的安全问题。据悉，在隐私计算领域，去中心化的计算架构正在被越来越多的机构采用，已经逐渐形成趋势。

在技术打磨之外，洞见科技在技术与场景进行深度融合方面还体现在数据处理和场景应用两个方面。

在数据处理方面，结合多年的数据挖掘经验，洞见科技正在让数据的预处理更加自动化和智能化，从而提高数据在隐私计算环节的计算效率。比如，可以对数据特征工程进行一些基于历史模型的预设，从而简化计算。

在场景应用方面，洞见科技将隐私计算技术与其他金融科技技术进行了深度融合，比如与决策引擎、关联图谱、智能建模等技术的结合，衍生出了隐私切片计算、隐私安全图学习等技术方案，不仅提升了隐私计算技术本身，还大大改善了应用的便捷性和计算结果的可用性。

为了达成产品与场景的深度融合，洞见科技的市场推广策略也是与此相配合的。这在隐私计算创业公司当中并不多见。

为了以更少的人力投入触达更多的金融机构，不少隐私计算厂商会依靠合作伙伴来进行部分市场推广。这些合作伙伴大多是与金融机构此前有业务合作的公司，比如金融IT服务商等。

但是，除了少数政企客户之外，大多数情况下，洞见科技都会依靠自己的市场人员与客户直接接触。这样的选择是与洞见科技的商业模式直接相关的。洞见科技并不是一家软件公司,而是希望基于软件平台来为客户提供数据智能服务。比如,有银行采购了洞见科技的隐私计算平台,洞见科技不只是把软件卖给银行,而且后续还要通过这个软件平台,为该银行提供智能风控、智能营销、反洗钱、资产风险扫描等方面的业务咨询与场景建模服务。因此,洞见科技需要与客户直接接触,深入了解客户的业务,帮助客户解决问题。仅仅通过合作伙伴来接触客户会导致公司后期缺乏对用户的深入了解。

3. 商业落地位居头部

在商业落地方面,从全行业横向对比来看,洞见科技过去一年取得的成绩位居头部。

截至2022年5月底,洞见科技已经落地了十几家银行与保险类金融机构,并且落地场景丰富。一般来说,在每家金融机构的落地都有5—6个场景,这些场景主要集中在风控和营销两个方面,其中每个方面都覆盖了不同的业务条线。比如,风控场景当中就包括反洗钱、反欺诈、小微信贷风控、消费信贷风控和信用卡风控等。综合机构数量来看,落地的场景数量可以达到70—80个。

其中,值得注意的是,洞见科技是通过公开招投标市场签署商业合同最多的一家公司。据统计,截至2022年5月,其通过公开招投标市场签署的商业合同有近20个。一般来说,公开招投标市场的竞争较为透明,要经过技术、商务与服务等综合评分机制进行层层筛选。如果公司在机构客户总部中标,招标方会在自身分支机构当中推荐中标公司,中标公司在后续应用推广上会获得更多的帮助。因此,公开招投标是对企业综合技术实力的考验,在市场上影响力较大。

在数据源方面,截至2022年5月底,洞见科技签下商业合同近

30个。

其中,在市场化数据资源方面,洞见科技除了独占中诚信集团的信用类数据合作优势以外,还初步完成了在市场化数据源端的全面部署,传统通过API方式接入的数据源,现在都可以通过隐私计算平台进行数据交互,例如三大运营商、银联及大量互联网公司等,其中三大运营商和银联是接入门槛较高的数据源。

值得注意的是,在数据生态一侧,除了市场化的数据源之外,洞见科技在政务机构的落地方面也取得了不错的进展,来源于政务机构的数据是数据生态的关键一环。仅在2021年,洞见科技就已经在政务方面落地了两省三市,并基于隐私计算技术为地方政府搭建数据开放平台,使多地数据同时入驻交易流通平台。

下一阶段,洞见科技的目标是——"连更多的点,布更多的线"。"连更多的点"指的是落地更多、更广泛的机构,"布更多的线"指的是促进更多的商业主体在隐私计算的帮助下进行数据交互,创造更多的商业价值。

未来,洞见科技的隐私计算产品的落地,将不仅局限在金融领域,而是延伸至更多的领域。

4. 积极推动互联互通

在隐私计算领域,洞见科技一直是互联互通的积极推动者,并在此过程中取得了一系列重要成果。

2021年6月,洞见科技与蚂蚁集团、锘崴科技实现业界首次多方异构隐私计算平台之间完全对等的算法协议互通。

2022年1月,洞见科技成功中标招商银行慧点隐私计算平台互联互通项目。这是国内首个由大型股份制商业银行牵头,与多家头部隐私计算厂商共同合作的跨平台互联互通项目。

2022年6月21日，由洞见科技牵头的全球首个IEEE隐私计算互联互通国际标准P3117正式启动。

在标准制定方面，除IEEE P3117之外，洞见科技还牵头或参与起草了中信通院、全国信息安全标准化技术委员会、全国金融标准化技术委员会、中国通信标准化协会等隐私计算跨平台互联互通相关标准；在落地实践方面，洞见科技与友商实现了首次多方异构隐私计算平台间对等算法协议互通，参与了首个大型商业银行招商银行牵头的隐私计算平台互联互通项目，并为国家工信安全中心搭建了首个部级隐私计算互联互通生态底座平台。截至2022年5月，洞见科技已与近30家机构达成了基于业务/技术的异构平台互联互通合作，在业界遥遥领先。

（三）同盾科技 —— 跨机构知识与生态的建设者

同盾科技是中国领先的人工智能科技企业，专注于决策智能领域，致力于科技赋能、防范风险、提升决策效率。在多年突破创新过程中累积的经验与独特的决策智能技术能力基础上，同盾科技搭建了基于人工智能的决策智能平台和基于隐私计算的共享智能平台两大平台，聚焦金融风险、安全、政企数字化三大场景，利用先进的算法、工具以及数据生态，帮助客户防范欺诈和安全风险，推动智能化决策进程，提升业务决策的灵活性、敏捷性和准确性。

2019年，同盾科技进入隐私计算赛道，开始探索联邦学习、多方安全计算等技术，并成立了人工智能研究院，加大研发投入，对此进行更多前瞻性的研究。同年11月，同盾启动数据去标识化、脱敏等技术工作，并历时8个月，完成公司数据流转架构整体升级，建立了完整的去标识化体系，从底层架构层面支撑业务数据合规，实现数据流转与存储的"可用不可见"。

在入局隐私计算的厂商当中，同盾科技的战略与众不同。它不仅聚焦于隐私计算技术的发展，还面向下一代可信 AI 平台的构建提出了全新的理论体系，并且形成了系统的产品架构和技术生态。

同盾科技正致力于搭建一个连接多个参与方的虚拟空间，提供信息汇聚、知识交易的信息技术载体，成为支撑数据安全交互与知识共享、实现数据价值的基础设施，即"基于隐私计算的共享智能平台"，它可以将金融、保险、互联网、政务、能源等各领域数据在数据安全、可信 AI 的基础上实现知识的提炼与共享，既满足数据不出本地的需求，保障数据安全，又可以赋能其他产业发展，实现数据要素的倍增作用。

1.同盾科技知识联邦理论体系

同盾科技提出"知识联邦"的框架体系。作为一个统一的、层次化的框架体系，它支持安全多方检索、安全多方计算、联邦学习、安全多方推理等技术方案，以层次化的方式，将隐私计算的几个主要流派都融合在知识联邦中。

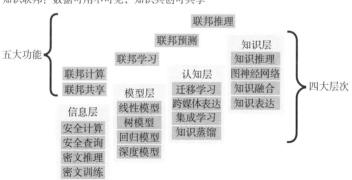

图 8-5　同盾科技知识联邦理论体系示意图

资料来源：同盾科技

知识联邦是打造数据安全的人工智能生态系统的基础，也是未来通向下一代可信人工智能的必由之路。2019年末，同盾科技发布《知识联邦白皮书》，对知识联邦的背景、定义、平台、挑战、场景应用以及未来发展前景进行了全方位、全景式剖析。

(1) 知识联邦的四个层次

知识联邦是一个国产原创、自主可控、国际领先的框架体系。知识联邦的领先之处在于，它是面向下一代人工智能技术发展的理论创新。现有的人工智能技术主要是将数据联合起来进行分析，而知识联邦主张不仅将数据联合起来进行分析，还要将更多的认知、知识联合起来进行分析，从而推动人工智能技术的进步。

在理论层面，知识联邦包含四个层次：信息层、模型层、认知层和知识层。在每个层级中，联邦的对象不同，应用目的也不相同。

信息层：主要发生在联邦的数据转到第三方的服务器之前，需要先把所有数据加密，或通过某种形式转换成为有价值的信息。信息层更多应用在联邦计算的过程中，比如金融经常出现的多头共债问题，比如A/B test，都可以在信息层完成。

模型层：发生在模型训练过程中，跟之前提到的联邦训练的过程实际上是一致的。用本地数据训练本地模型，把模型参数变化加密之后，传送到第三方进行聚合。

认知层：也发生在模型训练过程中，但并不把模型参数聚集在一起联动，而是把局部训练之后产生的粗浅认知进行联结，变得更合理。即在每一个参与方训练本地的数据，提取本地的模型的特征表达，加密之后上传到第三方服务器，实现集成。

知识层：前面形成很多认知结果之后，把它们存成知识库。这种知识库其实每一家机构都有，能够组成一个知识网络。如果在知识网络上不断推理和演绎，挖掘出更有价值的知识，就能提前预判事情的发生，最终形成合理决策。

（2）同盾科技知识联邦技术特点

生态完备：拥有包括数据提供者，数据使用者，模型使用者，模型提供者，还有整体服务的提供者和服务使用者多个参与主体；拥有各种服务平台和生态：公有云、私有云、专有云和本地部署。

高度开放性：为了使知识联邦能够最大化地普及和采纳，采取全面开放的方式，并率先提出多项领先的开放性协议。

2. 同盾科技智邦架构体系

承载知识联邦理论体系商业化落地的就是同盾科技所建立的智邦架构体系。智邦体系的核心是智邦平台 iBond，平台依托工业级算子库以及计算与通信引擎 Ionic、数据安全交换协议——智邦 FLEX 等组件，已形成安全对齐、多方安全计算、联邦学习、隐匿查询等完善的产品矩阵。此外，基于智邦平台的应用，智邦体系还将逐步打造数据要素市场——智邦 iData。

（1）工业级应用产品——智邦平台（iBond）

1）智邦平台产品矩阵
- 智邦—安全对齐（PSI）：是隐私计算的纵向联邦合作的关键前置步骤，指求交双方在不泄露任何一方交集以外信息的情况下，得到双方持有数据的交集。智邦 PSI 基于安全可自证的 OT extension 实现，兼顾计算安全性、计算性能、审计可解释。提供云端 SaaS 的应用方式，是全球首个场景化业务应用的安全对齐 SaaS 产品，开箱即用；可全托管运维，客户零成本接入，满足工业应用的效率、安全、轻量易用等多重要求；可应用于实名认证（X 要素核验）、联合风控多头联盟、数据发现等业务场景，已在出行风控、支付营销、银行等项目应用中取得不错成绩。

- 智邦—多方安全计算（MPC）：是基于密码学的多种技术软件实现的隐私计算。指在无可信第三方的情况下，多个参与方协同计算一个约定的函数，并且保证每一方仅获取自己的计算结果，无法通过计算过程中的交互数据推测出其他任意一方的输入和输出数据。智邦 MPC 具备通信审计、严密的审核链路，多维度提升安全性能，提供 SQL、Python 脚本等，实现联合查询分析、联合统计、联合计算等应用方式，可应用于联合多头统计、信贷风控、保险、跨机构合作统计等场景，已在银行项目中落地。

- 智邦—联邦学习（FL）：是一种使用分布式优化方法来保护多方合作时数据隐私的技术，与多方安全计算、可信执行环境成为隐私计算的三大主流技术。智邦 FL 产品提供保护隐私的分布式模型训练、模型预测、模型自动化发布、联邦在线调用等一站式完整的联邦服务，具备丰富的建模算法、形成有业务经验的学习流，支持可视化、notebook 多种应用方式。性能优越，远超业界平均水平。适用于数据合规严格的风控、营销等场景，已在政务、银行、新金融、传统企业中落地多个项目。

- 智邦—隐匿查询（PIR）：也称"隐私信息检索"，是指查询方隐藏被查询对象关键词或客户 ID 信息，数据服务方提供匹配的查询结果却无法获知具体对应哪个查询对象。数据不出门且能计算，杜绝数据缓存的可能性。适用于黑名单、反欺诈查询、重大疾病筛查等保护被查询人隐私的场景。

2）智邦平台组件

- 数据安全交换协议—智邦 FLEX（Federated Learning EXchange）：是一套标准化的联邦协议，是可信 AI 的 HTTPS，可以实现不同框架、不同平台之间的互联互通。这是国内首个可以跨平台、跨框架，打破数据孤岛和框架孤岛的协议。2020 年，FLEX 协议在全球最大的开源社区平台 GitHub 上实现开源。同盾科技 FLEX 协议的开发与开源为联邦学习技术的发展应用奠定了更好的基础。
- 计算与通信引擎—离子键 Ionic：支持联邦环境下点到点和域通信等通信模式，具有极高的网络并发性能；还支持超大数据一次性传输。作为智邦平台的底层基础设施，它可以大大提升联邦算法的性能，与开源框架比较，联邦模型训练时间可压缩至原来的 1/6，并能大幅减少服务器资源需求，降低联邦平台部署时间，进而全面提升联邦平台的交付速度。

（2）数据要素平台（智邦 iData）

智邦 iData 是基于隐私计算的资源共享平台，为同盾客户之间的数据价值安全共享、业务合作，提供一站式安全合规的数据要素共享市场，打造规模可控、准入审核的合规数据要素生态圈。iData 以智邦平台 iBond 为客户间联邦合作的本地操作产品，通过联邦建模、联合统计分析、安全对齐等应用方式，在保护数据隐私安全的基础上，借助生态内已连通的多样数据要素，深入挖掘数据要素价值、提升业务效果。

3. 同盾隐私计算商业落地及未来布局

同盾科技基于这些平台和协议，就可以支持很多应用，例如知识联邦的4个层次都有丰富的应用：在信息层，可在保护用户隐私并保证数据安全的前提下，进行数据源联合数据分析，可用于保护条件查询；在模型层，可以为金融机构做风控建模，提升效率和服务价值；在认知层可通过安全多方进行预测，如信贷智能反欺诈；在知识层，可通过联邦社交推荐做精准营销，助力企业做出精准判断。

目前，同盾科技的隐私计算技术在金融、营销、数字政务、互联网反欺诈判断等方面都有很多有价值的落地应用。

例如，同盾科技与电网企业通过智邦平台合作，在保护数据隐私的基础上分析企业的电力使用情况，为中小微企业提供征信判断依据，帮助银行做好中小微企业的信用风险分析。在保险金融营销领域，同盾科技帮助某银行从海量客户群中挖掘潜在保险用户，有效提升银保营销转化率，提高保险销量产品和渠道的多样性。同时，同盾隐私计算已经落地东南亚、北美、南美等多个地区。同盾在美国硅谷设立认知实验室，在加拿大设立北美智能风控实验室，探索风控及相关领域产业应用和商业创新的路径。

在场景应用方面，同盾将通过隐私集合安全求交（PSI）这类"小而美"的技术作为切入口，在细分业务场景中先行先试轻量化应用，经过各机构、企业实践，确保足够安全与稳定后，再不断深入渗透到其他场景。当前，同盾隐私计算技术已经在金融（包括联合风控、联合营销等场景）、互联网及智慧政务等领域发挥作用，相信未来还会在包括智慧能源、智慧城市等领域有更多的探索性应用。

在金融领域，同盾积极探索更多的落地场景。金融场景中所有需要多方参与建模、知识共享的场景都可以应用知识联邦。尤其是针对个人的贷前风险防控、反欺诈、反洗钱和多头共债中。

在国家关注的政务大数据上，通过知识联邦可以帮助政府实现安全的数据虚拟融合，实现数据联邦检索，在保护个人信息的前提下，建立政府数据向社会开放的安全渠道。同时，可以为各部门行政审批事项梳理和业务流程再造提供支持。

在智慧城市建设发展中，知识联邦同样可以发挥重要的作用。例如在车联网，通过知识联邦可以维持车主行为习惯的前提下，让每个车辆与周边车辆保持安全的信息交流，为自动驾驶提供助力。在社区监控、疫情普查或智能门禁中，利用知识联邦可以将区域或家庭监控系统与公安的犯罪嫌疑人数据库连通，通过本地计算分析，在保护过往行人的隐私情况下，对发现的潜质嫌疑人及时报警等。

2020年10月，同盾科技牵头与浙江大学、中科院医学所、复旦大学、哈尔滨工业大学、华东师范大学、百度大数据实验室、360集团、平安科技、明略科技等众多学界、业界单位联合成立知识联邦产学研联盟。同盾希望通过开放联盟方式，将知识联邦通过产学研联盟的方式，把产业界、学术界联合起来，力图将从学界产生的想法反哺给企业界，企业界也能把一些需求和场景开放给研究院研究，双方共同打造可信AI。

近年来，同盾也一直在积极参与人民银行金标委、信安标委、中国信通院等多个数据安全相关标准的制定，从自身实践中来，到行业发展中去，希望为行业的健康良性发展贡献力量。

（四）富数科技——中国隐私计算领域的行业拓荒者与超级攻坚者

上海富数科技有限公司（以下简称"富数科技"）成立于2016年，是中国进入隐私计算领域最早的公司之一。

富数科技的核心团队来自 CapitalOne、阿里巴巴、华为和 IBM 等，现任首席科学家来学嘉是国际密码学会三大华人会士之一。公司会聚了来自上海交通大学、中国科学研究院、山东大学等密码学和算法博士。

从成立开始，富数科技陆续获得多轮融资，是隐私计算赛道上融资最多的创业公司之一。2021 年 7 月，富数科技完成 C 轮和 B 轮融资。其中，C 轮投资方包括中国互联网投资基金、同创伟业；B 轮融资来自亚信安全、晨山资本等，两轮融资累计金额达数亿元。2022 年入选"2022 首届数字科技投融资榜单"，获颁"最受投资人欢迎的隐私计算服务企业"奖。

富数科技有几个显著特点：第一，技术路线全面，并且在关键技术难点上有重大突破；第二，商业落地居于行业头部；第三，是首个国家级隐私计算互联互通标准——《隐私保护的数据互联互通协议规范》的牵头单位之一。

1. 产品技术优势

富数科技从 2017 年开始探索隐私计算技术，并于 2019 年上线了独立研发的安全计算平台 Avatar。

Avatar 定位于一站式企业级多方安全计算平台，集成隐私集合求交、多方安全计算、联邦学习、隐私信息检索等核心隐私计算技术，提供企业级的数据安全匹配、安全联合计算、安全联合建模、安全查询等跨机构间可信数据协作能力。

富数 Avatar 安全计算平台先后首批通过中国信通院多方安全计算和联邦学习两项产品性能评测以及产品安全评测。2022 年 1 月高分通过中国信通院金融场景隐私保护计算平台测评。平台的功能完整程度、性能达标情况、安全强度水平以及场景满足能力表现优异，并拥有核心自主知识产权 50 余项。

在技术研发方面,富数科技的突出特点是,推动应用研究,对"卡脖子"难题不回避,是国内极少数具备完整技术能力的隐私计算创业公司。

2021 年 3 月,富数科技获上海市科委授牌,正式入选"2020 年上海市技术创新中心",以建设"上海市多方安全计算技术创新中心",加速推进安全计算相关技术的创新与应用。此次授牌是将多方安全计算技术应用到上海市数字化转型的试点,也是对富数科技作为国内隐私计算行业领先企业的认可。基于"上海市多方安全计算技术创新中心",富数科技持续投入资源,全力以赴研发攻克安全计算相关技术,解决卡脖子难题,包括数据流通与数据安全的矛盾、数据确权、数据资产化等方面的难题。

其中最核心的是数据自由的流通受制于隐私保护与收益分配等规则尚未完善,基础算法、底层软件、高端芯片等数据处理软硬件水平较低等。而多方安全计算基于密码学,能够在不暴露原始数据的情况下进行数据运算,保障数据安全的同时实现"数据不出门,可用不可见",有效解决数据流通中隐私保护、数据确权等诸多问题。

其间,富数科技在自主研发之路上不依赖第三方开源项目,自研 Avatar 阿凡达安全计算平台实现原始数据及其秘密分片不出域,支持去中心化和无可信第三方直连对等网络,同时支持 RSA 和国密 SM2,完全符合自主可控要求。富数科技在业界首创融合多方安全计算及图计算技术,提升多方安全计算的适配性、精准性,独有的安全可视化模块,让复杂的安全计算原理黑盒透明化,提高安全可解释性。

2. 金融落地居于行业头部

截至 2021 年末，富数科技已落地 60+ 合作伙伴，场景覆盖金融、政务、电信运营商、电力和数据要素市场平台建设和运营，相关案例入选人行监管沙箱、电力十大案例等。

在金融领域的商业落地方面，富数科技优势显著。富数科技团队不仅有隐私计算的技术积累，且创始团队有丰富的金融风控经验，在场景落地当中，能够为合作伙伴提供更多的业务支持。

在金融风控业务方面，进入隐私计算领域之前，富数科技的主要业务是金融风控，在金融数据类型和算法方面经验丰富。富数科技的智能决策分析和商务部门等业务线，也都聚集了众多金融领域背景的人士，团队成员来自 Capital One、GE Money、渣打银行、中国银联等。

因此，其在金融场景落地当中，富数科技能够提供全流程解决方案，其中包括：第一，提供私有化部署的标准化隐私计算产品 Avatar；

第二，通过 Avatar 为用户引进运营商、银联等高价值数据，并提供联邦学习的能力。

第三，基于场景的理解，做标准的应用级 SaaS。

富数科技近期典型落地案例包括：

2022 年 1 月富数科技中标"中移动信息 2021 年多方安全计算应用平台"。富数科技将为平台引入联邦学习、多方安全计算等多项自研、可信隐私计算技术，基于对隐私计算底层技术的封装，结合联邦框架与 AI 算法，打造高效、安全的系统架构。同时，与集中化大数据服务管控系统互动获取数据资产，封装模型和计算结果注册对接，支撑丰富的行业数据运营服务场景。双方将依托平台的规范制定、工程建设、应用发展等合作，对金融、政务、医疗、互联网、工业等领域进行全方位数据运营服务支撑。

2022年2月,中标"中国银联2021年安全生物特征服务建设平台",双方将基于多方安全计算技术,在保护生物特征信息的前提下解决人脸等生物特征信息在实际场景应用中的存储、传输、升级等难题。

3. 牵头推动行业互联互通生态

作为首个国家级隐私计算互联互通标准——《隐私保护的数据互联互通协议规范》的牵头单位之一,富数科技始终致力于推动隐私计算领域"TCP/IP"协议,力图打造一个互联互通的数据安全流通生态。

2021年4月,富数科技开创性地提出"统一资源协议",并在技术层面率先实现与其他隐私计算平台的异构互联互通,迈出标准化的关键一步。

同年8月,获信安标委立项研究,这也是富数科技为行业贡献的首个国家级互联互通标准,对于隐私计算行业突破兼容互联瓶颈具有里程碑式的意义。

同年12月,上海市2021年度"科技创新行动计划"技术标准项目立项结果正式公布,经专家评审和社会公示结果,富数科技《隐私保护的数据互联互通协议规范》国家标准研究制定获立项。

2022年1月,富数科技中标招商银行"慧点隐私计算平台互联互通项目"。该项目是富数科技继信安标委"隐私保护的数据互联互通协议规范"获正式立项之后,在互联互通领域的又一重要里程碑。同时,这也是国内首个由大行牵头、携手多家头部厂商共同参与的隐私计算平台互联互通项目。

富数科技在近两年内主持或参与制(修)订标准数量超过15

项，总计参与数达 50 余项。

未来在"隐私计算+"时代，富数科技认为行业客户的需求将成为隐私计算产业的强力催化剂，商业实践的聚焦点也将从"核心基础建设"向"数据运营服务"过渡发展。

富数科技在面对行业需求蓬勃迸发时，将提供基于高质量数据源生态，提供"细分场景需求"—"数据应用产品"—"敏捷工程开发"—"互联互通网络"的完整服务闭环，真正成为一家提供数据流通全流程服务的隐私计算+技术服务商，与更多的合作伙伴一起推动隐私计算全面规模化商用落地。

（五）锘崴科技 —— 全球医疗隐私计算的开创者

锘崴科技创立于 2019 年，其创始团队来自硅谷，是隐私计算在全球医疗领域应用的开创者。

锘崴科技创始人、董事长王爽此前曾在加州大学圣迭戈分校担任生物信息学教授。2011 年至 2014 年，在负责全美医疗领域数据安全和隐私保护的国家级中心 iDASH 中心的支持下，王爽带领所在的项目组应用"隐私保护下的分布式机器学习"方案打通了加州大学旗下 5 家医院的数据。这是目前已知的隐私计算在全球医疗领域的第一例大规模的落地应用。在此基础上，王爽带领所在的项目组于 2014 年建立了全球第一套保护隐私的超大规模医学科研网络 pSCANNER，于 2017 年建立了全球第一套基于隐私保护的跨国医疗数据共享分析系统。

锘崴科技创始人、CEO 郑灏博士是前硅谷资深科学家，长期从事生物信息、机器学习研究及其产业化工作。

锘崴科技优势主要在于隐私计算在医疗领域的落地应用，目前，锘崴科技正在根据自身优势将业务拓展至更多领域。到目前为止，锘崴科技服务总客户近百家（包括POC），有50多个落地项目，潜在客户则超过200家，覆盖医疗、金融、政务、运营商等诸多领域。

锘崴科技已先后获得启明创投数千万人民币A轮融资，致远互联、启明创投、连宇投资、海南然格、黎刚资本亿元级人民币B轮融资。

锘崴科技有几个突出特点：第一，在公司成立之前，技术已经经过十多年的钻研与打磨，攻克了诸多难关，积累深厚；第二，医疗落地应用丰富，金融、政务应用具备独特优势；第三，团队对医疗领域有极强的战略定力；第四，多年实践积累了很多隐私计算专业人才，团队成员大多来自Google、Thermo Fisher等世界500强企业；第五，已构建了一套数据网络生态圈层，不仅对接运营商、银联等，还有大量体检中心、医院等机构，并且在不断地接入新的数据节点到锘崴科技的数据网络生态圈里。

1. 技术优势

与其他领域相比，医疗领域的数据处理复杂度较高。

从对数据源的要求来说，要进行医学研究，需要大量的数据样本，通常情况下2—3个数据源很难满足实际业务需求，因此需要底层隐私计算平台能力可以支持100多个数据节点的联合计算。

从数据结构来看，医疗数据类型丰富，处理难度较大。医疗领域除了结构化的数据，还有非结构化的数据。比如影像数据的处理，涉及病灶的勾画、识别，基因数据的对比、对齐和分析，这是非医疗领域的研究者没有触及的问题，在实际操作中需要专业的隐私计算工具的支持。

从数据量来看，医疗领域需要处理的数据量也极大。比如基因数据体量非常大。一个个体的全基因组数据大约为300 GB，如果要做一个疾病的研究，即使样本只有 1000 个患者，需要处理的数据量也有 300TB。

从数据的分析处理上来看，医疗领域需要运用的数据分析模型也比较复杂。比如，在医疗领域，相似病人的比较就是一个比较复杂的问题。"相似"的定义非常广泛，需要进一步明确，是按照基因序列的相似性来寻找，还是按照病理数据的相似性来寻找，这其中要结合医学知识和需要解决的问题来处理。

从对于业务的安全性要求来看，医疗场景下的应用涉及病人的生命安全、临床应用中的责任划分等问题，因此需要隐私计算能够提供无精确度损失的隐私计算能力，而不是像大多数金融场景中采用的近似计算，这对于隐私计算团队的底层技术能力提出了很高的要求。此外涉及多中心合作中，医疗场景下通常不能接受金融场景下常用的数据源之间不串谋的假设以及半诚实模型的假设，而是需要更高的安全保护，比如，对于恶意模型的支持，可以抵御数据源之间的串谋风险等。

在过去的 10 年间，王爽和他的团队在实际场景的应用中将这些问题一一解决。系统从最初只能接入 5 个数据源，到后来可以接入上百家医院数千万人；从最初只能进行简单的逻辑回归分析，到后来可以支持不同的统计、假设检验、生成率、基因数据分析、影像数据分析等复杂多样的分析；从最初只能处理结构化数据，到后来可以处理各种非结构化数据；从最初只能进行横向联邦学习，到后来也可以进行纵向联邦学习等分析；从最初应用同态加密，到后来引入可信执行环境、多方安全计算等多种技术来确保安全。

如今，锘崴科技可以提供多种技术融合的隐私计算解决方案，针对不同场景的特定需求，基于底层技术模块的自动化编排，提供特定的技术应用。要对多种技术进行恰当的组合，不仅要对每一种技术路线的能力以及它的保护范围进行比较和了解，而且对于每一个技术路线的理解要比较深入。过去多年的积累，对锘崴科技来说就像是一条较深的护城河。

过去十年，在运用隐私计算技术解决医疗场景的问题方面，王爽和他的团队实现了多次"全球首创"：2012年，全球首次提出安全联邦学习框架并应用在国家级医疗健康网络；2014年，全球首个隐私计算大赛创立；2015年，全球首次将同态加密技术应用到联邦式多中心罕见病研究中；2016年，实现全球首次基于可信执行环境技术进行跨国且联邦式的多中心罕见病研究，这也是可信执行环境在全球首次进入商用场景。

在这些"全球首创"里，王爽和他的团队都解决了关键难题，做出了开创性贡献。

2. 医疗领域的落地应用

目前，锘崴科技在疾病治疗、药物研究、医疗保险、营销等多个领域都有了丰富的落地案例。并且，锘崴科技看到，隐私计算的应用将为相关领域带来巨大变革。

隐私计算技术的应用，将为许多疾病的治疗带来新的突破。

比如，锘崴科技曾参与过"川崎病"的研究，隐私计算技术在对这种疾病的研究上起到了巨大的推动作用。"川崎病"是一种儿童罕见病，且至今找不到发病原因，每家医院的样本量也非常有限。在这种情况下，就必须实现不同样本中心的数据连接，找到足够多的病例来进行研究。锘崴科技通过与全球多个医院合作，找到了250个家庭的750个个体，开展了多中心样本研究，统计效果比之前的单中心研究提升了一个数量级。这种相关性的发现，对"川崎病"的早期诊断和治疗至关重要，它可以进一步用来指导临床诊断和药物研发。

隐私计算技术在疾病治疗方面的研究不仅限于对罕见疾病的研究，而且是对所有疾病的研究都可能有所帮助。目前，锘崴科技正在与医疗机构合作，将隐私计算技术应用在消化外科结直肠癌的研究当中，希望能够在这种发病率在全球排名第三的癌症的研究中有所贡献。类似的效应还体现在药物研究方面。

不仅如此，锘崴科技还在尝试与医疗机构合作，运用隐私计算平台支持建立疾病的查询网络，从而建立临床辅助诊断的指南。如果这个网络能够建成，未来将极大地改变疾病的治疗方式和效果。

在医疗保险领域，锘崴科技进行了在营销与预核保场景的探索。

在保险营销场景中，锘崴科技的合作伙伴以保险经代公司居多。这里涉及三方信息的匹配，即保险产品、保险经代公司的销售代表和客户。不同保险产品的定位不同，产品的受众也不同，这里涉及保险产品和目标用户的匹配，而产品是需要销售代表推销的，不同销售代表的专业程度不同，因此也需要保险产品匹配到合适的保险销售人员。锘崴科技提供的隐私计算平台，可以结合保险公司数据、保险经代公司数据、移动运营商数据、体检中心数据，建立精准的匹配模型，实现更精准的用户触达。

预核保场景则与保险营销场景稍有差别。核保，指的是保险人在对投保的标的信息全面掌握、核实的基础上，对可保风险进行评判与分类，进而决定是否承保、以什么样的条件承保的过程。保险代理公司如果花了大量成本去对客户进行营销推广，最后发现这个客户患有相关疾病，不在保险产品提供服务的范围内，这对双方来说都是巨大的浪费。与锘崴科技合作，保险代理公司可以提前进行预核保工作，在对客户进行深度营销之前，在用户授权的前提下，能够提前排除不在保险范围内的客户，提前规避风险。而在此前，一般缺乏关于客户的更多维度的数据,这一点无法做到。

在这两个场景之外,锘崴科技看到,未来隐私计算在保险方面的应用还有向上下游延伸的巨大潜力和空间。目前锘崴科技看到的主要有两个方向,保险产品的设计和健康管理。

在保险产品的设计方面,隐私计算平台通过与更多医疗数据源的连接,可以支持保险公司运用更多维的数据来进行保险产品的风控和定价,从而推动更多更好的保险产品出现。

在健康管理方面,保险公司为客户承保之后,为了降低理赔风险,有动力为客户提供后续的增值服务,以降低客户的患病风险,从而实现保险公司的收益最大化。在这之中,要为客户提供健康管理的增值服务,就涉及通过对客户各类数据的精准跟踪,来预判客户的健康风险,从而采取有效的干预措施。

在保险之外的健康营销领域,锘崴科技目前也有类似的探索。

3. 金融、政务领域的落地应用

基于在医疗领域的应用探索和技术积累,锘崴科技将优势不断拓展,业务已扩大至更多领域,比如金融和政务领域。

先看金融领域。投保风控和征信是锘崴科技在金融领域具有应用优势的两个典型场景。

在投保风控这个金融应用中,特定场景下,深耕医疗领域多年的锘崴科技更有优势。在健康险场景中就是这样。健康险主要关注用户的健康状况和经济状况,产品类型和定价需要考虑用户的收入水平,理赔和风控需要考虑用户的健康状况,这个场景横跨了健康与金融两个板块。而要了解到用户的这些信息,就需要保险公司综合相关的医疗数据和移动运营商数据,锘崴科技的隐私计算平台,能够连接这些数据源,帮助保险公司基于这些医疗、金融数据了解用户的疾病信息，进行更加合理地定价，同时，锘崴凭借自身对于医疗疾病模型的积累和理解，也能够帮助保险公司对潜在用户进行分析。

锘崴科技也在支持金融征信服务方面发现了需求。征信机构往往需要综合多个数据源进行数据分析，对多数据源进行联合分析是锘崴科技的优势。在这方面，锘崴科技已经初步有了落地案例的探索，比如锘崴科技曾与某省的大数据中心在普惠金融方面合作。基于锘崴的隐私计算平台，该省大数据中心可以打通多个不同部门的政务数据，使得银行自有的标签信息能够与政务数据结合，刻画出更精准的小微企业画像，以辅助银行进行企业贷款发放。

再看政务领域。通过与一些政府的大数据中心或数据交易所进行合作，锘崴科技致力于帮助政务数据实现价值转换，这一领域的应用与锘崴科技在其他领域的应用还可以相互关联。目前，锘崴科技可以帮助政务数据在智慧城市、金融、医疗等领域进行价值转换。

医疗领域也是政务数据价值转换的重要领域。部分医疗数据是政务层面的数据，如卫健委掌握的数据。保险公司或者经纪代理公司在推销保险产品时，可能会涉及与健康评估预核保相关的应用，而这些与用户健康相关的数据可能来自政务部门，锘崴通过提供隐私计算平台，可以连接政务部门的数据源，来满足保险公司在预核保阶段的需求。

基于团队的发展背景，锘崴科技团队有着极强的战略定力。

虽然，目前隐私计算在医疗领域发展还处于初期，但是锘崴科技团队看好其未来发展前景，并且认为这是一个先慢后快的过程。类似的过程，王爽在美国已经经历过一遍。从2011年到2014年的3年间，王爽和他的团队仅在加州大学旗下五家医院完成隐私计算平台的搭建。但是在接下来的三年间，也就是在2014年至2017年间，隐私计算平台的搭建就已经拓展到美国西海岸医共体当中的几百家医院,初步形成网络效应,服务的患者达到 3000 万,这相当于美国人口的 1/10。

从实践来看,锘崴科技在中国的第一个三年,进展远快于美国。锘崴科技团队回到中国是在 2019 年底,至今有两年多的时间,还不到三年。目前,其隐私计算系统已经实现了跨越 24 个省的 60 多家医院的触达。在未来,经过初期的标杆应用打造之后,锘崴科技的医疗应用将进一步进行横向和纵向的拓展,横向拓展到不同的病种,纵向拓展到不同的医院。

锘崴科技认为,未来三年内,隐私计算在中国医疗领域能够实现一拨大规模的应用。

(六)同态科技 —— 中国同态加密技术的领跑者

上海同态信息科技有限责任公司(简称"同态科技")创立于 2018 年 4 月。

同态科技团队自主研发同态构型算法,极大程度上提升了同态加密技术的性能,从而使同态加密技术有了实现商业化落地的可能性。

在 2021 年,同态科技团队研发的超高速同态加密隐私计算一体机实现了全球范围内首次全同态加密的硬件化,并实现所有技术均自主可控。

过去三年间,同态科技已经在商业化应用中取得不少突破性成果,并持续在真实商业场景中验证其技术的可行性。例如,在反欺诈方面的数据安全共享应用平台;在金融领域合作探索基于密文的监管科技创新,相关案例荣获人民银行金融创新试点;在能源领域,对电力数据的全生命周期进行保护,并提出云场景下的密态数据安全应用等。

2019年，同态科技获得金沙江创投千万级人民币种子轮融资。2021年，同态科技获得千万级Pre-A轮融资。

目前，同态科技正积极与国家政策和业务趋势结合，并且计划在2022年、2023年向市场大规模推广同态加密技术的商业化落地。在政务、金融、军民融合、数据交易等领域的关键场景进行有效覆盖。

1."同态构型"的超越

同态科技经过十余年技术沉淀，自主研发了高性能国产化同态加密算法体系"同态构型"，相比于同类型最佳开源库"微软SEAL"在相同环境下运行同一批次数据，整体性能提升超千倍[①]，在某些特定运算场景下（例如数据统计、风控模型、生物识别等），可以达到更高的性能提升。在同态构型的整体算法设计中，空间复杂度和时间复杂度上较经典的同态加密算法均有较大的提升，也因此将全国产化同态加密真正带入可工程化落地的阶段。

2021年，同态科技推出全球首款超高速同态加密隐私计算一体机，实现了全球首次全同态硬件化。该工作由同态科技联合中国信科集团共同完成，为数据共享隐私计算提供标准化的数据输出能力。同并集成SM2、SM3、SM4等商密算法，有效兼容现有的商密基础设施体系，符合《GM/T 0018-2012 服务器密码机技术规范》等相关国家规范和技术要求。所有技术均国产化，实现自主可控，极大降低了技术采购的成本。

团队方面，同态科技由国内顶尖的密码专家带队，其技术团队在国家密码管理局的领导下，深耕密码学与密码应用几十余年，在

---

① 相关性能数据，同态科技可提供测试平台供验证。

商用密码领域拥有深厚经验与积淀，实现"同态构型"与现有的商密基础设施体系的有效兼容。以便用户在进行隐私计算改造时，无须进行大规模的业务改造与产品部署。并在相关技术标准、产品设计、业务实践方面，均严格遵守法律法规、国家标准，具备强合规意识。

2. 落地应用取得突破

目前，同态科技在应用落地方面已经取得一定突破。这些应用涉猎广泛，包括金融、政务及其他诸多领域。

在金融领域，同态科技与相关监管机构合作探索了监管科技的创新。

在传统的金融数据监管模式中，为保证金融机构自身的数据安全并保护商业机密，金融机构在本地进行数据统计汇总后，仅将汇总结果发送至监管机构，而不附有详细流水，因此监管机构无法对金融机构的原始数据进行监管。这样的监管方式带来几个问题：一是监管颗粒粗，即监管机构接收到的数据是经过金融机构预统计的，不包含明细，故监管机构难以对金融机构开展更进一步的监管；二是原始数据不可见，即金融机构为了保证自身的数据安全并保护商业机密，无法提供原始数据；三是外流数据不可管控，即金融机构若向监管部门提供原始数据，难以对监管机构后续对原始数据的操作再进行限制与管控，造成金融机构对数据所有权的削弱。

针对以上问题，同态科技与平安银行合作，使用基于同态加密技术研发的"监管沙箱"帮助银行探索新型监管模式。在新模式下，金融机构能够将部分原始数据加密后发送至人民银行监管平台，监管机构可通过监管平台在密文数据上进行反洗钱、风控等金融监管。这种新型模式在拓展银行监管维度和监管颗粒度的基础上，保障了金融机构的数据安全。目前，监管沙箱已完成交付，银行监管平台与金融机构正在逐步接入。

这个案例实现了基于密文数据的监管模式，有效保护了被监管方的数据安全与商业秘密，丰富了监管方的监管维度。在其他行业中，只要涉及数据监管的场景，均可采用该案例的模式，具有广泛的借鉴意义。

在政务领域，同态科技与上海数据交易所合作，成为上海数据交易所首家"数据交付服务商"，还与公安部门合作研发了反欺诈平台。

数据交易所主要为数据提供方和数据使用方提供服务，其服务流程包括挂牌、撮合、交付和结算4个部分。在数据交付环节，通过同态加密技术，对数据的全生命周期进行高安全性的加密保护和有效覆盖，降低隐私数据泄露与数据价值稀释的风险。

在反欺诈平台方面，相比于传统的反欺诈平台可能通过哈希碰撞还原数据标识原始信息等风险，同态科技实现了基于密文分享的数据查询。数据源将相关数据进行同态加密后再发送至查询方，达到查询方无须将数据标识发送至数据源的目的，进而保护查询方的数据安全。这个模式也同样适用于其他查询方有强隐私保护需求的业务场景。

除金融与政务领域之外，目前同态科技在能源数据的保护方面也有场景落地。主要解决由于相关技术和法律风险等因素限制而难以进行的电网数据开放共享问题。同态科技通过同态加密实现密文数据的应用能力，配合访问控制措施，打造云上电网数据全生命周期的安全防护。实现电力大数据经济效益的充分发挥，与社会生产力、社会资源的大幅提升，因此具有广泛的应用前景。

3. 大规模商业化开启

经过前期的技术打磨，2021年，同态科技开启了大规模的商业化推广。

当下，同态科技的产品已在政务、金融、军民融合、云计算、数据交易等领域的关键场景进行了有效覆盖。未来，数据安全基础设施建设、数据合规与数据交易是同态科技初步重点推进的应用场景。

同时，同态科技也将进一步加强创新型技术的研发。同态科技由国内著名密码行业专家带队，并与国内外一流高校联合组建高新技术产业联盟，形成了完整的人才培养机制，有效解决了我国密码产业链中从理论研究、技术开发到生产应用的各阶段的脱离问题，实现了从新型密码理论研究到生产应用上的产学研一体化。

目前，同态科技核心产品为"基于同态加密的标准化数据安全共享架构"（即"基于同态加密的隐私计算平台"），该框架具备高性能、轻改造等特点，对于数据安全共享的场景可以进行有效标准化覆盖，满足在密文上完成后续的相关业务的数据计算应用，并且该体系完全符合国家相关技术要求与标准。

其中，作为硬件载体的"隐私计算一体机"是一款集SM2、SM3、SM4和高速同态加密算法于一体，并兼容原有的PKI体系的全球首台超高速全同态加密机。"隐私计算一体机"符合《GM/T 0018-2012 服务器密码机技术规范》等相关国家规范和技术要求的密码设备，其所有技术均国产化，实现自主可控。

"同态隐私计算应用一体化平台"实现了数据共享应用于全生命周期的隐私保护与数据价值合规利用，形成数据分发、数据授权、隐私围栏、密文计算和应用审计的标准模块，与原有业务系统形成有效结合，实现轻量化接入和数据可用不可见。

基于以上核心产品，同态科技利用同态加密技术在云赋能方面的天然优势，研发出"隐私计算云服务"这一衍生产品，同时保护供需双方的数据权益，即数据源的数据所有权和数据需求方的数据使用权。与此同时，保障数据在共享、使用过程中的安全性，实现云场景中的数据全生命周期的隐私安全保护。

作为一种加密算法，同态加密既可以单独作为一种技术进行应用，也可以与隐私计算的其他技术结合起来进行应用。如果与其他隐私计算技术相结合，可以进一步提升隐私计算的安全与合规性。

在未来，同态科技一方面希望与更多的真实场景接触，探索同态加密技术在场景中的应用，另一方面也希望与更多的隐私计算服务商探讨合作机会。"保数据隐私而安之，聚天下数据而通之"，作为国际领先的数据隐私保护计算服务商，同态科技将始终保持专业、积极、全面的职业化精神，为用户持续提供业务所需的一系列能力，开拓进取，不断创新。

第九章

隐私计算项目竞争力评价维度

目前，市场上有琳琅满目的互联网巨头旗下的隐私计算产品，也有众多隐私计算创业公司在提供服务。如何判断这些隐私计算项目的竞争力是一个核心问题。

根据零壹智库目前的行业调研，我们了解到以下可供参考的评价维度。

一、技术与产品竞争力

（一）安全性

在技术与产品的考量因素方面，对安全性的考量应当放在首位。原因是，隐私计算的终极价值就是能够保护隐私数据的安全，使得数据"可用不可见"。如果安全性无法保障，就失去了这一技术的根本立足点。

随着行业的进一步发展，安全性已经不仅仅停留在单一方面，而是体现在整个隐私计算数据对齐、建模、模型部署以及数据调用全链路的安全上。从隐私技术各环节上来看，全链路安全可以概括为数据安全、密码安全、模型安全、协议安全。

数据安全，是指对数据从包括存储、使用、回收在内的全生命周期进行必要的安全管理，这也是隐私计算领域安全的一个关键挑战。

密码安全，是指基于密码学方法的隐私计算安全协议所涉及密码算法在强度、可用性、人为泄露风险、规范性、场景实用性等多方面的安全。建立于密码学机制的隐私计算技术一旦在其中任何一个环节出现问题，造成密钥破解或者泄露导致技术失效，都将造成隐私信息泄露的不良后果。

模型安全，是指针对数据训练模型的保护，使模型在传输、训练、访问等过程中的安全性。随着行业发展，大多数企业现在都使用第三方开源平台进行本地化改进，而在开源软件中出现了植入病毒、恶意上传虚假错误数据与模型偷取等攻击性行为，会造成模型受损，这在目前也成为模型安全的一大威胁。

协议安全，是指包括联邦学习、秘密共享、混淆电路等在内的隐私计算安全协议是否能够完成不同场景应用下的安全假设。由于不同技术应用于各个场景下的对象不一致，每种技术的协议安全假设强弱不一致，一旦不在使用中针对性地调整协议安全假设强度，便很容易造成安全性问题。一旦整条链路中任何一个环节出现问题，不论在技术环节技术有多完善，都无法实现隐私计算的安全性，无法达到保护数据隐私的目的。

据零壹智库调研了解，由于在安全性方面缺乏统一的标准，目前市场上有不少产品在安全性方面存在问题。如果安全性不能确保，将使得隐私计算技术形同虚设。这一点，隐私计算使用方在进行产品选型时需要特别注意。

第九章 隐私计算项目竞争力评价维度

隐私计算的核心底层是同态加密、安全多方计算等前沿技术，这些新型密码学技术在中国工业界仅仅落地数年，尚未完全标准化，需要对其安全效果进行严谨的评估；而评价密码学技术安全性的黄金准则是"Kerckhoffs's Law"（柯克霍夫原则，由奥古斯特·柯克霍夫在19世纪提出），即系统的任何部分都是需要公开的，只有密钥不需要公开。换句话说，要评价一个隐私计算方案是否安全，必须将方案公开，而且通过足够多同行的评议。密码学发展近百年来，从DES、AES，到椭圆曲线，各种成功、失败案例，无不遵循该准则。

根据这一准则，要对比各隐私计算厂商在安全方面的技术水平，有以下几个可供参考的衡量方式。

第一个标志性的衡量方式，就是看厂商是否将自己的技术方案公开发表，并得到相关领域的认可。目前隐私计算方面最高水平的同行评议圈无疑是四大安全顶会和三大密码学会议——四大安全顶会指的是 Oakland S&P（IEEE Symposium on Security & Privacy）、CCS（ACM Conference on Computer and Communications Security）、NDSS（Network and Distributed System Security Symposium）、USENIX Security（USENIX Security Symposium），三大密码学会议指的是国际密码学研究协会（International Association for Cryptologic Research）每年主办的三次学术会议——美国密码会议（Crypto）、欧洲密码会议（Eurocrypt）和亚洲密码会议（Asiacrypt）。

第二个重要衡量方式是厂商是否将其关键系统代码开源，发表论文，相当于在算法层面进行公开评议，而开源代码相当于在工程方面进行公开评议。一个有一定代表性的指标是开源代码在 GitHub 上获得的 star（相当于程序员界的点赞）数目。这方面国内影响力最大的是微众银行的 FATE，拥有 3500 多 star。此外字节跳动的 Fedlearner、百度的 PaddleFL、阿里（与 Cape 合作）的 TF Encrypted

等也拥有较多的受众，但是距离国外同行如微软的 SEAL、IBM 的 HELib、Google 的 TF Federated 等还有一定的距离。

（二）性能

除了安全性之外，性能是第二个应当被考量的维度。在真实业务场景中，性能的差异会决定一个隐私计算产品能否符合实际业务需要，能否进入真实应用场景。例如，训练一个模型需要一个小时和需要一天，这带来的实际业务影响是完全不同的。

在实际应用中，安全性和性能是需要平衡的一对因素。性能，是与安全性成反比的。对产品安全性的要求越苛刻，中间需要用到的安全算法和步骤就会越复杂，需要处理的数据就会越多。因此，当对产品安全性的要求不断提升的时候，它的性能是会不断下降的。

（三）效果

如果产品的安全性和性能都过关，下一个决定产品竞争力的维度就是应用效果。应用效果取决于隐私计算项目能够连接到多少数据源、数据建模能力如何。

连接数据源的多少，从根本上来说，取决于隐私计算软件平台的连接能力。隐私计算软件平台的运行相当于一个中介平台，连接数据源和数据使用方。因此，数据源和数据使用方有互相撬动的作用——平台连接的数据源越多，愿意加入平台的数据使用方就越多，因为数据使用方是为了使用更多的数据才会选择使用隐私计算平台。反过来，平台连接的数据使用方越多，愿意加入平台的数据源就越多，因为有着更多数据使用方的平台能够为数据源带来更多的业务。

在实际当中，我们看到这种连接能力与以下几个因素相关。

第一，是隐私计算厂商的背景。首先，自身有独特数据或者与数据源有合作基础的厂商会占有优势。互联网巨头和此前做过大数据风控与营销相关业务的厂商会相对占有优势。互联网巨头有因自身业务运行而积累的独特数据，做过大数据风控和营销相关业务的厂商此前与相关数据源都有过对接。初创公司在这方面处于相对劣势。其次，与金融场景有合作基础的公司会占有一定优势。比如一些做过大数据风控或营销业务的公司，此前就为金融机构提供过风控或者营销服务，有现成的场景资源。初创公司在这方面也处于相对劣势。

第二，是隐私计算厂商的技术实力。厂商技术实力强，与生态伙伴连接的能力会相对更强。技术实力，特别是单点技术能力，是初创公司的优势所在。

数据建模能力的强弱，则是人才的比拼。人才比拼的背后，是隐私计算厂商团队与资金实力的比拼。

（四）支持大数据量的能力

这一衡量维度，是在零壹智库的调研当中，由数牍科技提出的。

此前，衡量隐私计算技术主要是前述三个维度：安全性、性能和效果。但是，衡量隐私计算技术的维度不是一成不变的，随着技术的进步，落地应用越来越多，我们会面临更多的挑战。

安全性、性能和效果是衡量隐私计算厂商为客户提供单点服务的能力。随着隐私计算技术应用越来越多，越来越需要多家企业进行合作，这就越来越考验隐私计算平台稳定地支持大数据量的能力。

（五）工程能力

隐私计算软件平台，如果有技术创新，但是没有在实际场景中使用过，那么其稳定性是有待验证的。掌握一项技术和让技术真正好用，这其中还要跨越巨大的鸿沟，这是对工程能力的考验。

二、市场能力

（一）市场推广方式

目前，隐私计算厂商在进行市场推广时有两种方式：一种是依靠自身的市场团队；一种是依靠接近金融机构的合作伙伴，比如金融 IT 服务商等。

两种方式各有利弊。

第一种，依靠自身市场团队。这样做的好处在于市场团队掌握在自己手中，这在隐私计算产品的推广中有较大的优势。因为隐私计算技术较为复杂，如果交给合作伙伴，是否能把产品优势充分转达给客户，是个问题。但是，这种方式的劣势就是成本较高。

第二种，依靠接近金融机构的合作伙伴。这样做的优势在于，可以以较低的成本短时间内迅速把销售网络铺开。但是，这样做的劣势在于，在单点上的效果可能不如依靠自身销售团队。

（二）市场团队能力

对于依靠自身市场团队的厂商，需要比拼市场团队的能力。

传统销售有三板斧"吃饭、喝酒、洗澡"，现在光有"三板斧"不管用。光有三板斧，只能初步敲开机构的门，"进得去，出不来"，就是能初步进门沟通，但是最终不能签下单子。

自从人工智能等新技术发展以来，销售方式已经升级。隐私计算更缺"顾问型销售"，就是能够针对客户的具体问题提供相应的解决方案的销售。

除此之外，市场团队的行业经验、人脉等都是影响因素。

(三) 生态竞争力

生态，指的是技术厂商接入的机构所形成的生态。隐私计算的生态当中，包含甲方、乙方和丙方三方。甲方指的是需要用数据的机构，比如银行、保险等机构。乙方指的是拥有数据的机构，目前数据主要集中在政府、运营商、银联、互联网巨头手中。丙方指的是不拥有数据的服务机构，比如隐私计算厂商、云服务商、大数据服务商等。隐私计算厂商所连接的生态伙伴数量越多，网络效应才越大。

生态竞争力与前述连接数据源的能力有重合之处。生态能力，是对隐私计算厂商综合能力的考验。要建立强大的生态，隐私计算厂商拼的是——谁的短板更少。

从短期内来看，隐私计算厂商的生态竞争力分为三个梯队。

第一梯队，是互联网巨头。在数据源方面，互联网巨头除了可以对接到市场化数据源之外，还有自身业务生态积累的数据，这些生态内的数据一般不对外提供，属于"人无我有"的数据源。有的巨头因为有参与智慧城市建设，也会有不少政务数据资源。在场景方面，互联网巨头旗下业务众多，比如为金融机构提供云服务等，具备相当的场景优势。

第二梯队，是此前做过大数据风控或者营销业务的公司。在数据源方面，这些公司在大数据风控或营销业务中已经与市场化数据源通过API等形式对接过，现在转变为通过隐私计算平台来对接，曾经建立的商业信任关系仍可延续。因此，这些公司在市场化数据源合作方面具备一定优势。在这之中，能够对接到运营商和银联数据的机构相比其他机构更有优势。在场景方面，这些公司此前就服务于相关金融机构，有现成的场景资源。

第三梯队，是纯粹的初创公司。纯粹的初创公司，需要从头开始与数据源、场景合作，这都需要时间，在竞争中并不具有优势。

这三个梯队公司的生态竞争优势要辩证来看——最具优势的第一梯队，也有相应的限制。互联网巨头有自身生态数据，但这也是他们的限制因素。巨头旗下的隐私计算平台，无法被其他巨头应用。这使得巨头旗下的隐私计算平台一般仅仅应用于巨头自身以及周边生态，有一定的局限性。初创公司虽然在资源上不具备优势，但是却是独立的第三方，其业务与隐私计算的数据源和数据使用方都没有冲突，因此创业公司拥有最广阔的市场，有可能成长为平台级应用。与此同时，创业公司有单点较强的技术实力、业务专注且人手相对充足、有资本支持。

三、融资能力与调动资源的能力

在具体的业务能力之外，我们还看到有两方面的能力可能对隐私计算厂商未来发展影响不小。

第一，是融资能力。隐私计算厂商能够拿到的融资，代表着资本市场对厂商实力的认可。资金储备充足，会使得隐私计算厂商粮草充足，更容易聚集优秀人才、支持市场开拓。

第二，是调动资源的能力。在这方面，股东背景可能是一个影响不小的因素。资方所能给予的不光是资金支持，还有资源方面的支持，对市场开拓的帮助不可小觑。另外，未来，隐私计算平台将成为支持数据要素流通的基础设施，数据要素关乎国家战略安全，国资背景可能对行业格局有重大影响。

第十章

隐私计算技术未来发展趋势

一、多种技术融合发展的趋势

在隐私计算技术的应用当中，目前呈现出多种技术融合发展的趋势。目前已经看到了软硬件技术相结合、与区块链技术相结合、与其他更多技术相结合的趋势。

（一）软硬件技术相结合的发展趋势

目前，隐私计算技术的应用当中，呈现出了软硬件技术相结合的发展趋势。

这主要是源于以下几方面的需求。

第一，是加强数据安全性的需求。

隐私计算主要是解决数据在计算过程中不泄露的问题。数据从产生到计算再到消亡，会涉及采集、传输、存储、计算、销毁等多个环节，其生命周期可能会有数十年之久，要真正保障数据安全需要一个更加全方位的、体系化的解决方案，以使得每个环节上都有对应的技术体系保障数据安全。

在数据采集阶段需要精心设计设备可信架构，在网络传输阶段需要合理运用安全协议，在存储阶段需要兼顾加密与性能，在数据计算阶段需要灵活选择可信执行环境与密态运算。除此之外，计算环境的可信与安全在防御纵深建设上也至关重要。这些安全保障能力的技术图谱会涉及可信计算、软硬件供应链安全、隔离技术、网络与存储的透明加密、密钥管理、可信执行环境等。这其中每一个技术点都有软硬件结合的空间。

第二，是提升计算性能的需求。

隐私计算的性能目前还比较低，在计算机单机、单机和单机之间、计算机集群之间这三个层面上都存在。

在计算机单机上，隐私计算由于运用了密码学技术，计算过程中涉及很多加密解密的步骤，这使得计算量以几何级数增加。以全同态算法为例，在通用芯片上密文运算的速度比明文运算慢了10万倍。这意味着，做同样的运算，如果用全同态算法，在英特尔最新的Icelake处理器上，跑出来的效果等同于英特尔的第一代8086处理器，直接回退了数十年。这使得全同态加密在现实情况下就不具备可用性了。算力问题也是导致全同态算法一直未得到广泛应用的根本原因。

在单机之间和计算机集群之间，会涉及通信效率问题。一方面，主流的隐私计算技术无论是联邦学习还是多方安全计算，都有通信问题。密文膨胀、传输次数膨胀，会导致单机之间网络传输效率成为隐私计算的瓶颈之一。另一方面，由于大多数隐私计算的场景都是跨多方的，多方要通过公网进行通信，公网的带宽与时延目前也是巨大的鸿沟。

性能的问题，会随着时间的推移越来越严重。到目前为止，隐私计算的落地尚处于颇为早期的阶段，主要是在一些机构内部或者是两方、三方之间应用，处理的数据量较小，这个问题还不明显。可是未来，多方数据交换需求的到来、5G和物联网的发展所带来的数据量急剧增大，最终导致的将是数据量爆发式的增长，这需要消耗大量的算力。到那时，隐私计算的性能将面临巨大的挑战。

现在在硬件的创新方面正处于体系结构的黄金时代。这是因为移动互联网的飞速发展使得应用场景发展很快，上层的软件也发展很快，这使得在计算机底层进行支持的硬件甚至芯片都需要随之进行改变，进入了新一轮的创新周期。

（二）与区块链技术相结合的发展趋势

我们认为区块链与隐私计算技术的结合是未来发展的必然趋势，因为对于数据资产的流转来讲，没有隐私计算，不能解决数据本身的安全和隐私保护问题，没有区块链，不能解决数据的确权问题以及在更大范围内的数据网络协作问题。

区块链与隐私计算结合，未来将形成大规模数据流通网络，推动数据资产化的发展。同时，将使得全社会重新确定数据权责以及利益分配机制。这将带来新的数据和科技的变革，也将给许多传统产业带来变革。

区块链与隐私计算技术的结合，目前尚未大规模推开。一方面是因为二者结合主要是解决多方数据协作的问题，目前实际需求尚未爆发；另一方面是因为二者结合涉及新商业模式的形成、权责与利益的重新分配，需要更多的时间。

区块链与隐私计算技术相结合，目前主要有五个方向的应用：解决单点实际问题、扩大联盟链应用范围、提供网络安全相关服务、建立为企业提供服务的区块链+隐私计算基础平台、建立同时为企业和个人提供服务的区块链+隐私计算基础平台。

（三）与其他多种技术相结合的发展趋势

在调研中，零壹智库也看到了隐私计算技术与其他更多技术相结合的发展趋势。

比如，隐私科技与数据要素生态服务商蓝象智联就在努力推动图联邦技术的发展。图联邦是图计算和联邦学习的交叉学科。2021年8月21日，数据与隐私保护的联邦学习与迁移学习国际研讨会（FTL-IJCAI'21）在加拿大蒙特利尔举行，蓝象智联发表的论文 Decentralized Federated Graph Neural Networks 入选。论文中，蓝象智联介绍了一款全新的图联邦技术，该技术能实现图联邦计算100%去中心化，精度和时间均达到工业级应用要求。这也是国内公司首次在国际顶会上发布相关领域的研究。利用该技术，蓝象智联将银行的资金网络和运营商的媒介网络打通，帮助银行在信用卡、普惠金融等场景的进件环节进行反欺诈拦截，识别上百个多头团伙、黑中介圈等团伙。在0—1%极少量进件流量拦截的情况下，识别并拦截5倍+风险lift客群。2022年1月，由蓝象智联的隐私计算技术专家自主研发和撰写的《一种安全的去中心化的图联邦学习方法》获得国家知识产权局颁发的发明专利证书。

二、互联互通的发展趋势

随着隐私计算技术应用的广泛普及，隐私计算平台之间的互联互通成为未来必须要解决的问题，也是未来发展的必然趋势。

隐私计算平台间的互联互通，是指基于不同设计原理和功能实现的隐私计算平台之间协同完成某一项隐私计算任务的能力，具体指不同隐私计算平台间通过统一规范的系统接口、算法协议、操作流程等实现数据资源和计算能力的交互与协同,解决使用不同隐私计算平台的数据提供方和数据应用方之间的协作问题。

隐私计算平台的互联互通在实践当中已经出现了迫切需求。例如,据招商银行隐私计算互联互通项目组披露,招商银行作为数据应用方,需要与不同数据提供方合作。然而这些数据提供方往往部署着不同的隐私计算平台。当前隐私计算厂商研发的平台大多为异构闭源平台,技术实现原理差异较大,造成跨平台无法互联互通,隐私计算原本连接的"数据孤岛",又演变成"计算孤岛",给数据应用方带来了系统重复建设和运维成本增加的问题。此外,行内部署的第三方隐私计算平台为闭源实现,随着合作平台数量增加,对行内系统的安全监管也带来了巨大挑战。因此,互联互通成为连接不同隐私计算平台"计算孤岛"的技术最优解。

招行"慧点"隐私计算平台利用"可插拔式平台框架+算法组件架构"方案,已与洞见科技、富数科技、平安科技、同盾科技四家企业实现了异构隐私计算平台互联互通。这是国内首个由大型股份制商业银行牵头,与多家头部隐私计算厂商共同合作的跨平台互联互通项目。

目前,蚂蚁集团、微众银行、同盾科技、洞见科技、富数科技等公司都在积极推动互联互通工作的开展。

在实践当中,互联互通的工作起步于2021年,2022年成为互联互通真正形成大量案例的关键一年。

三、与信创产业相结合的趋势

隐私计算技术的应用涉及网络安全、数据安全,未来将成为新基建的重要组成部分。这是关乎网络空间主权、国家安全和未来发展利益的重要方面，因此这个领域的国产化是未来趋势。

隐私计算技术应用的国产化当中，软件的国产化是相对容易实现的。难点在于硬件的国产化，其中最难的部分是芯片的国产化。

这一部分的发展，与信创领域的发展相关。信创，即信息技术应用创新产业，其是数据安全、网络安全的基础，也是新基建的重要组成部分。信创涉及的行业包括IT基础设施：CPU芯片、服务器、存储、交换机、路由器、各种云和相关服务内容；基础软件：数据库、操作系统、中间件；应用软件：OA、ERP、办公软件、政务应用、流版签软件；信息安全：边界安全产品、终端安全产品等。

在隐私计算领域，目前已经有企业在尝试产品的国产化。例如，蚂蚁链自研了密码卡、隐私计算硬件以及自研可信上链芯片，同时还推出了摩斯隐私计算一体机。创业公司如星云Clustar、融数联智也在进行相关国产化硬件产品的研发。

致　谢

感谢以下机构为零壹智库提供的调研支持：中国信息通信研究院云计算与大数据研究所、富数科技、蓝象智联、同盾科技、洞见科技、锘崴科技、同态科技、蚂蚁集团、天冕科技、星云 Clustar、瑞莱智慧、金智塔科技、八分量、融安数科、华控清交、联通数科、数牍科技、腾讯大数据 Angel Power FL、腾讯云、阿里云、阿里安全、趣链科技、零幺宇宙、宇链科技、光之树科技、绿洲网络、翼帆数科、煋辰数智、微众银行、融数联智、冲量在线。